뇌 기반 CEO 코칭

과학적인 리더십

YOUR BRAIN AND BUSINESS: THE NEUROSCIENCE OF GREAT LEADERS

뇌 기반 CEO 코칭

과학적인

리더십

Srinivasan S. Pillay 지음

이민희 옮김

시그마프레스

뇌 기반 CEO 코칭

과학적인 리더십

발행일 | 2012년 12월 5일 1쇄 발행

저자 | Srinivasan S. Pillay
역자 | 이민희
발행인 | 강학경
발행처 | (주)시그마프레스
편집 | 이미수
교정·교열 | 김형하

등록번호 | 제10-2642호
주소 | 서울특별시 영등포구 양평로 22길 21 선유도코오롱디지털타워 A401~403호
전자우편 | sigma@spress.co.kr
홈페이지 | http://www.sigmapress.co.kr
전화 | (02)323-4845, (02)2062-5184~8
팩스 | (02)323-4197

ISBN | 978-89-97927-65-4

Your Brain and Business: The Neuroscience of Great Leaders

아버지와 나의 타이피스트에게 이 책을 바칩니다.

역자 서문

오늘날은 서가에 뇌과학 서적이 즐비하고 뇌에 대한 정보가 상식으로 통하며 뇌과학을 토대로 인간의 다양한 활동이 이루어지고 있다. 교육학, 스포츠, 사회학, 심리학뿐만 아니라 철학, 정치학, 법학, 경영학, 예술에도 뇌과학이 도입되고 있다.

이 책의 원제목은 『Your Brain and Business』로 비즈니스 분야에 뇌과학을 접목한 책이다. 기업이 이윤(profit)과 생산성(production), 행복(pleasure)을 추구한다면 이 책은 이러한 목표를 효율적으로 달성하는 데 도움이 될 것이다.

인간을 이해하는 가장 좋은 토대는 인간의 뇌이다. 인간의 뇌 진화 과정과 작동 원리를 알면 인간의 마음과 행동을 좀 더 정확하게 이해하고 효과적으로 통제할 수 있다.

현재 우리의 뇌는 상당 부분이 사냥하며 살던 시대의 뇌 그대로이다. 또한 인간의 뇌는 행복을 위해 설계된 것이 아니라, 생존을 위해 설계되었다. 그러므로 인간은 원초적으로 불안한 존재이며, 위협에 민감하고 과거의 습관을 반복하며 변화에 저항한다. 우리는 이런 뇌를 변화무쌍한 현대사회에 맞도록 주조하고 수정해야 한다. 그렇게 하지 않으면 현대사회를 살아가는 데 뇌가 걸림돌이 될 수 있으며, 이런 뇌를 가지고 살아가는 사람은 사회에 잘 적응하지 못한다. 이 책에 소개된 뇌과학적 코칭을 토대로 다양한 행동에 변화를 유도한다면 성과를 거둘 것이다.

이 책에서 주목할 만한 내용은 희망이나 낙관 같은 긍정심리를 뇌과학으로 설명한 부분이다. 저자는 긍정심리가 상황을 무조건 좋게 보는 것이 아니라, 문제를 걱정하기보다 해결에 초점을 맞추는 것이라고 정의하였다. 저자에 의하면 뇌는 낙관할 때 걱정 모드에서 해결 모드와 희망 모드로 이동한다. 걱정하는 뇌는 해결에 사용할 자원을 걱정하는 데 소모하기 때문에 노력과 시간을 낭비하지만, 낙관하는 뇌는 문제 해결에 에너지를 집중한다. 그러므로 저자는 긍정심리가 성공의 결과가 아니라 원인이라고 제안한다.

이 밖에도 이 책에는 마음 챙김, 연민, 공감, 창의성, 혁신, 직관, 가면증후군, 정상증후군, 명경자아 오지각, 체화된 인지, 이미지 트레이닝, 휴지기 신경망, 과제 수행 신경망, 자아 참조 신경망과 같은 따끈따끈한 정보로 가득 차 있다. 이러한 정보는 비즈니스 분야뿐만 아니라, 다양한 인간관계 장면에서 과학적인 삶을 영위하는 데 도움이 될 것이다.

끝으로 수익성에 연연하지 않고 '뇌 기반 비즈니스'라는 신생 학문의 발전을 위해 이 책의 출판을 허락해 주신 강학경 사장님과 꼼꼼하고 정성스럽게 교정을 봐 주고 예쁘게 책을 꾸며 준 편집부 직원들에게 감사의 마음을 전한다.

2012년 11월
역자 이민희

차례

CHAPTER 1

비즈니스와 신경과학의 관계

비즈니스와 신경과학의 관계는 저자가 경영인과 코치를 대상으로 강의할 때 매우 좋아하는 주제이다. 강의 시작 후 5분 정도가 지나면 다양한 배경과 경력을 지닌 경영자나 코치들 — 중소기업 경영인과 「포춘」이 선정한 100대 기업의 경영인, 남녀, 금방 친해지는 사람들과 천천히 친해지는 사람들 — 이 일심동체가 되어 마음속 깊이 간직하고 있던 단 하나의 궁금증, 즉 "뇌에 관한 지식이 비즈니스와 어떤 관계가 있습니까?"라고 질문한다.

뉴로비즈니스코칭 자격증 때문에 참석한 어떤 수강생들은 3일 동안 신경과학이 비즈니스에 어떤 도움이 될지에 관한 이야기를 나눠야 한다는 말을 듣고는 살짝 두려운 표정을 보이기도 한다. 처음에 수강생들은 정보의 홍수에 대비하여 모두 바른 자세로 앉아 있다. 그러나 30분 정도 지나면 "아, 알았다."라는 반응이 나오기 시작한다. "잠깐만요, 나도 사용할 수 있는 뭔가가 있을 것 같아요."라고 말한다. 한 시간쯤 지나면 손을 들어 질문하고 필기하던 펜을 내려놓고, 손가락으로 책상을 톡톡 치면서 강의를 듣는 여유를 보이기도 한다. 수강생들의 뇌는 갑자기 뭔가를 스스로 깨닫고 변화를 받아들일 준비를 한다. 이것이 우리가 내담자(client)에게서 일어나길 바라는 것이 아니겠는가? 그리고 이때가 바로 "이제 행동을 계획할 시간이에요."라고 말할 시점이 아니겠는가?

앤디 하버마커는 스위스의 취리히에 있는 기업훈련센터(Corporate Training Programs, CTP) 소장이다. 그는 정당의 유명한 정치인과 같은 다양한 지도자를 코칭한다. 그는 신경과학을 처음 접했을 때 자신의 느낌을 다음과 같이 표현하였다. "2008년 가을에 뉴욕의 한 호텔에서 열린 콘퍼런스에 참석하였다. 15분쯤 지나자 나는 리더십, 코칭, 혹은 변화 관리(change management)를 위한 매우 강력한 도구를 만났다고 생각하였다. 그 당시 15분쯤 지나서 내가 느꼈던 것을 6개월이 지난 지금도 똑같이 느낄까? 그렇지 않다. 지금 나는 신경과학을 나의 가장 강력한 도구라고 말하곤 한다. 그렇다고 해서 신경과학 때문에 내가 좋아하는 다른 심리학적 도구가 무용지물이 된 것은 아니다. 오히려 신경과학은 다른 코칭 도구들을 더 쓸만한 것으로 만들어 준다. 전에 나는 못을 찾을 수 있었고 못을 박아야 할 곳도 알고 있었고 꼭 필요할 때 꼭 필요한 못을 벽돌로 박을 수도 있었다. 신경과학적 개념과 통찰력은 집에서 실제로 못을 박을 수 있는 망치를 얻은 것과 같다. ……"

코치는 경영자 코칭을 훈련받은 사람일 뿐만 아니라 특정 비즈니스 분야에서 코치로 활동하는 리더이자 매니저이다. 사실 '코치'의 역할은 본질적으로 매니저와 리더로 구분된다. 뇌과학을 코칭 혹은 소통의 기본 도구로 사용한다면, 우리의 목표는 이 도구를 가능한 한 실용적으로 사용하는 것이다. 신경과학을 사용하여 소통하는 것이 정말로 편리해질 때 신경과학은 정말로 유용한 도구가 될 것이다. 이 책은 비즈니스 세계에서 뇌과학을 사용하여 소통하는 방법을 소개한다.

뇌화학, 해부학, 생리학에 관한 깊은 지식이 있어야 이 책을 이해할 수 있는 것은 아니다. 기계공이 자동차의 작동 원리를 알 필요가 없듯이, 매니저나 코치도 신경과학에 대한 복잡한 것을 이해할 필요는 없다. 또한 코칭에서 사용하는 신경과학은 아직 유년기이다. 그러므로 코치는 필요한 신경과학적 지식을 하나씩 배우면 된다. 이 분야는 엄청나게 빠른 속도로 발전하고 있지만, 신경과학에 대한 기본 원리와 뇌과학을 적용한 코칭은 이제 첫걸음을 내딛은 단계이다.

이 장에서 우리는 신경과학을 도입하면 비즈니스 실력이 일시적으로 혹은 영원히 향상될 수 있을까? 라는 참을 수 없는 궁금증(그리고 새롭게 떠오르는 질문)에 답할 것이다. 또한 뇌를 아는 것이 다른 사람과 일을 할 때 실질적으로 어떤 도움이 될지 살펴볼 것이다. 그리고 뇌과학적 지식을 기업체에 적용하여 변화를 유도하는 것이 리더를 교육하던 다른 어느 때보다도 왜 지금 중요해졌는지도 살펴볼 것이다. 변화에 적합한 맥락을 창출하는 능력이 코칭과 경영과 리더십의 전부이다. 그리고 신경과학은 이러한 맥락의 중요한 부분이다. 그러나 뇌과학을 비즈니스에 적용하기 전에 이 책에서 논의할 것을 다른 각도에서 간단하게 살펴보자.

'뇌과학'이란 무엇인가

신경과학은 신경계를 과학적으로 연구하는 분야이며, **뇌과학**은 신경과학의 한 분야이다. 뇌에 관한 학문은 뇌의 구조나 기능을 연구한다. '뇌과학'은 이 책에서도 사용하듯이, 학술지에 압도적으로 많이 실리는 '기능하는 뇌의 영상(functional brain imaging)'에 관한 연구를 지칭하기도 한다. 이러한 연구는 MRI 스캐너 안에 누워 있는 사람에게 과제를 제시하고 뇌가 작동하는 모습을 분석하는 것이다. 기능하는 뇌의 영상에 관한 연구는 fMRI(기능성 자기공명영상), PET(양전자 단층촬영), SPECT(단일광자 단층촬영)와 같은 다양한 종류가 있다. 그중에서 이 책은 fMRI에 초점을 맞출 것이다. fMRI는 뇌세포(신경)의 활동과 상관이 있는 혈류의 변화를 측정한다. 우리는 특정 과제를 제시하고 그 과제를 수행하는 동안 뇌의 다양한 영역의 혈류 변화를 추적함으로써 뇌가 어떻게 작동하는지 이해하기 시작하였다. 이렇게 함으로써 우리는 (조직심리의 일부인) 인간의 행동을 뇌의 변화를 가지고 설명할 수 있게 되었다. 그밖에도 우리는 뇌과학을 토대로 뇌의 특수한 영역에 개입하는 코칭 전략을 개발할 수 있다.

뇌과학의 발전 과정

뇌를 과학적으로 연구한 중요한 연구는 B.C 4000년으로 거슬러 올라간다. 이 시기의 수메리아 기록에 강아지풀의 취음 효과에 관한 것이 있다. 그 이후 뇌에 관한 다양한 발견과 논의가 있었다. 여기에는 간질을 뇌의 현상으로 본 히포크라테스(460~379 B.C.E.)와 정신 과정이 뇌의 산물이라고 주장한 플라톤이 포함된다(387 B.C.E.; http://faculty.washington.edu/chudler/hist.html). 사실상, 다윈의 진화론의 상당 부분은 뇌에 관한 이론이다.[1]

　뇌에 대한 과거의 연구와 현대의 연구는 많은 차이가 있다. 근래에는 MRI를 사용하여 뇌의 이미지를 분석한다. 최초의 MRI 영상은 1973년에 출판되었으며, 인간을 대상으로 한 최초의 뇌 영상 연구는

1977년에 나왔다.[2] 더욱이 기능하는 뇌의 영상(fMRI)에 관한 첫 번째 논문은 1992년에 출판되었다. 그 이후 이 기법은 발전하여 이제는 미세한 시간대별로 뇌의 변화를 알 수 있고, 기술이 진화함에 따라 뇌의 변화를 좀 더 선명한 사진으로 볼 수 있게 되었다. 연구자들은 사람들에게 다양한 과제(이미지, 반응 시간, 감정)를 제시하고 뇌의 변화를 추적함으로써 뇌의 작동방식에 관한 미스테리를 풀고 있다. 이 책에서 우리는 뇌의 기능에 관한 지식을 비즈니스에 어떻게 적용할지 살펴볼 것이다.

fMRI 분야는 새로운 분야이며 아직도 발전하고 있는 중임을 기억해야 한다. 우리는 뇌에 '불이 들어 오는' 의미를 명확하게 규명하려고 노력하는 중이다. 뇌의 작동 원리가 밝혀지면서 비즈니스에 적용할 수 있는 몇 가지 중요한 사실이 발견되었다. 조직심리학처럼 뇌과학에서도 새로운 정보가 계속 쏟아져 나오고 있다.

뇌과학은 코치가 직면하는 인사, 경영, 조직의 문제와 어떤 관계가 있을까

리더와 코치의 공통적인 목표는 전략의 집행을 촉진하는 것이다.[3] 지금까지의 코칭이론의 토대는 대체로 조직심리학이나 인사심리학이었다. 비즈니스 연구자들은 사람과 조직이 기능하는 방식을 이해하고 개입함으로써 조직과 개인의 변화를 이끌어 내려고 노력하였다. 조직개발과 코칭은 시간이 한정되어 있고 목표 지향적이라는 면에서 심리 치료와 다르다. 그러나 시간이 지나면서 심리 치료도 이런 쪽으로 발전하였기 때문에 이 둘 간의 차이는 점차 없어지고 있다. 심리학적 틀은 사람들의 발전을 돕는 데 매우 효과적일지라도, 대체로 '외적' 행동 관찰을 토대로 한다. 지금까지 개입의 근거는 외적 관찰이었다. 그러나 이제는 MRI가 출현함으로써 리더의 뇌 안에서 벌어지는 일을 토대로 개입을 계획할 수 있게 되었다. 결과적으로 뇌 안에서 일어나는 일을 '내적으로' 이해하면서 '외적' 관찰과 심리학적 접근의 영역이 확장되었다. 뇌의 해부학과 생리학은 코칭 분야에 활용하기에는 너무 이질적이다. 그러나 인사 개발과 조직 개발에 뇌과학을 도입하면 놀라운 통찰력을 얻을 수 있으며, 뇌과학은 비즈니스 전략을 신속하게 실행할 수 있는 토대가 될 것이다.

뇌과학을 적용한 코칭의 이점은 무엇일까

뇌과학적 코칭을 도입하면 다음과 같은 여섯 가지 방식으로 비즈니스에 도움이 된다.

- **재포장** 마케팅 종사자들은 상품의 포장만 바꿔도 소비자의 구매 의도가 완전히 바뀌는 것을 잘 안다. 예를 들어, 소비자는 노란색 혹은 분홍색으로 포장된 여아용 장난감에 전혀 다른 반응을 보인다. 같은 장난감이라도 포장만 바꾸어도 그렇다. 또한 기업의 리더와 관리자는 동료들과 일을 할 때 쇠귀에 경 읽기를 할 때가 있다. 또한 관리자는 대화하려고 노력하지만, 직원들은 관리자의 제안에 무조건 따른다. 이것이 대화가 실패하는 이유이다.

예를 들어, 사장은 부장이 무의식적 공포 때문에 제대로 생각하지 못하고 있다고 판단했지만, 부장은 '무의식적 공포'와 같은 '심리학적 개념'을 받아들이지 않을 수 있다. 그러나 사장이 무의식적 공포와 스트레스가 생각과 생산성에 영향을 주는 과정을 생리학적으로 설명하면 부장은 사장의 도움을 수용할 것이다. 코치는 리더를 코칭할 때 이 방법을 사용할 수 있다.

- **위협 완화** 비즈니스 세계에서 대화 당사자 간 협력관계가 깨지거나 듣는 사람이 상대방의 말을 비난이나 위협으로 받아들일 때 소통은 단절된다. 코치가 심리학 용어를 사용하여 코칭하면, 어떤 사람은 모욕감을 느끼고 마음의 문을 닫기도 한다. 뇌과학 용어는 경영자가 자신의 행동을 객관적으로 바라보게 하는 강력한 도구이다. 코치가 리더에게 초점을 맞춘다면 주로 코칭 결과에만 관심을 기울일 것이다. 반면에 리더의 '뇌'에 초점을 맞추면, 뇌는 코치와 리더가 함께 생각할 그 무엇이 된다. 예를 들어, 코치가 리더의 지나친 자신감이 장애물이라고 판단했을 때 모든 리더에게 "자신감이 너무 많다."라고 말하면 안 된다. 이렇게 말하면 리더는 모욕감을 느끼고 마음의 문을 닫을 것이다. 그 대신에 코치는 자신감에는 미묘하게 다른 두 종류 — (진실이 반영된) 참된 자신감과 (사실과 다른) 환상적인 자신감 — 가 있고 사람들은 자신이 이 둘(뒤에서 논의됨) 중 어느 것을 가지고 있는지 모를 수 있으며 이 둘은 뇌의 다른 영역에서 나온다고 설명해 주면, 리더는 한결 부드러워질 것이다. 이때 코치는 리더에게 그의 자신

감을 검토하도록 격려하면 된다.

- **신화 배격** 이것이 코칭에 뇌과학을 적용하는 가장 중요한 이유 중 하나이다. 뇌과학이 인사심리학이나 조직심리학과는 다른 뭔가를 보여 줄 때 리더의 사고방식에 일대 변혁이 일어난다. 신화의 예는 다음과 같다. (1) 직원들이 지나치게 불안하지 않다면 생산성은 문제 없다. (2) 결정에 대한 자신감은 결정이 정확한 것을 시사한다. (3) 직원들이 리더에게 일이 어떻게 진행되는지 말하지 않아도 리더와 직원의 상호작용에는 별 문제가 없다. (4) 직원들에게 오류를 피하라고 말하는 것이 중요하다. (5) 회사가 어렵다면 직원들을 계속 밀어붙일 수 있고, 이것은 문제가 되지 않는다. 신경과학적 관점에서 보면 이러한 신화는 잘못된 것이다. 이에 대해서는 뒤에서 상세히 논의할 것이다. 표 1.1은 뇌과학에서 나온 새로운 통찰력을 간략하게 소개한 것이다.

- **깊은 통찰력과 증거 제공** 간혹 일반적 코칭으로 리더의 행동을 바꿀 수 없을 때도 있다. 리더는 저항하며 "나는 항상 이렇게 했고 이것이 확실한 방법이며 다른 식으로 회사를 경영할 수 없다."라고 항변하기도 한다. 이때 신경가소성(neuroplasticity)이라는 용어를 사용하여 대화를 나눌 수 있다. 예를 들어, 코치가 "물론 당신은 바꿀 수 있고 바꾸어야만 한다."라고 말하는 대신에, 뇌과학을 적용하여 "뇌는 성인이 되어도 변할 수 있다. 실제로 뇌는 새로 연결되어 새로운 길을 낼 수 있다. 뭔가 새로운 것을 시도한다면, 당신의 뇌에서도 시간이 지나면서 새로운 회로가 생길

| 표 1.1 | 뇌과학의 관점에서 바라본 조직의 신화에 대한 비판

신화	뇌과학적 견해
직원들이 지나치게 불안하지 않다면, 생산성은 문제 없다.	무의식적인 뇌는 생각하는 뇌와 연결되어 있고, 무의식적 불안은 생각하는 뇌를 방해하여 생산성을 떨어뜨린다. 그러므로 일하는 사람은 자신의 무의식적 불안에 관심을 기울여야 한다.
결정에 대한 자신감은 결정이 정확하다는 것을 의미한다.	참된 자신감은 뇌의 측두엽에서 나오고 환상적인 자신감은 전두 두정 피질에서 나온다. 사람은 자신감이 참된 것인지 환상적인 것인지 구분하지 못한 채 자신감을 느낀다. 그러므로 자신감이 넘치는 리더가 정확하게 결정했을 것이라고 추측하지 말고 자신감을 탐색하도록 도와야 한다.
직원들이 리더에게 일이 어떻게 진행되는지 말하지 않아도 리더와 직원의 상호작용에 별 문제가 없다.	직원들이 리더에게 말하지 않는다면, 리더는 공유하는 거울신경(뒤에서 논의됨)을 가지고 자동으로 직원들의 뇌에서 직접 정보를 꺼낼 것이다. 그러므로 리더가 회사에서 일어나는 일을 알고 싶다면, 직원들이 말을 하지 않더라도 직원들과 소통하는 것이 중요하다.
직원들에게 오류를 피하라고 말하는 것이 중요하다.	뇌는 스트레스를 받으면 "하지 마라."는 명령을 "하라."는 명령으로 해석한다. 그러므로 우리는 누군가에게 피드백을 줄 때 조심해야 한다.
회사가 어렵다면 직원들을 계속 밀어붙일 수 있고, 이것은 문제가 되지 않는다.	직원들을 '밀어붙이면' 때로는 무의식적 뇌와 편도체(amygdala)가 지친다. 이렇게 되면 뇌의 전원이 차단된다. 그러므로 회사는 일이 많은 것보다는 약간 적은 것이 좋다.

수 있다."라고 말하면 된다. 이때 코치는 뇌가 변할 수 있다는 생리학적 현실을 명확하게 설명함으로써 변화에 대한 저항을 차단할 수 있다. 또 다른 좋은 방법은 목표를 시각화하는 것이다. 사람들은 뇌가 변화하는 모습을 시각적으로 보여 주면 잘 이해한

다. 그러나 종종 이 방법은 비현실적인 세계 혹은 '신세계'처럼 보일 수 있다. 이 책에서는 뇌가 변화하는 모습을 다른 식으로 접근하기 위해 생리학을 새로운 도식으로 표현하고 새로운 용어를 사용할 것이다.

- **정확하고 체계적인 개입** 어떤 현상을 설명하기 위해 뇌생리학을 사용한다면, 생리학적 원리를 토대로 개입이나 코칭 전략을 계획할 수 있다. 예를 들어, 앞에서 언급한 무의식적 두려움이 있는 리더에게 무의식적으로 두려워하지 말라고 할 수는 없다. 사장이 무의식적 불안을 인식하지 못한다면, 그가 어떻게 불안을 멈출 수 있을까? 전대상이랑(anterior cingulate cortex, ACC)의 신호가 편도체(정서센터)로 전달되는 것을 알고 있다면, ACC(갈등탐지기)에 개입하여 궁극적으로 편도체를 조절할 수 있다. 이러한 개입의 상세한 내용은 뒤에서 논의할 것이다. 또 다른 예로 새로운 행동을 결심하도록 오래된 습관에 젖어 있는 내담자를 안내하려면 어떻게 코칭해야 할까? 혹은 리더가 직원들을 헌신적인(좌측 전두엽이 활성화되어야 함) 직원으로 만들려면 어떻게 해야 할까? 코미트먼트(commitment)의 뇌과학을 이해한다면 코치 혹은 리더는 좌측 전두엽(뒤에서 논의함)에 개입하는 방법을 개발할 수 있을 것이다. 그러므로 뇌과학은 적극적인 개입을 고려할 때 유용하다.

- **코칭 프로토콜 및 도구의 개발** 앞에서 언급한 작은 개입들은 더 큰 코칭으로 묶을 수 있다. 큰 틀에서 볼 때 생물학적 토대와 개

입은 코칭의 중요한 부분이다. 예를 들어, 어려운 대화에 임하는 임원의 역량과 영향력을 키우기 위해 어떤 회사가 저자를 코치로 선임했다고 가정하자. 코칭을 통하여 임원은 자신이 보고를 올리는 윗사람이 폐쇄적이고 독단적이며 사람의 기를 꺾는 사람이라는 것을 알았다. 어려운 대화에 임할 때의 뇌를 이해함으로써 임원은 코칭 프로토콜의 일부로 '자기점검표(checklist)'를 만들어 대화에 임하는 체계적인 기술을 개발할 수 있다. 뇌를 알면 겉으로 드러난 행동보다는 그 행동을 하게 한 뇌에 개입하는 코칭 프로토콜(coaching protocol)을 개발할 수 있다.

리더의 문제점을 코칭할 때 유용한 뇌과학적 개념

문제는 코치든 내담자든 누구든지 알 수 있는 분명한 쟁점을 말한다. **함정**은 경영자 혹은 코치가 직면하는 예측할 수 없는 결과와 관련이 있다. 문제 혹은 함정이 있는 상황에서 대안적 설명이나 전략을 찾는 경영자나 코치에게 뇌과학이 도움이 될 것이다.

이제 비즈니스 문제, 비즈니스 문제와 관련된 뇌과학적 개념, 그리고 생산성을 증진하기 위해 비즈니스에 뇌과학을 적용하는 방법을 살펴보자.

리더는 혼자 너무 많은 일을 한다

일방적으로 리더 혼자 내린 결정은 회사에 부정적인 영향을 줄 수 있다. 이런 결정은 직원들의 단합과 신뢰와 생산성을 떨어뜨린다. 사회적 지능이 떨어지는 리더에게 직급에 상관없이 가능한 한 많은 사람이 결정에 참여하는 것이 중요하다고 설명하기란 매우 어렵다. 어떤 리더는 일방적으로 결정하는 것이 노동 집약적이며 너무 많은 의견을 반영하면 판단이 흐려진다고 생각한다. 그 결과, 이들은 점차 다른 사람을 배제하면서 회사를 운영한다. 당신이 코치라면 회사가 이렇게 운영되면 안 되는 이유를 신경과학적 용어를 사용하여 어떻게 설명할 수 있을까?

개념 : 이때 사용할 수 있는 신경과학적 개념은 다음과 같다. 회사의 운영방식처럼 뇌도 위아래(top-down)로 정보를 교환하는 위계적 구조이다. 회사에서는 CEO가 임원들에게 정보를 전달할 것이다. 뇌에서는 이런 집행부 기능을 전두엽이 담당한다. 즉, 행동하기 전에 뇌의 전두엽이 행동에 대한 최종 결정을 내린다. 그러나 최종 결정에 앞서 뇌의 다양한 네트워크가 전두엽에 정보를 전달한다. 잘 돌아가는 회사처럼 뇌에서는 거대한 네트워크로 연결된 다양한 영역이 공조 체제로 일을 한다.

적용 : 코치는 사장에게 이런 정보를 제공하면서 전 직원의 뇌 덕분에 회사가 돌아가고 있음을 상기시켜야 한다. 전 직원의 뇌를 모두 합하면 '회사 뇌(company brain)'가 된다. 사장은 최종 결정을 내리는 회사 뇌의 일부일 뿐이다. 사장은 회사 뇌의 전두엽이다. 전두엽이 어떻게 기능하는지 살펴보자. 광범위한 연구 결과에 의하면, 전두엽으로 들어가는 정보가 충분하지 않으면 전두엽은 정확한 결정을 내릴 수 없다.

전두엽이 보상센터, 위험감지센터, 정서센터와 같은 여러 영역에서 보내오는 정보를 필요로 하듯이, 회사 전두엽도 이러한 정보를 필요로 한다. 회사의 전두엽에 입력되어야 할 정보는 다른 사람의 의견이다. 코치는 사장에게 이런 비유를 들어 함께 일하는 것이 얼마나 중요한지 설명할 수 있다.

리더가 되기 전에 소통의 네트워크를 잘 구축한 CEO는 성공할 가능성이 매우 크다.[4] 더 높은 직위를 향하여 전진하는 리더는 회사의 전두엽에 임명된 다음보다는 리더십을 훈련하는 동안에, 회사 뇌의 '다양한 영역'과 '연결망'을 만들어야 하는 자신을 전두엽과 비교해 볼 필요가 있다. 비즈니스 세계에서 전두엽의 기능은 사람들을 연결하고 틀을 만들며 역량을 키우는 것이다.[5] 즉, 회사 전두엽이 하는 일은 사람들을 연결하고 비즈니스 환경을 조성하는 것이 전부이다.

리더는 최종 결정이 감정의 영향을 받지 않는다고 생각한다

개념 : 추론에는 감정적(hot) 추론과 이성적(cold) 추론이 있다. 이성적 추론은 우리가 생각하는 것처럼 냉정한(cold) 것이 아니라, 딱딱 들어맞는 산수 계산과 같다. 이성적 추론은 대체로 '감정적' 추론의 뇌를 건드리지 않고 단기기억센터만 사용한다. 순수하게 이성적인 사고는 거의 없다. 이성적인 것처럼 보이는 추론조차도 대체로 정서적 이득이 있는 쪽으로 편향된다. 비즈니스는 주로 이런 식의 추론을 사용한다. 감정적 추론은 뇌의 계산기(복내측 전전두엽, ventromedial prefrontal cortex, vmPFC)와 갈등탐지기(전대상이랑, ACC), 내장번역기(섬엽, insula)를 사용한다.[6] 효

과적인 결정에 이러한 영역들의 참여가 결정적인 역할을 한다.

겁 없이 담보대출을 해 주는 은행을 예로 들어 보자. 담보대출의 두려움이 없다면, 대출 심사 시 꼭 필요한 정보를 놓칠 수 있다. 두려움은 정서이다. 돈을 빌려 주어야 할지 계산하기 전에 계산기의 방정식에 두려움을 투입해야 한다. 이와 반대로, 비행기 발명가가 두려움에 사로잡혀 있었다면 우리는 하늘을 날 수 없었을 것이다. 각각의 경우에 철저한 사전 준비를 위해 두려움이라는 정서가 필요하다. 전자에서 두려움은 돈을 빌려 주는 것을 꺼리게 하고, 후자에서는 안전한 발명을 촉구한다.

연역적 추론을 사용한 한 실험에서 감정적 추론이 중요하다는 과학적 증거가 나왔다. 이 실험에서 논리와 정서를 훈련받은 집단은 오류를 통해 논리를 추출하였으나, 정서적 요소를 제거하고 같은 훈련을 받은 집단은 계속 많은 오류를 범하였다.[7] 이 실험의 훈련에는 자신의 정서를 느껴보는 훈련이 포함되었는데, 정서적 훈련이 계산기(vmPFC) 영역을 활성화시켰다.

적용 : 대부분의 리더는 정서가 의사결정의 일부라는 의견에 반대한다. 그런 리더에게 결정에 앞서 자신의 '감정을 느껴 볼' 필요가 있다고 말하기는 쉽지 않다. 신경과학은 이를 좀 더 받아들이기 쉬운 용어로 설명한다. 코치는 리더에게 뇌의 계산기가 정확하게 결정하려면 정서적 자료가 필요하다고 설명하면 된다. 여기에 덧붙여 뇌의 계산기가 오류를 바로잡을 때는 대체로 정서센터와 교류할 때라는 실험

결과를 인용하면 될 것이다. '정서(emotion)'라는 말에 민감하게 반응하는 리더에게는 전기가 뇌의 정서센터를 지나는 것이 정서라고 설명하면 된다. 뇌의 계산기는 결정을 내리기 전에 정서센터의 전기신호를 읽어야 한다.

리더가 이러한 설명을 받아들였다면, 코치는 리더가 정서적·사회적 지능 계발에 마음을 열고 참여하도록 논리적으로 설득해야 한다. 실제로 정서는 효과적인 리더십에 매우 중요하다.[8]

리더는 필요한 변화를 불편해한다

개념 : 리더가 "새로운 결정이 불편하다."라고 말하거나 새로운 결정으로 이동하는 것에 저항할 때 코치는 공감해 주어야 한다. 리더가 결정에 대한 불편한 느낌을 말로 설명할 수 없을 때에도 코치는 그 느낌을 같이 느껴야 한다. 어떤 상황에서 이런 불편감은 결정이 잘못된 것이 아니라 다른 의미를 지닌다. 최근의 한 연구는 이런 불편감을 **인지 부조화**(cognitive dissonance) 현상(좀 더 자세한 내용은 제6장 '어떻게 하면 행동하려는 마음이 행동이 될까'를 참조)이라고 하였다. 인지 부조화는 새로운 변화를 고수하게 하는 핵심이다. 뇌 영상 연구에서 좌측 전두엽이 활성화되어야 새로운 결정에 따른다는 결과가 나왔다. 좌측 전두엽은 인지 부조화가 없으면 활성화되지 않는다.

적용 : 리더가 새로운 결정을 불편해한다면 한동안 불편할 수밖에 없으니 불편함에 머물러야 한다고 조언하라. 실제로 그들이 그렇게 할

수 있도록 코치는 뇌 영상 연구의 결과를 인용하여, 새로운 결정을 수 행하는 뇌를 자극하려면 변화의 초기단계에서 최대한 불편해야 한다 고 조언하라. 코치는 '인지 부조화' 와 같은 변수를 주목하고, 이를 행 동 자원으로 인식해야 한다.[9]

리더는 너무 불안하다

개념 : 불안은 편도체 — 공포와 불안센터 — 를 활성화한다.[10] 편도체 는 특히 전전두엽[11]이나 ACC와 같은 생각하는 뇌와 연결되어 있다 (그림 1.1 참조).

전전두엽을 크게 두 영역으로 나눌 수 있다.

- **등외측 전전두엽**(dorsolateral prefrontal cortex, DLPFC)　이 영역은 단기기 억의 저장고이다.[12, 13] 새로운 정보는 이곳으로 들어 와 등록되 고, 장기기억으로 보내지기 전까지 저장된다. 그러므로 강한 불

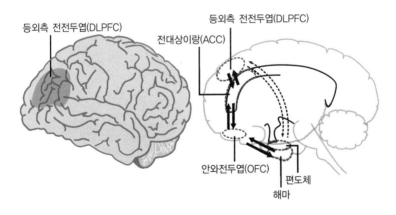

| 그림 1.1 | DLPFC와 ACC, OFC, 편도체, 해마를 이어 주는 신경회로

안은 DLPFC에 들어 온 정보의 통합을 방해하고 단기기억을 제한한다.

- **내측 전전두엽**(medial prefrontal cortex, mPFC)[14] 그림 1.2에서 알 수 있듯이 전전두엽의 중앙(mPFC)은 이득과 손실의 계산,[15] 동기 유

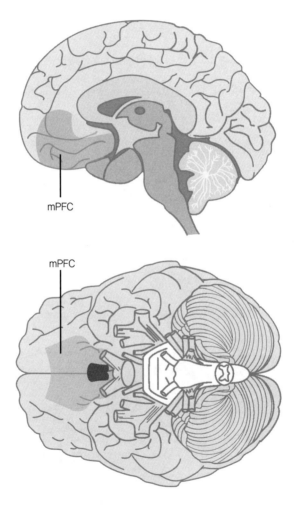

| 그림 1.2 | 내측 전전두엽(mPFC)

과학적인 리더십_뇌 기반 CEO 코칭

발,[16] 기억 인출[17]과 같은 의사결정에 중요한 기능을 담당한다.

ACC는 다양한 기능을 수행하지만, 그중에서도 뇌의 오류를 탐지한다. ACC는 도로에서 우선통행권의 충돌을 탐지하는 불빛으로 생각하면 된다. ACC는 오류 탐지 이외에도 예견, 동기 유발, 정서 반응의 조율에도 관여한다. ACC는 편도체, 보상계, 전두엽과 같은 다른 영역과 긴밀하게 연결되어 있다. 편도체가 혼란스러우면 ACC도 혼란스러워져서, 결국 내적·외적 자극에 대한 주의력도 산만해진다.[18] 그림 1.3은 편도체가 ACC와 연결된 모습이다.

적용 : 리더가 불안해할 때, 코치는 불안센터가 전두엽, ACC와 같은 생각하는 뇌와 연결되어 있다고 설명해야 한다. 전전두엽은 생각의 충돌, 선과 악,[19] 더 좋은 것과 가장 좋은 것, 같은 것과 다른 것, 현재

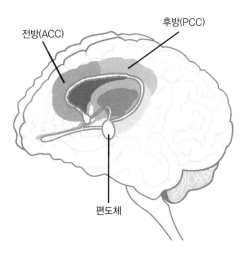

후방(PCC)

전방(ACC)

편도체

| 그림 1.3 | ACC(전대상이랑)와 편도체의 연결관계

행동의 미래 결과를 생각함으로써 정해진 목표를 향해 나아가고 결과를 예측한다.[20-24] 그러므로 이러한 기능이 손상되면 사고력도 손상된다. 편도체가 등외측 전전두엽, 내측 전전두엽, ACC와 연결되어 있음을 상기하면서 코치는 리더에게 불안이 단기기억, 이득과 리스크에 대한 판단, 주의력을 방해한다고 조언하면 된다.

리더는 이해의 충돌을 겪는다

개념 : 리더는 이해의 충돌(conflict of interest)이 의사결정에 영향을 주지 않는다고 생각할 수 있다. 이해가 충돌하면 리더에게 너무 많은 불안이 유발되기 때문에 충돌한 당사자 모두에게 불리하다.[25] 이런 일이 발생하는 좋은 예가 인수합병이다. 이해가 충돌하면 갈등탐지기인 ACC가 과활성화된다. 다시 ACC의 정보는 뇌의 계산기(vmPFC)로 전송되고, 계산기는 행동을 중단시킨다. 계산기가 상반된 정보를 처리할 때 시간이 좀 걸린다. 이해의 충돌을 보여 주는 좋은 예는 사장이 개인적으로 주주인 회사의 주식을 회사도 사들인 경우이다. 그러므로 이런 경우에 주식을 관리하는 직원이 회사를 위해 최선을 다하는 것과 사장을 위해 최선을 다하는 것이 충돌한다.

적용 : 이해의 충돌(좋은 리더가 나쁜 결정을 내리는 주된 원인 중 하나)이 발생할 때 뇌의 결정센터는 충돌하는 정보를 처리하느라 거의 모든 활동을 중지할 것이다. 이때 결과를 의식적으로 더 많이 통제할 수 있는 리더가 이해의 충돌 상황에서 이득을 얻을 것이다. 코치는 이

런 식으로 이해의 충돌을 설명하면서 비판단적 자세로 리더에게 경각심을 심어 주어야 한다. 이때 리더가 충돌하는 이해관계를 잘 구분할 수 있다고 주장할 때, 코치는 감정적 추론에 관한 뇌과학적 연구를 들어 설명하면 된다. 즉, 연역적인 논리도 흔히 감정의 영향을 받으며 뇌는 우리가 생각하는 것만큼 객관적이지 않다. 또한 이런 리더는 생각이 같은 사람의 보고를 받으며 이들과 소통한다.

리더는 자신의 판단에 영향을 주는 사람, 장소, 혹은 물건에 애착을 느낀다

개념 : 리더가 사람이든, 물건이든, 장소든 뭔가에 집착할 때 리더의 결정은 영향을 받는다.[25] 사람들은 애착이 가는 것을 놓지 않으려고 한다. 그러나 생각이 경직되어 애착을 포기하지 않는 리더는 비즈니스를 할 때 그릇된 결정을 내릴 수 있다. 애착은 다양한 방식으로 뇌에 영향을 주는 복잡한 현상이다(상세한 내용은 제3장 '효과적인 관계를 위한 사회적 지능' 참조). 애착이 영향을 주는 중요한 경로는 뇌의 보상계이다. 사람은 어떤 보상을 받으면 다른 보상은 받아들이지 않는 경향이 있다. 결과적으로 이런 사람은 낡은 패턴에 안주한다. 리더가 낡은 아이디어에 집착할 때, 낡은 아이디어가 리더의 보상계를 자극하고 리더를 보좌한다. 새로운 계획에 애착(구식 컴퓨터 시스템, 위계적인 조직)을 버리는 것이 들어 있다면, 리더의 보상센터는 '불평'을 하며 작동을 중지할 것이다. 그 결과, 리더는 새로운 길이 잘못된 것 같은 느낌이 들 것이다. 리더만이 아니라 회사 차원의 애착도 있다. 회사는 종종 이런 애착을 통하여 회사의 다양한 부분을

통합하려고 노력한다.[26]

적용 : 코치는 회사에 리더의 뇌와 조직의 뇌에 두 종류의 보상센터가 있음을 상기시켜야 한다. 뭔가 '잘못된 것 같은 느낌' 때문에 리더가 회사의 진로에 의혹의 눈초리를 보낼 때 코치는 불평하는 보상계가 리더의 뇌에 있는 것인지 조직의 뇌에 있는 것인지 리더에게 질문해야 한다.

리더는 왜곡된 기억을 갖고 있다

개념 : 리더가 왜곡된 기억을 토대로 결정한다면, 그 기억은 회사에도 강력한 영향을 줄 것이다.[25] 사람은 종종 자신의 기억이 부정확할 때에도 정확하다고 확신한다. 방금 일어난 일을 잊는 것은 정보가 단기기억의 용량[1]을 초과하거나 불안이 단기기억(DLPFC)을 방해할 때 발생한다. 그러므로 방금 전에 있었던 생생한 기억조차도 사라질 수 있다. 좋은 예가 다이어트이다. 사람들은 불안하거나 너무 많은 정보를 접할 때 다이어트나 운동하는 것을 깜박한다. 연구에 의하면, 정말로 사실인 것 같은 잘못된 기억이 떠오를 때 우반구가 활성화된다.[27] 사람들이 확신하는 기억은 사실일 수도 있고 거짓일 수도 있다.[28] 기억을 회상할 때 그 기억이 사실이라면 내측 측두엽이 활성화되고, 거짓이라면 전두엽과 두정엽이 활성화된다. 과거 기억이 사실인지 거짓인지에 따라 기억을 확신할수록 서로 다른 뇌가 더 많이 활성화된다.

----

1) 187쪽 옮긴이 주 참조

적용 : 훌륭한 리더가 그릇된 결정을 내리는 중요한 원인 중 하나는 왜곡된 기억이다. 이에 대해 다음과 같은 용어를 사용하는 것이 중요하다. (1) 지능이 높은 사람도 거짓된 기억이 떠오를 수 있다. (2) 기억을 확신한다고 그것이 항상 정확한 것은 아니다. 코치는 기억을 확신하는 리더를 코칭할 때, 기억에 대한 자신감은 기억의 사실 여부에 따라 뇌에 다른 영향을 준다고 설명해야 한다. 기억이 사실이 아닐 때에도 뇌는 기억에 대한 자신감을 만들어 낼 수 있으며, 기억이 사실인가 아닌가에 따라 그 자신감은 뇌의 다른 영역에 영향을 준다. 그러므로 코치는 리더에게 기억에 대한 자신감과 상관없이, 기억한다고 생각하는 것을 검증해 보도록 조언해야 한다.

리더는 심리적 함정에 빠진다

개념 : 리더는 다양한 심리적 함정에 빠질 수 있다.[29] 예를 들어, 리더는 뭔가를 결정할 때 근래의 사건을 지나치게 중시하고(닻 내림의 함정), 사고와 행동의 유연성이 부족하기 때문에 실제로는 변화하지 않을지라도 변화하고 있다고 생각한다(현상 유지의 함정). 또한 리더는 지나치게 조심하거나 신중하고(신중함의 함정), 어떤 생각의 틀에 갇힌다(틀의 함정). 이러한 함정에는 다음과 같은 생리적 근거가 있다. 닻 내림의 함정은 장기기억이 누락된 채 단기기억만 사용한 것이며, 현상 유지의 함정은 사고의 유연성을 담당하는 뇌에 훈련이 필요한 것을 의미한다. 신중함의 함정은 편도체가 과활성화된 것이며, 틀의 함정은 정체된 ACC를 자극할 필요가 있음을 의미한다.

적용 : 코치가 리더에게 심리적 함정을 생리학적 용어로 설명해 주면, 코칭에 대한 신뢰도가 높아질 것이다. 예를 들어, 코치는 "이것을 생각할 때는 단기기억과 장기기억을 모두 사용해야 한다."라고 조언하거나, "사고의 유연성을 높이기 위해 당신에게 개방형으로 질문해도 되겠느냐?"고 물어볼 수 있고, "뇌의 공포탐지기가 당신의 전략에 너무 자주 브레이크를 건다." 혹은 '프레이밍(framing)센터'가 보수적이므로 이곳이 바뀌어야 한다."라고 말할 수 있다. 이런 예는 뇌과학적 코칭의 다양한 사례 중 일부에 지나지 않는다.

이제 리더가 결정할 때 사용하는 몇 가지 가정과 이 가정에 대한 뇌과학적 코칭을 개괄할 것이다. 저자가 가끔 '코치'라는 용어를 사용할지라도, 매니저나 리더가 코치 역할을 할 때에도 코치처럼 같은 원리를 사용하면 된다는 점을 기억하라. 표 1.2는 리더가 그릇된 가정을 사용하지 않도록 코칭할 때 필요한 뇌과학적 사실들이다.

이 책은 어떻게 구성되었으며 코치는 이 책에서 무엇을 얻을 수 있을까

변화를 촉진하는 맥락을 조성하기 위해 코치는 내담자와 신뢰할 만한 동맹관계를 맺어야 한다. 궁극적인 목표는 변화이며, 변화는 관계 속에서 일어나야 한다. 뇌과학은 변화를 이끌어 내고 유지하는 데 필수적인 관계와 행동을 중시한다. 이 책은 그림 1.4와 같이 크게 네 부분으로 구성되어 있다.

| 표 1.2 | 리더의 오류에 대한 뇌과학적 설명

리더가 사용하는 가정	가정을 추방해야 하는 뇌과학적 근거
중요한 결정은 혼자 하는 것이 더 낫다.	뇌는 다양한 센터에서 보내는 정보를 토대로 결정한다. 이러한 입력 정보를 늘리는 가장 좋은 방법은 다양한 사람의 의견을 듣는 것이다.
추론할 때 정서를 제거해야 한다.	의사결정에 결정적인 계산기 영역은 정서에 의해 가장 많이 활성화된다. 그러므로 순수하게 연역적 논리도 정서와 연결되어 있다는 연구 결과가 있듯이, 결정은 정서를 고려해야 한다.
리더는 새로운 결정을 내리고 이를 실행할 때 마음이 편치 않기 때문에 결정이 잘못되었다고 생각한다.	어떤 상황에서 새로운 결정이 불편하다고 느껴야 결정 코미트먼트를 담당하는 좌측 전두엽이 활성화된다.
리더는 불안이 결정에 영향을 준다고 생각하지 않는다.	뇌의 불안센터는 단기기억, 이득과 손실 평가, 주의력과 연결되어 있다. 리더의 불안은 그의 결정에 영향을 준다.
리더는 이해의 충돌을 식별할 수 있고 여전히 결정을 잘 내릴 수 있다고 생각한다.	이해의 충돌은 주의센터와 이득−손실 계산센터처럼 의사결정에 중요한 뇌를 불편하게 한다. 이때 계산기는 리더가 알아차리지 못하는 가운데 불편함을 줄이기 위해 중요한 정보를 무의식적으로 삭제한다. 그러므로 리더는 이해의 충돌을 확실하게 처리해야 한다.
리더는 오래된 사고방식에 대한 애착이 새로운 결정에 영향을 주지 않는다고 생각한다.	오래된 애착을 포기하면 보상센터의 활동이 줄어든다. 리더는 자기 뇌의 보상센터와 회사 뇌의 보상센터를 구분해야 한다.
리더는 자신감을 결정이 정확하다는 증거로 삼는다.	뇌는 맞는 기억과 틀린 기억 둘 다에 대해 자신감을 만들 수 있다. 맞는 기억과 틀린 기억은 서로 다른 뇌에서 나온다.
리더는 함정에 빠진다.	코치는 리더의 함정을 다룰 때 "뇌의 브레이크를 점검해야 한다.", "틀을 부여하는 센터가 정체되었다."라고 말할 수 있다.

제1부 도입	제2부 관계	제3부 개입	제4부 결론
제1장 : 뇌과학과 코칭의 관계	제2장 : 긍정심리학	제5장 : 생각에서 행동으로	제7장 : 뇌의 영역에 개입하기
	제3장 : 효과적인 관계	제6장 : 행동에서 변화로	제8장 : 뇌의 과정에 개입하기
	제4장 : 무형의 변수들		

| 그림 1.4 | 이 책의 개관

도입부에서 경영자나 코치는 전반적인 뇌과학적 원리를 배울 것이며, 이러한 원리를 코칭이나 의사소통에 적용하는 방법을 예를 들어 설명할 것이다. 제2부 '관계'의 장에서 긍정심리학을 코칭에 적용하는 방법과 내담자와 효과적인 관계를 맺는 방법을 뇌과학적 차원에서 설명할 것이다. 여기에 덧붙여, 리더가 아랫사람과 효과적으로 관계를 맺는 방법에 대해서도 뇌과학적 차원에서 설명할 것이다. 또한 제2부는 뇌과학적 통찰력을 토대로 무형의 변수들(intangibles)을 살펴보는 특별한 장이다. 여기서 혁신, 직관, 복원력과 같은 개념을 살펴볼 것이다. 이러한 지식을 토대로 제3부에서는 사람들이 변화를 결심하고 이 결심을 행동으로 옮기도록 뇌과학은 어떻게 안내하는지 살펴볼 것이다. 마지막 제4부에서 우리는 이 책 전반에 기술된 개입 방법들을 살펴볼 것이다. 여기에서 우리는 뇌의 다양한 영역(region)에 개입하는 구체적인 방법을 살펴볼 것이다. 그런 다음에 비즈니스할 때 소통에 관여하는 뇌의 과정(process)에 개입하는 방법들을 살펴볼 것이다. 이 책

의 마지막 장에서는 코칭 도구에 뇌과학적 개념을 추가하기 위해 코치가 코칭관계나 개입에 적용할 수 있는 몇 가지 좋은 뇌과학적 개념을 살펴볼 것이다.

결론

신경과학에 토대를 둔 코칭은 용어나 과정이 경영 환경과 잘 어울린다. 코치뿐만 아니라 코치 역할을 해야 하는 리더나 매니저도 신경과학적 기법을 사용할 수 있다. 뇌과학의 생소한 용어와 개념을 피하는 것이 중요하지만, 어쨌든 신경과학은 전략의 집행을 촉진할 때 실용적이면서도 효과적인 도구이다. 더욱이 뇌는 보편적이기 때문에 뇌과학적 용어도 보편적이다. 저자는 뇌과학적 개념을 미국, 브라질, 그리스, 스위스에서 가르친 바 있다. 이러한 개념을 가르치면서 저자는 뇌과학이 정말로 유용한 범문화적 도구임을 확신하였다. 신경과학을 도입한 코치는 코칭 과정을 촉진할 때 '중립적인' 용어를 사용할 수 있다.

| 참고문헌 |

1. Jacyna, S., "The most important of all the organs: Darwin on the brain." *Brain*, 2009. 132(Pt 12): p. 3481-7.

2. Lauterbur, P.C., "Image formation by induced local interactions. Examples employing nuclear magnetic resonance. 1973." *Clin Orthop Relat Res*, 1989(244): p. 3-6.

3. Davis, J.N., H.M. Frechette, and E. Boswell, *Strategic Speed: Mobilize People, Accelerate Execution, First Edition.* 2010, Cambridge, MA: Harvard Business Press.

4. Del Cul, A., et al., "Causal role of prefrontal cortex in the threshold for access to consciousness." *Brain*, 2009.

5. Ospina, S., *Leadership of Interorganizational Networks—Managing the Unity/ Diversity Paradox.* SSRN eLibrary.

6. Westen, D., et al., "Neural bases of motivated reasoning: an FMRI study of emotional constraints on partisan political judgment in the 2004 U.S. Presidential election." *J Cogn Neurosci*, 2006. 18(11): p. 1947–58.

7. Houde, O., et al., "Access to deductive logic depends on a right ventromedial prefrontal area devoted to emotion and feeling: evidence from a training paradigm." *Neuroimage*, 2001. 14(6): p. 1486–92.

8. Damen, F.J.A., B.v. Knippenberg, and D. Van Knippenberg, *Affective Match: Leader Emotional Displays, Follower Positive Affect, and Follower Performance.* SSRN eLibrary.

9. Ricciardi, V. and H.K. Simon, "What is Behavioral Finance?" *Business, Education & Technology Journal*, Vol. 2, No. 2, pp. 1–9, Fall 2000.

10. Whalen, P.J., et al., "A functional MRI study of human amygdala responses to facial expressions of fear versus anger." *Emotion*, 2001. 1(1): p. 70–83.

11. Coombs, M., W. Chaboyer, and M.L. Sole, "Advanced nursing roles in critical care—a natural or forced evolution?" *J Prof Nurs*, 2007. 23(2): p. 83–90.

12. Hooley, J.M., et al., "Cortico-limbic response to personally challenging emotional stimuli after complete recovery from depression." *Psychiatry Res*, 2009. 171(2): p. 106–19.

13. Banks, S.J., et al., "Amygdala-frontal connectivity during emotion regulation." *Soc Cogn Affect Neurosci*, 2007. 2(4): p. 303–312.

14. Fisher, P.M., et al., "Medial Prefrontal Cortex 5-HT2A Density Is Correlated with Amygdala Reactivity, Response Habituation, and Functional Coupling." *Cereb Cortex*, 2009.

15. Hadjikhani, N., et al., "Anatomical differences in the mirror neuron system and social cognition network in autism." *Cereb Cortex*, 2006. 16(9): p. 1276–82.

16. Moscarello, J.M., O. Ben-Shahar, and A. Ettenberg, "Dynamic interaction between medial prefrontal cortex and nucleus accumbens as a function of both motivational state and reinforcer magnitude: a c-Fos immunocytochemistry study." *Brain Res*, 2007. 1169: p. 69–76.

17. Chiang, C.Y., et al., "Medial prefrontal cortex and nucleus accumbens core are involved in retrieval of the methamphetamine-associated memory." *Behav Brain Res*, 2009. 197(1): p. 24–30.

18. Roiser, J.P., et al., "A genetically mediated bias in decision making driven by fail-

ure of amygdala control." *J Neurosci,* 2009. 29(18): p. 5985–91.

19. Vorhold, V., et al., "The neural basis of risk ratings: evidence from a functional magnetic resonance imaging (fMRI) study." *Neuropsychologia,* 2007. 45(14): p. 3242–50.

20. Acuna, C., J.L. Pardo-Vazquez, and V. Leboran, "Decision-Making, Behavioral Supervision and Learning: An Executive Role for the Ventral Premotor Cortex?" *Neurotox Res.*

21. Curtis, C.E. and D. Lee, "Beyond working memory: the role of persistent activity in decision making." *Trends Cogn Sci.* 14(5): p. 216–22.

22. Forbes, C.E. and J. Grafman, "The Role of the Human Prefrontal Cortex in Social Cognition and Moral Judgment." *Annu Rev Neurosci.*

23. Browning, M., E.A. Holmes, and C.J. Harmer, "The modification of attentional bias to emotional information: A review of the techniques, mechanisms, and relevance to emotional disorders." *Cogn Affect Behav Neurosci.* 10(1): p. 8–20.

24. O'Reilly, R.C., S.A. Herd, and W.M. Pauli, "Computational models of cognitive control." *Curr Opin Neurobiol.* 20(2): p. 257–61.

25. Campbell, A., J. Whitehead, and S. Finkelstein, "Why good leaders make bad decisions." *Harv Bus Rev,* 2009. 87(2): p. 60–6, 109.

26. Nadler, D.A. and M.L. Tushman, "Organizational Frame Bending: Principles for Managing Reorientation." *The Academy of Management Executive,* 1987. 3(3): p. 194–204.

27. Marchewka, A., et al., "False recognition of emotional stimuli is lateralised in the brain: An fMRI study." *Neurobiol Learn Mem,* 2008. 90(1): p. 280–4.

28. Kim, H. and R. Cabeza, "Trusting our memories: dissociating the neural correlates of confidence in veridical versus illusory memories." *J Neurosci,* 2007. 27(45): p. 12190–7.

29. Hammond, J.S., R.L. Keeney, and H. Raiffa, "The hidden traps in decision making." *Clin Lab Manage Rev,* 1999. 13(1): p. 39–47.

CHAPTER 2

긍정적 사고는 비즈니스에
어떤 영향을 줄까

비즈니스 맥락에서 **긍정심리학**은 개인과 비즈니스의 성장을 촉진하는 긍정적인 생각과 느낌에 초점을 맞추는 심리학적 접근을 가리킨다. 긍정심리학은 문제 중심 접근이라기보다는 강점 중심 접근을 선호한다. 긍정심리학은 강점에 주목하는 리더의 안목을 키우고, 강점을 발견하여 필요한 곳에 강점을 적용하도록 안내한다.

여러 문헌에 의하면 긍정심리학과 비즈니스는 연관성이 많다.[1] 예를 들어, 비즈니스 세계에서 긍정적인 가치관을 지닌 소비자(예 : 희망을 품고 감사할 줄 아는 사람)는 기업의 사회적 책임에 민감하다는 연구 결과가 보고되었다.[2] 또한 긍정적 정서를 지닌 사람은 직장에서 상사에게 긍정적인 평가를 받고 동료들에게 지지를 받을 수 있다.[3]

신경과학적 관점에서 볼 때 긍정심리를 보상하면, 뇌의 학습 능력이 향상된다.[4,5] 학습은 듣는 것만이 아니라 정보를 파지(把知, retention)하고, 응고(consolidation)시키고(정보를 포장하여 장기기억으로 넘기는 것), 저장하며, 필요할 때 정보를 인출하는 과정을 필요로 하기 때문에 긍정적인 마음은 여러 단계의 학습을 촉진한다.[6,7] 회사가 혼란이나 역경을 만났을 때 코치가 긍정적인 측면에 초점을 맞추라고 해도 임직원이 따르지 않는 경우가 있다. 이때 코치는 그들에게 긍정적인 측면에 초점을 맞추는 이유 중 하나는 뇌의 보상센터를 계속 자극하여 상황을 바로잡는 데 필요한 학습을 촉진하기 위해서라고 설명하면 된다.

경영자에게는 긍정심리학이 좌절감을 분출하거나 표현하지 못하게 막는 것처럼 보일 수도 있다. 그러나 이런 일은 부적절한 시점에 긍정심리를 강요할 때 발생한다. 그러므로 이런 점을 유의하면서 적절할 시기에 점진적으로 긍정적 관점을 유도하는 것이 중요하다. 부정적인 느낌이 올라왔을 때 이를 긍정적인 맥락에서 탐색할 수 있는 좋은 방법이 있다. 예를 들어, 코치는 "당신의 감정이 말을 한다면, 당신에게 무슨 말을 할까요? 당신의 화가 정보라면, 이 정보는 회사의 성장에 어떤 도움이 될까요?"라고 질문할 수 있다. 이렇게 하는 것이 긍정적이어야 하기 때문에 화내지 말라고 하는 것보다 더 효과적이다. 긍정심리학은 역경을 만났을 때 힘을 북돋아 주는 것이 아니라, 문제보다는 해결에 초점을 맞추는 것이다.

이 장에서 우리는 경영과 관련된 긍정심리학의 다양한 측면을 좀 더 상세히 살펴볼 것이다. 여기에는 희망, 낙관주의, 행복, 마음챙김(mindfulness), 연민(compassion)이 포함된다.

맥락

긍정심리학은 비즈니스 세계에서 문제 해결을 위해 정서라는 색다른 틀을 제안하기 때문에 중요하다. 또한 긍정심리학은 잘못 진행되는 것보다 순조롭게 진행되는 것을 주목하려는 노력이다. 특히 주식시장은 예측 불가능하고 경기 침체의 위험이 도사리고 있고 사람들은 생존에만 전전긍긍하는 지금과 같은 시기의 경영 환경에서 그렇게 하기란 더욱 어렵다. 뇌가 생존 모드로 맞춰지면 뇌는 위험성을 계산하기 위해 긍정성을 제거한다. 그러나 좀 더 깊이 문제를 들여다보면 특히 해결에 초점을 맞춘다면 생존을 위해 노력하는 상황에서도 긍정적인 마음을 가질 수 있다.

기업에서 긍정심리학을 생각할 수 있는 시점은 문제가 해결되고 있을 때이다. 문제가 발생한 긴박한 초기 상황에서는 문제에 초점을 맞추어야 하기 때문에 긍정심리학은 비즈니스와 상충관계이다. 그러나 긍정심리학의 예술은 문제를 그대로 놔두어야 하는 때를 아는 것이다. (뇌에서 안와전두엽이 인지적인 유연성을 발휘하면 주의를 전환할 수 있다.) 문제가 저절로 풀리도록 그냥 두어야 하는 초반부는 어려움이 가중되고 속도를 내는 데 시간이 걸릴 수 있다. 긍정적인 마음을 가지면 초반의 어려움에도 불구하고 당신은 목적지까지 계속 항해할 수 있다.

부정적인 정서가 뇌에 미치는 영향

개념 : 인간의 뇌는 위험으로부터 주인을 보호하도록 설계되어 있다. 그 결과로 뇌는 두려움이나 불안과 같은 부정적인 정서를 우선적으로 처리한다. 인간의 뇌는 의식적·무의식적으로 경계 상태에서 작동하며 경계 상태는 생각에 심각할 정도로 부정적인 영향을 준다.

리더는 종종 도전해야 할 난제를 만난다. 리더는 손에 넣을 수 있으리라 기대했던 것을 잃기도 하고 새로운 경쟁자를 만나 위협을 느끼기도 한다. 리더는 어떤 때는 상처를 입고 어떤 때는 성공한다. 그러나 리더도 사람이기 때문에 자신이 이루었던 수많은 성공의 순간보다

과학적인 리더십 _ 뇌 기반 CEO 코칭

는 상처 받은 순간을 더 많이 기억할 것이다. 당신이 리더라면, 어려웠던 시절에 느꼈던 두려움에 사로잡히지 않고 어떻게 인생을 전진하는가? 당신은 실수가 눈덩이처럼 불어날 것 같은 공포를 어떻게 극복하는가? 당신은 좌절하지 않고 어떻게 일어서는가? 일이 잘 풀리지 않을 때 당신은 어디에서 용기를 얻는가?

IBM의 토마스 왓슨 1세는 "성공의 지름길은 실패를 두 배로 많이 해 보는 것이다."라고 말하였다.[8] 그러나 누구든지 실패를 싫어하고 실패의 두려움이 리더를 마비시킬 수 있기 때문에 이 말은 틀린 것처럼 들릴 수 있다. 리더가 느끼는 몇 가지 두려움의 예는 다음과 같다.

- **실패의 두려움**−우리 회사는 다시는 예전처럼 강한 회사가 될 수 없을 것이다. 내가 다시 실패한다면 어떡하지?
- **해고시키는 두려움**−내가 이렇게 많은 직원을 해고시킨다면 회사의 사기가 떨어지지 않을까?
- **경기 침체의 두려움**−상황이 이렇게 나쁘다면 손실을 만회할 기회는 다시 돌아오지 않을 것이다.
- **성공의 두려움**−내가 성공한다면 성공을 유지할 수 있을까? 어떻게 내가 계속 정상에 머물러 있지? 사람들은 나에게 너무 많은 것을 기대할 것이며 나는 그 압력을 견디지 못할 것이다.

두려움은 리더가 인생을 살아가는 도구일 수 있다. 또한 두려움은 결정에 커다란 영향을 주기도 한다. 당신이 리더를(혹은 당신이 혼자라면 자신을) 코칭한다면, 두려움을 어떻게 코칭할 것인가? 즉, 두려워할 때 뇌 안에서는 어떤 일이 일어나며, 리더에게 두려움이 왜 문제가 되는가?

리더가 두려움을 극복한다면, 그는 더 나은 생각을 하고 더 나은 결정을 할 수 있는 유리한 위치를 선점한 것이다. 또한 두려움을 극복한 리더는 이제 곧 살펴보겠지만 아랫사람에게 효과적인 방식으로 영향을 줄 수 있다. 일련의 실험적인 뇌과학 연구는 두려움이 뇌에서 어떻게 처리되며 그 과정을 이해하는 것이 왜 중요한지를 규명하였다.

개념

다음과 같은 개념들을 살펴보면 의식적·무의식적 두려움이 뇌에 어떤 영향을 주는지 알 수 있을 것이다.

개념 1

우리가 두려운 뭔가를 만나면 뇌의 깊숙한 곳에 있는 편도체에 불이 들어 온다. 편도체는 두려움뿐만 아니라 모든 정서를 탐지한다. 편도체는 중요한 순서대로 정서를 처리하기 때문에 두려울 때 불이 켜진다. 당신의 뇌에서 두려움이 가장 중요한 정서라면, 당신이 두려워할 때 편도체에 불이 들어 올 것이다.

연구자들이 MRI 스캐너 안에 누워 있는 피험자에게 두려워하는 사람의 얼굴을 보여 주었을 때 편도체에 그림 2.1처럼 불이 들어 온다.[9]

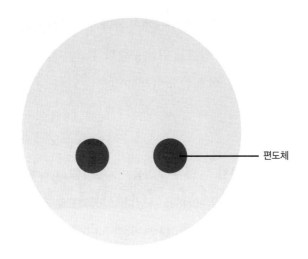

| 그림 2.1 | 두려움에 반응한 편도체의 모습

결론 : 당신의 마음에서 가장 지배적인 정서가 두려움이라면, 두려움은 정보를 가장 빠르게 처리하는 무의식적 뇌에 세금을 부과한다. 두려움이 무의식에 세금을 물리면 비즈니스에 쓸 수 있는 뇌의 소중한 자원을 두려움에 바쳐야 한다. 편도체에 불이 켜지는 의미가 완전하게 규명된 것은 아니지만, 편도체가 두려움을 처리하는 것만은 분명하다.

예를 들어, 잭 B는 사업가의 꿈을 이루기 위해 기획부장이라는 안전한 자리를 그만두었다. 그는 직장을 떠나 사업가로 성공하는 방법을 배우기 위해 가능한 한 많은 책을 읽었다. 그는 꽤 많은 책을 읽고 많은 것을 알았다. 그러나 책을 읽을 때마다 사업의 성공 가능성이 낮다는 통계치를 만났다. 그는 이런 통계치를 무시했으나, 통계치를 만날 때마다 불안해졌다. 이 실험 맥락에서 그의 편도체가 활성화되었고 그는 불안해졌다. 결과적으로 그가 다른 것을 생각하는 동안에도

제2장 긍정적 사고는 비즈니스에 어떤 영향을 줄까

'무의식적 두려움의 수레바퀴'는 계속 돌아가고 있었다.

　이것은 연구자들이 발견한 일급 수준의 정보이다. 그러나 그 이후에 일어난 일이 훨씬 더 놀랍고 인상적이다.

개념 2

연구자들은 알아차릴 수 없는 두려움, 즉 두려움 그 자체가 무의식이라면 어떻게 될까? 라는 의문을 품었다. 의식적으로 생각하지 않을지라도 당신이 항상 나쁜 소식이나 두려움이나 공포에 둘러싸여 있다면 어떻게 될까? 두려움이 문제가 될까? 이 질문에 답하기 위해 연구자들은 뇌를 탐침하기 위해 '역행차단(backward masking)' 이라는 기법을 사용하였다.

배경 정보 : 역행차단의 절차는 다음과 같다. 스캐너 안에 누워 있는 피험자에게 감정이 담긴 이미지를 보여 준다. 이때 의식적인 뇌가 감지할 수 없을 정도로 짧게(10~30ms) 제시한다. 그 다음에 자신이 보고 있는 것을 자각할 수 있을 정도로 충분한 시간이 경과한 다음에, 피험자에게 또 다른 이미지를 10~30ms 정도 짧게 보여 준다. 인간의 의식적인 뇌가 이미지를 포착하기 위해서는 이미지가 30ms 이상 제시되어야 한다. 의식적인 뇌가 이미지에 반응하기 위해서 최소한의 시간을 필요로 하지만, 무의식적 뇌는 어떨까?

발견 : 이 실험에서 두려운 표정을 보여 주었을 때 사람들은 자신이 본 것이 무엇인지 모르지만 편도체가 활성화되었다.[10~13] 즉, 의식적인

뇌가 전혀 알아차리지 못한 두려움의 신호를 편도체는 무의식적으로 포착하였다.

결론 : 온종일 두려운 대화가 주변에서 오갈 때 당신이 의식적으로 그 것 — 뉴스, 부정적인 대화, 시시각각의 주식시장에 관한 이야기 — 을 듣고 있지 않을지라도 당신의 편도체는 과활성화될 것이다.

잭 B에게는 '무의식적 두려움의 수레바퀴'를 계속 돌리는 많은 무의식적 요인이 있다. 잭이 자신의 인생을 구상하는 동안 돈을 한 푼도 벌어오지 않았을 때, 그의 아내는 그에게 점점 분노하고 종종 그의 주변에서 성질을 부릴 것이다. 잭이 아내에게 전혀 주의를 기울이지 않더라도 그의 편도체는 그 모습을 포착할 것이다. 또한 그는 아침에 텔레비전을 켜 놓고 아이들의 등교를 준비하면서 자동차 사고, 횡령, 경기 후퇴, 추락하는 경제에 관한 뉴스를 접할 것이다. 그가 뉴스에 주의를 기울이지 않더라도 이런 모든 요인이 누적되어 편도체 발화를 부채질할 것이다. 뇌로 들어간 10~30ms짜리 뉴스는 무의식적인 정서 처리장치를 점령하기에 충분하다. 이러한 두려움과 위협의 폭탄세례를 받는 동안에 그의 뇌는 다른 정서를 처리하지 않는다. 다른 정서는 길게 줄을 서서 편도체에서 받아 주기만 기다려야 한다. 편도체를 점령하는 두려움의 힘은 다음 실험에서도 입증되었다.

개념 3

편도체는 의식적 자각의 범위를 벗어난 두려움의 신호를 포착하며,

피질성 시각맹(cortical blindness)인 사람에게서도 편도체가 활성화된다. 피질성 시각맹은 시각을 담당하는 뇌(후두엽 시각 피질)가 손상되어 보지 못하는 시각장애이다. 이러한 맹인의 편도체도 두려움에 활성화되었다.[14]

결론: 정서적인 뇌는 두려움을 탐지하는 초인적 능력을 가지고 태어났다. 편도체는 생각에 관여할지라도 생각하는 뇌를 필요로 하지 않는다. 이 점은 장점이기도 하고 약점이기도 하다. 당신이 잘못된 뭔가가 일어났음을 '감지' 했다면, 무엇인지 알 수 없을지라도 그 느낌을 과소평가하면 안 된다. 당신이 주변에서 끊임없이 단서를 받아들이고 있는 한, 당신은 당신의 뇌가 당신에게 말하는 것에 귀를 기울여야 한다.

잭 B의 경우에 그가 뭔가를 쳐다보아야만 그의 뇌가 그것을 접수하는 것은 아니다. 두려운 이미지의 일부가 잭의 눈가를 살짝 스쳐 지나가기만 해도 동공을 거쳐 뇌로 들어 가기 때문에 이것만으로도 편도체는 충분히 활성화된다.

두려움이 생각과 의사결정에 영향을 준다면, 그 영향은 어느 정도 정확할까?

개념 4

실험에 따르면, 두려움이 뇌에 영향을 준다면 편도체는 뇌의 다양한 영역과 연결되어 있기 때문에 편도체만 영향을 받는 것은 아니다. 편도체와 연결된 영역 중 하나가 (비즈니스에 관한) 많은 중요한 것을 결정하는 전두엽이다. 편도체가 활성화되면 전두엽의 다양한 영역 (전전두엽)이 영향을 받기 때문에 의사결정도 영향을 받을 것이다.

결론 : 효과적으로 집단을 이끌어 가려면 리더는 주변에서 일어나는 일에 주의를 기울이면서 동시에 자신의 정서도 알아차려야 한다. 리더는 자신이 불안하고 두려울 때 중요한 것을 놓치기 쉽다는 사실을 알아야 한다. 뒤에서 살펴보겠지만 편도체에 영향을 주는 ACC의 기능에 긍정적인 영향을 줄 수 있는 다양한 방법이 있다.

잭 B의 경우에 의식적·무의식적 두려움에 반응하는 편도체가 계속 '무의식적 두려움의 수레바퀴'를 돌리고 있다. 활성화된 편도체는 전두엽의 생각하는 뇌를 방해하기 때문에 생각 자원을 갉아 먹는다. 전두엽의 영역 중 하나인 전전두엽은 특히 중요하다. 왜냐하면 전전두엽의 한 부분은 단기기억으로 사용되고 다른 부분은 계산기로 사용되기 때문이다. (계산기는 결정의 득과 실을 계산한다.) 그러므로 잭 B는 기본적으로 창의적이며 총명한 기업가 자질이 있지만, 그의 뇌가 두려움의 영향을 받고 있다면 기억력과 리스크를 정확하게 평가하는 능력은 심각하게 훼손될 것이다.

개념 5

앞에서 언급했듯이, 편도체는 중요한 정서 순으로 정서를 탐지한다. 대체로 두려움은 매우 강력한 정서이기 때문에 편도체는 두려움을 가장 먼저 처리한다. 그러나 다른 정서가 강하거나 필요하다면 그 정서부터 처리할 것이다. 연구에 의하면 편도체는 두려움탐지기라기보다 정서탐지기이다.[15]

이 점을 고려한다면 잭 B의 경우에 그의 편도체가 두려움 대신 최우선적으로 처리할 정서는 무엇일까? 편도체를 진정시키기 위해 그가 텔레비전이나 아내의 분노를 완전히 정확하게 무시하기는 어려울 것이다. 그러나 어느 날 일부러 시간을 내어 그의 뇌가 낙관적이고 긍정적인 영향을 받을 수 있는 곳을 찾아간다면 뇌는 안정을 취할 수 있고, 그 결과 생각하는 뇌는 '요동치는 편도체' 없이 계획을 세울 수 있을 것이다. 두려움은 편도체를 요동치게 하지만 긍정적 정서는 요동치는 편도체를 진정시켜 효과적인 의사결정을 돕는다.

편도체와 두려움에 관한 개념

두려움은 편도체를 의식적으로 혹은 무의식적으로 활성화한다. 우리는 두려움의 소리 없는 영향력을 알아차려야 한다. 다음의 몇 가지 예는 편도체를 과잉자극하고 의사결정을 방해하는 위협에 관한 것이다.

- **CEO 혹은 부장이 무섭다.** 스트레스를 받으며 일하면 일은 끝낼 수 있으나 전체적인 그림에 그려 넣어야 할 중요한 부분인 생각 자원이 빠져 있다.
- **근로자의 가정에 어려움이 있고 얼마 전에 부부싸움을 하였다.** 불

안할 때 좋은 결정이 나오기 어렵다.

- **불합리할 정도로 시간에 쫓긴다.** 시간에 쫓기면 불안해진다. 그러므로 극단적으로 시간에 쫓기면서 일을 하는 것보다 시간 관리와 같은 예방 조처를 취하면서 일을 하면 불안을 줄일 수 있다.

- **직원들이 일하는 방법을 잘 모르나 물어보는 것을 두려워하거나 다른 직원에게 의존한다.** 극단적인 독립성보다 다른 사람에게 질문하며 일하는 것을 격려하면 이런 일은 피할 수 있다. 상호의존은 생산성에도 도움이 된다.

편도체는 뇌의 다양한 영역과 연결되어 있기 때문에 편도체에 영향을 주는 것은 뇌 전체에 영향을 주는 것이다. 편도체가 활성화되면 편도체는 다시 주의/동기센터, 기억센터, 보상센터, 결정센터에 영향을 준다.

앞에서 말했듯이, 리더 자신이 의식적 수준에서 두렵거나 불안하지 않을지라도 '정체(stuck)'되어 있다면, 무의식적 불안이 성공으로 가는 길목을 가로막고 있는 것은 아닌지 탐색해 보아야 한다. 다음은 무의식적 위협이 리더의 편도체를 과잉자극하여 생산성을 떨어뜨리는 몇 가지 예이다.

- 내가 계속 이윤을 낼 수 있을까? 모든 것을 잃으면 나는 어떻게 될까?
- 내가 여기까지 어떻게 왔는지 모르겠다.
- 사업이 침체의 늪으로 빠져드는 것 같다.

- 정부는 중소기업을 지원하지 않고 내가 낸 세금을 가난한 사람에게 쓰고 있다.
- 내가 해고를 당한다면 어떻게 될까?

무의식적 불안의 단서에는 다음과 같은 것이 있다.

- **중요한 상황의 회피** — 리더가 회의를 잊거나 지각하거나 가정과 직장의 균형을 유지하지 못할 때 무의식적 불안이 작동할 것이다.
- **고립** — 리더는 온종일 혼자서 일하고 다른 사람이 주요 현안을 처리할 때 리더의 무의식적 불안이 의심된다.
- **분노** — 많은 리더는 불안보다 분노를 더 편안해하지만, 흔히 무의식적 불안이 분노로 표출되기도 한다.
- **자기 제한적 신념**(self-limiting beliefs) — 리더가 "나는 운이 없는 사람이야." 혹은 "자본이 더 많았더라면 성공했을 거야." 혹은 "정부가 내 편이 아닌데 내가 어떻게 성공할 수 있겠어?"라고 말한다면, 무의식적 불안이 자기 제한적 신념으로 이어진 것은 아닌지 탐색해 보아야 한다.

제7장 '뇌의 영역별 코칭'에서 실험 결과를 토대로 뇌과학이 효과적인 리더십에 어떤 도움이 되는지 살펴볼 것이다. 앞에서 살펴보았듯이, 불안은 '시끄럽게' 혹은 소리 없이 뇌를 방해하고 당신이 의식하지 못할지라도 뇌를 '뒤흔든다.' 두려움의 단서를 찾는 것은 편도체에 개입하는 좋은 방법이다. 편도체는 뇌의 깊숙한 곳에 자리 잡고

있다. 편도체에 접근하는 것은 어렵지만, 편도체는 의식적 경로와 연결되어 있기 때문에 편도체 발화율을 낮추기 위해 의식적 개입을 사용할 수 있다.

적용 : 리더나 코치는 사람들의 뇌가 전혀 의식하지 못하는 불안도 포착한다는 사실을 잘 알고 있을 것이다. 도전할 것이 많은 비즈니스의 속성상 경영자의 뇌는 기초 상태(default state)에서도 위험을 탐지하고 있을 것이다. 이것은 리더의 주의를 분산시켜 생각하는 뇌에 심각한 영향을 줄 수 있다. 약간의 긍정심리만 도입해도 기초 모드에서 위험을 탐지하는 일을 중단할 수 있을 것이다. 나중에 관련 기법을 살펴보겠지만, 아무리 지능이 높은 리더라도 편도체가 위협과 두려움과 불안의 폭탄세례를 받는다면 문제를 해결하기 어렵다는 점을 기억해야 한다.

이제 부정적인 것에 초점을 맞출 때 뇌에서 어떤 일이 일어나는지 살펴보고, 그 다음에 긍정심리가 뇌에 어떤 영향을 어떻게 주는지 살펴보자.

부정적 사고가 뇌에 미치는 영향

개념 : 코치가 리더를 코칭할 때 혹은 리더가 셀프 코칭할 때 주된 과제 중 하나는 걱정 모드에서 문제 해결 모드로 이동하는 것이다. 앞에서 언급했듯이, 우리는 문제에 초연해지는 방법을 알아야 한다. 리더

는 종종 문제를 바라보고 있으면 문제가 해결되는 것으로 착각한다. 그리고 어느 정도는 문제를 응시하고 있으면 문제에 대한 통찰력이 생기기 때문에 이 말이 전혀 근거 없는 말은 아니다. 그러나 걱정에 사로잡혀 강박적으로 곱씹고 있을 때 리더의 삶은 생산성이 떨어질 수 있다. 이러한 상황에서 코치는 셀프 코칭을 하든 타인을 코칭하든 부정적인 측면에 초점을 맞춘 뇌의 생리학을 이해하면 도움이 될 것이다. 다음 실험을 살펴보면 부정성에 초점을 맞출 때 뇌에서 어떤 일이 일어나는지 알 수 있다.

개념 1

많은 실험에서 고통에 초점을 맞추면 그렇지 않을 때보다 주관적 고통이 증가한다는 결과가 나왔다. 한 연구는 두 가지 조건에서 피험자에게 동일한 고통을 주고 비교하였다. 첫 번째 조건에서 피험자에게 주어진 과제는 고통의 정도를 (고통을 주목하면서) 평가하는 것이고, 두 번째 조건에서는 다른 것으로 주의를 돌리기 위해 산수 문제를 풀게 하였다. 두 가지 조건 중 고통에 집중하지 않은 조건에서 고통 척도가 더 낮고 ACC는 더 많이 발화하였다. 이것은 고통에 초점을 맞추는 것과 산수 문제에 초점을 맞추는 것이 충돌하여 ACC가 발화한 것을 의미한다.[16] 또 다른 연구에서도 유사한 결과가 나왔다. 이 연구에서 고통에서 다른 것으로 주의를 돌릴 때 ACC의 증가된 발화량은 고통센터에서 감소한 발화량과 상관관계가 있었다.[17] 이러한 발견은 다른 연구에서도 지지되었다.[18]

결론 : 이러한 실험에서 고통에 초점을 맞추면 피험자는 고통에 더 민감해지고 ACC는 갈등을 탐지하지 않았다. 고통을 벗어나 다른 곳에 주의하면 ACC는 갈등을 탐지하고(혹은 주의가 분산되고) 주관적 고통은 줄었다. 이 결과는 고통스러울 때 리더가 다른 것으로 주의를 돌리면 주관적 고통을 줄일 수 있음을 의미한다. 이런 식으로 고통을 줄이면 생각하는 뇌와 결정하는 뇌는 고통에서 풀려나 비즈니스와 관련된 중요한 결정에 더 많은 자원을 사용할 수 있다. 그러므로 부정적인 측면보다 중립적이거나 긍정적인 측면에 초점을 맞추면 불편감은 줄고 사고력은 향상된다. 여기에서 중요한 것은 고통에 초점을 맞추지 않고 고통으로부터 벗어나는 것이다. 그러므로 'ACC의 활동이 증가하는 것' 그 자체는 항상 나쁜 것이 아니다. 이때의 ACC 발화는 고통에서 다른 것으로 주의를 돌린 긍정적인 성격을 띤다.

앤 C는 고객의 돈을 헤지펀드에 투자하는 펀드오브펀드 회사를 운영한다. 주식시장이 하락세일 때 그녀는 충격을 받곤 한다. 이럴 때 그녀는 종종 휴가를 내고 직장에 가지 않았다. 그녀는 하락 장세를 지켜보는 것이 너무 힘들었다. 직장을 벗어남으로써 그녀의 이런 태도가 강화되었다. 그리고 혼자 있을 때 그녀는 세금을 줄이는 일에만 초점을 맞추었다. 그녀가 기분을 조절하기 어렵다고 호소했을 때 저자는 기분의 불안정은 주의 초점이 고정되었기 때문이라고 말해 주었다. 그녀는 잘못 돌아가는 일에만 초점을 맞추었고 그 결과 그녀의 ACC는 마비되었다. 그녀는 저자에게서 주의를 전환하는 방법을 배워 ACC가 회사의 어려움에서 다른 것으로 주의를 돌렸을 때 그녀는 회사의 성장 — 고객의 증가와 헤지펀드 매니저의 실적 — 을 주목할 수 있었다. 그녀의 뇌는 고통이 줄자 계획을 세우는 뇌가 더 많은 일을 할 수 있었다.

개념 2

ACC 활성화 그 자체가 더 좋은 결과를 의미하는 것은 아니다. 사실 ACC의 증가된 혹은 감소된 발화량이 무엇을 의미하는지는 지금도 연구 중이다. 실험을 통해 ACC의 활성화와 정서 상태가 어떤 연관성이 있는지 규명된다면 뇌가 어떤 상태일 때 어떤 기분을 느끼는지 이해할 수 있을 것이다. 예를 들어, 주의를 고통에서 다른 것으로 돌리면 ACC 발화는 증가하고 '뇌의 고통'은 줄어든다. 사회적 배제를 당할 때는 ACC[19, 20]와 편도체[21]의 활동이 증가하였다. 사회적 배제를 당할 때 정서적으로 지원하면 복측 ACC 발화가 감소하고 고통도 줄었다. 또한 사회적으로 배제된 사람들을 정서적으로 지원하면(좀 더 자세한 내용은 제3장 '효과적인 관계를 위한 사회적 지능' 참조) 좌뇌 외측 전전두엽의 발화가 증가하였다.[19] 이런 상반된 결과들의 의미를 제대로 이해하기 위해 더 많은 연구가 필요하겠지만 기본적인 개념은 맞다. 즉, 신체적 고통이 있을 때 주의를 다른 곳으로 돌리면 ACC 발화가 증가하면서 고통이 줄고, 사회적 고통이 있을 때 사회적으로 지원하면 ACC 발화가 감소하면서 고통이 준다. 두 경우 모두 ACC는 초점을 고통에서 다른 것으로 변경하는 기능을 보조한다. 즉, 신체적 고통의 경우 주의를 고통에서 다른 과제로 돌렸을 때 ACC 발화가 증가한

과학적인 리더십 _ 뇌 기반 CEO 코칭

것은 고통에 초점을 맞추라는 뇌의 요구와 주어진 과제에 집중하라는 뇌의 요구가 충돌한 것을 의미한다. 반면에, 사회적 고통의 경우 정서적 지원은 ACC와 편도체를 진정시킨다. 두 경우에 우리가 알 수 있는 것은 고통을 줄이는 뇌의 시스템은 초점을 고통에서 다른 것으로 변경할 때 작동한다는 것이다.

결론 : 사회적 고통보다 사회적 지원에 초점을 맞추는 것이 뇌에 도움이 되고, 생각하는 뇌를 방해하던 편도체를 진정시켜 생각하는 뇌가 자유로워진다. 앤 C는 코치의 지지를 받으면서 부정적인 집착에서 벗어날 수 있었다. 불안한 사람은 위협적인 것을 지켜보고 있을 때 더 편안해한다. 큰 안전감을 느낀다. 마찬가지로 불안한 사람은 부정적인 뭔가에 집착할 때 더 편안해한다. 이것은 특이해 보이지만 충분히 이해할 수 있다. 앤 C는 그동안 그녀를 불안하게 하는 다양한 상황을 겪었다. 그녀는 여동생과 어머니와 갈등관계에 있었다. 이런 갈등관계가 자신에게 어떤 영향을 주며 어떻게 해야 하는지 몰랐기 때문에, 그녀는 일에 대한 걱정에 매달림으로써 통제력을 잃지 않고 불안한 감정에 머무를 수 있었다.

적용 : 실험을 통하여 다음과 같은 사실이 발견되었다. (1) 부정적인 혹은 고통스런 상황에 초점을 맞추면 같은 고통일지라도 뇌가 느끼는 고통은 증가한다. 같은 상황일지라도 주의를 고통에서 다른 것으로 돌리면 뇌가 고통을 접수하는 방식을 변경함으로써 불편한 느낌이 줄어든다. 이렇게 하면 생각하는 뇌가 해방되어 더 나은 결정을 할 수

있다. (2) 고통이 연상되는 환경을 벗어나는 것도 의미가 있다. 뇌는 고통과 연합된 자극에도 고통을 느낄 수 있다. 또한 고통이 연상되는 환경에서는 생각 자원을 끌어 모으기가 어렵다. 리더는 휴가를 떠나 주의를 전환함으로써 자동으로 떠오르는 작업장과 연합된 고통을 벗어날 수 있다. (3) 사회적으로 지원하면 편도체가 진정되어 생각에 초점을 맞출 수 있다. 직원의 수행력이 떨어졌을 때 이들을 주변 사람들이 심리적으로 지원하는 것도 사고력을 증진하는 한 가지 방법이다.

개념 3

개념 : 최근에 여러 연구에서 부정적 기분이 고통을 예민하게 만든다는 결과가 나왔다.[22] 부정적 기분은 뇌 안에서 다양한 방식으로 통각계와 교류한다. 크롬베츠 등(1999)은 만성 허리통증 환자를 대상으로 일련의 실험을 하였다. 이 연구에서 통증의 강도보다 통증에 대한 두려움이 아파서 아무것도 할 수 없는 상태를 더 잘 예측하였다. 즉, 고통에 대한 두려움이 아파서 아무것도 할 수 없는 상태를 만든다. 리더가 느끼는 고통이 무엇이든지 간에 두려움은 고통을 더 고통스럽게 만든다. 또 다른 많은 연구에서도 긍정적인 기분은 고통을 덜 고통스럽게 만들고,[23~25] 부정적인 기분은 더 고통스럽게 만든다[26,27]는 결과가 나왔다. 그러나 어떤 스트레스 상황에서는 두려움이 통각을 더 예민하게 만들지 않는다.[28] 그렇지만 대체로 부정적인 정서는 통각을 예민하게 만든다. 편도체, ACC, 중뇌수로 주변 회백질 영역(PAG), 섬엽

이 두려움에 대한 민감성에 관여하는 영역이다.

적용 : 부정적인 정서가 통각 경로에 영향을 주어 통각을 예민하게 만든다는 점을 기억해야 한다. 앤 C는 매사에 부정적인 것에만 초점을 맞춤으로써 상황을 실제보다 더 나쁘게 보았다. 이것은 회사의 추락에 확대경을 들이대는 것과 같다. 고통에 초점을 맞추면 고통은 더 커 보이고, 부정적인 정서에 머물러 있으면 부정적인 정서도 더 크게 느껴진다. 이것이 최악의 상황에서도 긍정적으로 생각할 시간을 내야 하는 이유이다. 이렇게 하면 뇌의 고통은 줄고 생각하는 경로가 해방된다. 뇌가 고통에 사로잡혀 있을 때 당신은 주의 초점을 다른 곳으로 전환하는 연습을 해야 한다.

개념 4

개념 : 두려움에 대한 뇌의 반응인 걱정은 무의식적인 부정적 정서를 차단하기 위한 뇌의 반응으로 볼 수 있다.[29] 걱정은 '내적 언어로 위협적인 심상을 억압하는 인지적인 회피 전략이다.'[30] 최근의 뇌영상 연구에서 걱정이 많은 사람은 좌뇌와 우뇌를 연결하는 다리(뇌량)가 손상되고, 이로 인하여 좌뇌에서 우뇌로 부정적인 정서가 건너가는 데 시간이 더 걸린다(긍정적이거나 중립적인 정서는 그렇지 않음)는 결과가 나왔다. 이 연구를 통해 우리는 걱정할 때 생각이 느려지는 과정을 알 수 있었으며, 걱정이 실질적으로는 부정적인 정보 처리를 회피하는 방법임을 알게 되었다. 그러므로 리더가 지나치게 걱정이 많다

면 중요한 정보를 놓칠 수 있다.

적용 : 코치는 내담자에게 걱정하다 보면 판단에 필요한 중요한 부정적 정보(예 : 위험)를 놓칠 수 있다고 설명해야 한다. (누락되는 정보는 종종 무의식적 정보이다.) 사람들은 걱정에 의해 뇌량이 손상되어 정보가 좌뇌에서 우뇌로 건너가는 데 시간이 더 걸린다는 사실을 알아야 한다. 결과적으로 걱정은 해결책을 찾지 못하고 시간만 허비하게 한다.

리더는 왜 낙관주의자가 되어야 하는가

심각할 정도로 부정적이거나 자기 혹은 타인의 실수를 곱씹느라 앞으로 나아가지 못하는 리더를 코칭할 때, 우리는 종종 밝은 면을 보도록 격려해야 하는 어려운 문제를 만난다. 리더가 부정적인 태도를 보인다면 그의 생산성은 심각하게 저조하고 생각은 모호하며 해결책을 찾는 데 초점을 맞추기 어려울 것이다. 항상 걱정하는 리더는 걱정을 해결책을 찾기 위한 노력으로 본다. 그러나 이들은 생산성을 떨어뜨리는 방식으로 걱정에 빠져 있다.

　사람들은 '낙관주의' 라는 말을 들으면 고개를 갸우뚱한다. 가정생활과 직장생활의 균형을 맞추기도 어렵고 수지타산을 맞추기도 어려운 비즈니스 세계에서 낙관주의라는 말은 대부분의 사람에게 짜증나는 소리로 들릴 수 있다. 많은 경영자는 실용적이기 때문에 낙관주의는 새에게나 어울리는 말이라고 한다. 이들은 낙관주의를 '그림의

떡' ─ 즉, 근거가 없는 비현실적인 긍정성 ─ 으로 여긴다. 그러나 신경과학은 낙관주의를 전혀 다른 관점에서 바라본다.

낙관주의가 성공의 결과가 아니라 원인이라면 어떻게 하겠는가? 어떻게 낙관주의가 성공의 원인이 될 수 있을까? 도전할 것이 많은 경영자는 낙관주의가 중요한 이유가 궁금할 것이다. 다음은 비즈니스 세계에서 낙관주의가 중요해지는 상황이다.

- 사기저하로 생산성이 감소할 때 낙관주의가 중요하다.
- 직원들이 회사를 떠날 위험성이 있고 직원들이 반목할 때 낙관주의가 중요하다.
- 비관주의가 행동을 가로막을 때 낙관주의가 중요하다.
- 직무 동기가 없을 때 낙관주의가 중요하다.
- 업무에 방해가 되는 강한 불안을 바로 가라앉혀야 할 때 낙관주의가 중요하다.

개념 : 희망과 낙관주의는 '소프트한 기술' 이 아니다. 희망과 낙관주의는 성공을 향한 항해를 계속할 수 있도록 도와주는 필수적인 뇌의 조정장치이다. 다음 실험들을 살펴보면서 비즈니스 세계와 연관성이 있는 희망과 낙관주의에 대한 중요한 발견들을 살펴보자.

낙관주의의 개념과 적용

다음 개념들은 살펴보면 낙관주의가 비즈니스에 긍정적인 영향을 주는 이유를 알 수 있다.

개념 1

의학 실험에서 연구자들은 향정신성 약물의 효과를 알아보기 위해 대체로 진짜 약을 가짜 약 혹은 설탕을 넣은 알약과 비교하고 상관관계를 알아본다. 설탕을 넣은 알약이 효과가 있었다면 그 약은 왜 효과가 있고 뇌의 어느 부위에 작용할까? 라는 궁금증이 생긴다.

한 실험에서 연구자들은 낙관과 불안이 플라세보(placebo) 반응과 어떤 관계가 있는지 알아보기 위해, 가짜 진통제를 투여하고 이 약을 복용한 사람들을 관찰하였다.[31] 이 연구는 낙척적이고 덜 불안한 성격이 플라세보 효과와 상관이 있음을 발견하였다. 어떤 사람은 낙관주의가 사람을 '우롱한다'고 주장한다. 어떤 의미에서 그렇게 볼 수도 있다. 그러나 실제로 상황이 나아진 것은 없지만, 가짜 약에도 기대되는 진통 효과가 있기 때문에 구호품으로도 사용된다. 불안이 적고 낙관적인 사람은 고통을 처리하는 부가적인 장치가 있는 것이다.

매우 불안하고 비관적인 리더는 고통에 초점을 맞추기 때문에 앞에서 언급했듯이 편도체가 활성화될 것이다. 그러나 리더가 불안하지 않고 낙관적이라면 그의 주의센터는 고통에서 기대되는 보상 — 실제로 보상받는 기분을 느낄 수도 있다 — 으로 초점을 돌릴 것이다. 긍정적인 기대는 긍정적인 느낌을 만든다. 긍정적인 느낌이 생기면 고통에서 벗어나 다른 것으로 주의를 돌릴 수 있다. 이렇게 되면 고통에 사로잡히지 않고 주의를 돌려 필요한 과제를 처리할 수 있다.

개념 2

첫 번째 실험에서 낙관주의가 고통을 완화했는데, 편도체와 연결된 회로를 통해 고통이 완화된 것으로 추측할 수 있다. 실제로 뇌에서 이런 일이 일어날까? 그렇다. 낙관적인 뇌를 관찰한 연구에서 낙관주의에 의해 편도체와 ACC가 활성화되고 낙관주의는 ACC의 발화율과 상관이 있었다.[32] 그림 2.2는 낙관적 태도가 있을 때와 없을 때 편도체와 ACC의 활성화 상태를 표시한 것이다.

이론적으로 ACC —특히 새 부리 모양 부분—는 과거 사건이나 미래의 부정적인 사건보다 미래의 긍정적인 사건에 예민하게 반응한다. 결과적으로 미래의 긍정적인 사건을 생각하면 ACC가 활성화되고 ACC와 연결된 편도체도 활성화된다. 이렇게 하여 두려움은 덜 중요한 정서가 되고 낙관이 중요한 정서로 전면에 등장한다.

낙관주의와 비관주의 중 어느 것이 더 나을까? 이 연구는 다음과

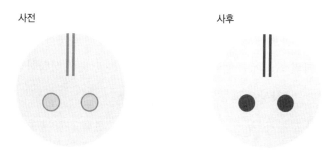

사전   사후

| 그림 2.2 | 낙관주의가 편도체와 전대상이랑(ACC)에 미치는 영향

같은 자료를 내놓았다. "위험을 과소평가하거나 계획이 부실할 수 있기 때문에 극단적인 낙관주의는 해로울 수 있다. …… 비관적인 관점은 심각한 우울증 증상과 상관이 있다. ……" 더욱이 "약간의 낙관적인 착각은 …… 미래의 목표를 향해 나아가도록 현재의 행동에 동기를 불어넣고 정신적·신체적 건강을 의미한다. ……"

이 연구는 다음과 같이 결론을 내렸다. "긍정적인 사건을 기대하면 실제로 긍정적 미래가 다가오고 있는 것처럼 느껴지기 때문에, 미래를 긍정적으로 상상하는 것은 미래의 목표를 달성하기 위해 지금 해야 할 행동에 동기를 부여하는 적응적인 기능을 한다. (……) 미래에 대한 부정적 상상은 불안이나 우울과 같은 부정적인 결과를 가져와 일상생활을 방해한다."

적용 : 약간은 편파적으로 미래를 낙관하는 것이 중요하다. 이렇게 하면 뇌는 두려움보다는 미래의 목표에 초점을 맞출 준비를 한다. 과거의 긍정적 사건보다 미래의 긍정적 사건을 생각하는 것이 ACC와 편도체에 좀 더 강력한 영향을 준다. (미래의 긍정적 사건을 상상하면 그 일이 실제로 가까이 다가오고 있는 것처럼 느껴진다.) 즉, 편도체를 점령한 두려움의 자리를 미래에 대한 긍정적 기대가 차지한다. 뇌는 낙관하면 목표에 초점을 맞출 수 있다. 뇌는 단순히 상상하면서 출발하지만, 이 상상을 행동으로 옮길 것이다.

리더나 코치가 (부정적 결과 혹은 과거의 긍정적 결과에 초점을 맞추는 것보다) 미래의 긍정적 사건에 초점을 맞추면, 목표 지향적인 뇌

과거의 긍정적인 기억

미래에 대한 긍정적 기대

| 그림 2.3 | 편도체와 ACC에 미치는 과거에 대한 긍정적인 기억과 미래에 대한 긍정적 기대의 영향

의 능력이 극대화된다. 그림 2.3처럼 과거를 긍정적으로 회고하는 것과 미래를 긍정적으로 기대하는 것은 뇌에 다른 영향을 준다.

이런 뇌 영상은 흔히 볼 수 있다. 또한 뇌는 미래의 긍정적 사건을 좀 더 가깝게 지각한다. 당신이 심상 훈련을 할 때 발생 가능한 긍정적 사건에 초점을 맞춘다면, 목표를 추구하는 과정에 도움이 될 것이다. 리더나 코치가 (ACC와 편도체가 두려움이 아닌 다른 정서 때문에 활성화될 수 있도록) 목표 지향성을 증진하기 위해 사용할 수 있는 낙관적 질문은 다음과 같다.

- 어디에 도달하고 싶은가?
- 원하는 것을 성취한다면 우리는 무엇을 얻을 수 있을까?
- 우리는 무엇을 이룩할 것인가?
- 우리가 확실히 목표에 도달한다면, 우리에게 그것은 어떤 의미가 있는가?
- 일이 잘 풀린다면, 우리가 어디에 있다고 상상할 수 있을까?

그렇다면 뇌 기반 낙관주의는 리더의 일에 어떻게 영향을 줄까? 다음은 염두에 두어야 할 몇 가지 핵심이다.

- 리더는 과거를 조사하면서 출발할 수 있지만, 뇌는 미래의 긍정적인 사건을 상상하면서 출발해야 한다. 다시 말해 목표를 향해 나아가는 것이 중요하다면 리더는 불확실성을 가지고 대화를 마치면 안 된다. 스포츠 코칭은 다음과 같은 다양한 심상법을 사용한다. 전반적인 장면 상상(Cognitive General), 구체적 장면 상상(Motivational Specific), 문제 해결 상상(Motivation General-Mastery), 문제가 해결되었을 때의 정서 상상(Motivation General-Arousal) 등이 그것이다.[33] 이 모든 기법은 수행력을 증진하기 위해 긍정적으로 상상하는 것이다(좀 더 상세한 내용은 제5장 '어떻게 하면 아이디어가 행동하려는 마음이 될 수 있을까' 참조).
- 예상되는 긍정적 결과를 반복해서 떠올려라. 근로자가 미래를 계획하고 목표를 향해 전진하도록 격려하라.
- 직원들이 정체되어 있다면 원하는 곳에 어떻게 갈 것인지를 잊으라고 하라. '안주(stuckness)'는 부정성과 비관주의를 낳는다. 꼼짝하지 않는 사람에게 원하는 곳에 어떻게 도달할 것인지 물으면 편도체 발화가 증가하여 목표 지향성이 감소한다. 첫 번째 단계는 안주와 비관주의를 버려야 한다. 예를 들어, 코치는 다음과 같이 말할 수 있다. "당신이 정체되어 있음을 받아들이자. 자, 그러면 이제 벗어나자. 이미 정체된 삶을 벗어난 당신의 모습을 상상

해 보라. 그것은 당신에게 어떤 의미가 있는가?" (정말로 정체된 삶은 상상 속에나 존재하는 것임을 깨달을 것이다.)

- 사람들이 대립하고 있을 때 단순히 옳고 그름을 따지지 마라. 갈등이 고조되어 있을 때 이를 해결하는 생산적인 방법은 회사에 기여하는 방향으로 가고 있다면 그 일이 어떻게 될지 각자에게 물어보는 것이다. 그 다음에 문제가 잘 해결되었다고 생각한 지점에서부터 되짚어가며 일을 하는 것이다.

희망과 낙관주의는 리더가 자신과 직원들의 뇌회로를 수정하는 중요한 도구이다. 이런 맥락에서 낙관주의는 '대충' 생각하거나 응원하는 것이 아니라는 점을 기억해야 한다. 그 대신에 낙관주의는 틀을 가다듬고 목표를 강조하며 불안해하지 않으면서 미래를 바라보는 것이다. 낙관주의가 비현실적이라고 주장하는 리더들이 있다. 이들이 정확할 수도 있다. 그러나 여기에서 낙관주의를 강조하는 것은 낙관주의가 현실주의와 다른 방식으로 뇌를 연결하고 강하게 활성화된 편도체를 진정시키기 때문이다.

리더가 희망과 낙관주의를 지니고 있을 때 자동으로 편도체를 자극하던 두려움을 희망과 낙관으로 교체할 수 있다. 즉, 희망과 낙관주의는 생각에 방해가 되는 정서를 가라앉힌다. 그 결과, 리더는 좀 더 효과적으로 생각할 수 있다. 이제 우리는 불안이 주도하는 과정(anxiety-driven processing)을 줄이기 위해 뇌를 '개방' 하는 것이 낙관주의임을 알았다. 결과적으로 낙관주의는 '소프트한' 태도가 아니다. 낙관주의는 실제로 뇌가 해결책을 찾아가는 방식에 영향을 준다. 낙관주의는 편도체가 처리하는 제1순위 정서인 두려움을 다른 정서로 교체하는 뇌의 독특한 환경이다.

왜 긍정적 정서가 중요한가

개념 : 행복 그 자체는 당신의 기억에 영향을 준다. 슬픈 사람은 자신의 기억을 '객관적인' 사실로 믿는다. 그러나 연구에 의하면, 어디에 초점을 맞추고 과거 사건을 회상할지는 현재의 감정에 의해 결정된다.[34] 더욱이 연구에 의하면 행복한 사람은 성공하는 쪽으로 결정을 내리는 경향이 있다.[35] 예를 들어, 구직 면접에서 이 말은 사실인 것 같다. 정서적 표정은 사회적 위치를 말해 준다. 행복하거나 중립적이나 분노하는 남자는 슬픈 남자보다 지위가 더 높아 보인다. 슬퍼하는 여자는 지위가 더 낮아 보인다. 그러므로 리더가 대인 지각에 대한 이런 사실을 알고 있으면 도움이 될 것이다.[36]

연구에 의하면, 긍정적인 기분(긍정적 기분을 평가하거나 유도함)일 때 사람들은 통찰력과 창의성을 요하는 문제를 더 잘 푼다. 최근의 한 연구에 의하면, 긍정적 기분은 문제를 풀기 전 단계에서 분석력과 통찰력을 증진하는 쪽으로 뇌를 자극하였다.[37] 특히 긍정적 기분은 준비단계에서 ACC를 자극하였고, 그 결과 주의력, 통찰력, 문제 해결력이 향상되었다. 이 연구는 구체적으로 통찰에 의한 해결과 분석적인 해결을 비교한 점이 주목할 만하다. 그러므로 코치는 리더에게 행복

과학적인 리더십 _뇌 기반 CEO 코칭

할 때 통찰에 의한 문제 해결력이 향상된다는 점을 상기시키면서 기분 전환의 필요성을 설명할 수 있다. 이렇게 주장하는 것은 기분이 좋을 때 사고의 유연성이 증가하고, 주의의 '전반적인 폭'이 커지기 때문이다.[38] 통찰력과 분석력을 사용한 문제 해결에는 다음과 같은 몇 가지 차이점이 있다(통찰과 분석에 의한 해결이 다르다는 것만 숙지하고, 뇌의 영역을 기억할 필요는 없다.). (1) 통찰적 해결은 우뇌를 더 많이 사용한다. (2) 통찰적 해결은 우측 측두엽을 더 많이 사용한다. (3) 언어를 사용한 통찰적 해결은 양반구 외측 섬엽, 우측 전전두엽, ACC를 포함한 광범위한 신경망을 사용한다.[39] 더욱이 문제를 본 다음부터 풀기 직전까지의 준비단계에서 새 부리 모양의 등쪽 ACC가 지속적으로 강하게 발화하였으며, 분석적 해결보다 통찰적 해결에서 해답을 찾기 직전에 ACC가 강하게 발화하였다.[40] 행복할 때 이런 효과가 더 많이 나타났는데, 이것은 행복할 때 통찰의 독특한 요소가 증가하는 것을 의미한다.

적용 : 코치는 해결책을 찾느라 고심하는 리더에게 분석보다는 통찰에 의한 문제 해결이 더 좋은 방법이라고 조언할 수 있다. 이런 가능성을 키우기 위해 긍정성에 초점을 맞추고 긍정적 기분을 증진하면 사고의 유연성이 증가하고, 그럼으로써 ACC를 포함한 통찰의 뇌가 활성화된다. 코치는 분석적 해결이 기분을 개선하는 데 도움이 되지 않을지라도, 긍정성에 초점을 맞추면 통찰에 의한 문제 해결력이 향상된다고 좀 더 자세히 설명하면 된다.

저자의 다양한 비즈니스 경험에 비추어 볼 때 분석적 문제 해결은 확실한 방법이 아니다. 분석적 해결은 문제가 정말로 풀리지 않을 때에도 해결되는 인상을 준다. 분석적 해결은 문제를 여러 모양과 크기로 쪼갠 다음에 다시 다른 식으로 합체하는 것이다. 통찰은 전체적으로 새로운 생각이 탄생하는 것이다. 긍정적으로 생각하면 뇌는 이전에 한 번도 가 보지 않은 곳을 여행할 수 있다. 미지의 세계는 더 광활하기 때문에 이곳을 여행하는 것은 설레는 일이다. 그리고 이렇게 하면 통찰에 의한 문제 해결 가능성이 커진다. 그리고 뇌과학은 이 방법을 지지한다.

마음챙김의 심리학

개념 : **마음챙김**(mindfulness)은 알아차리는 (혹은 자기를 아는) 능력이다. 「경영자를 위한 마음챙김의 실제」라는 최근 논문을 개관하면서 마음챙김이 비즈니스에 중요한 이유를 살펴보겠다.[41] 이 논문의 저자는 다음과 같이 말한다. "과학과 기술의 눈부신 발전 때문에 사람들은 자아를 영적 세계와 분리하고 내면에서만 찾을 수 있는 답을 밖에서 찾고, 주관적인 것과 신성한 것을 부정하고 마음의 잠재력을 간과한다. 그러나 우리의 내면에는 미개척된 창의성, 깊은 영혼, 대부분의 사람이 꿈꾸지 못한 의식의 상태가 존재한다(Walsh & Frances, 1993)." 급변하는 경제 세계 속에서 마음챙김의 중요성을 강조하기 위해 저자는 "파도는 잠재울 수 없으나, 파도 타는 법은 배울 수 있다."라고 말하

였다.

마음챙김은 판단하지 않고 생각, 느낌, 신체 감각을 받아들이는 것이다. 마음챙김은 자신의 생각이나 느낌을 분석하지 않는다. 마음챙김은 불안과 걱정을 줄이는 강력한 마음의 상태라는 연구 결과가 많이 나오고 있다.[42-44] 앞에서도 살펴보았듯이 걱정을 줄이는 것이 생각과 생산성에 도움이 된다. 그러므로 판단하지 않고 자신의 걱정을 알아차리는 것은 생각에 큰 도움이 될 것이다. 리더가 마음챙김을 훈련하면 자신의 마음에 침입해 들어 오는 부정적인 생각을 줄일 수 있다.[45]

뇌과학은 마음챙김을 하는 동안 뇌 안에서 일어나는 일을 규명하였다. 마음챙김을 하면 기분은 좋아지고 정서적 고통이 줄어 삶의 질이 향상된다는 많은 연구 결과가 있다. 그밖에도 마음챙김 훈련은 뇌, 자율신경계, 스트레스 호르몬, 면역계, 건강한 행동에 영향을 줄 수 있다.[46] 마음챙김은 정확하게 말하자면, 인지적인 자기 성찰(self-reflection)이라기보다 정서적인 자기 관찰(introspection)이다. 마음챙김은 자신에 대해 생각하는 것이 아니라 생각하지 않는 자신을 느껴 보는 것이다. 이렇게 하면 편도체의 활동이 줄어든다. 반면에, 중립적인 뭔가를 할 때에 비하면 인지적 자기 성찰은 상대적으로 편도체를 더 많이 자극한다.[47] 그러므로 마음챙김 기법은 리더가 스트레스를 받거나 불안할 때 특히 도움이 될 것이다.

최근에 나온 한 논문은 인간의 뇌는 일정한 패턴을 지닌 몇 개의 세트로 구성되었다고 주장하였다. 그중 하나가 휴지기 신경망(resting state networks, RSNs)[2]이다.[48] 휴지기 신경망에는 기초 모드(default-mode), 등쪽 주의, 코어(core)[3], 중앙집행부, 자기 참조(self-referential), 체감각, 시각, 청각을 담당하는 신경망이 포함된다. 자기 인식(self-awareness)에 관여하는 자기 참조 신경망이 마음챙김과 관련 있다. 이 연구에 의하면, 자기 참조 신경망은 가장 강력한 신경망으로서 다른 휴지기 신경망을 통제하며 뇌의 나머지 부분에 영향력을 행사하는 최상위의 신경망 중 하나이다. 즉, 뇌에서 마음챙김을 담당하는 신경망은 우리가 어떻게 보고 듣고 생각하고 주의할지를 결정하는 강력한 힘을 지닌다. 그러므로 리더는 마음챙김의 강력한 회로를 이해하고 있어야 한다.

마음챙김은 지속적으로 주의를 기울이는 상태이며, 이 상태에는 여러 차원이 있다. 예를 들어, 주의의 차원은 '초점이 맞추어진 주의(어떤 과제나 대상에 주의를 집중하는 상태)', '개방적인 관찰(open monitoring, 모니터링 과정에 주의를 기울임)', 그리고 아직은 모호한 개념인 '자동적인 자기 초월'이 있다. 각 주의 상태는 뇌파의 패턴이 서로 다르다.[49] 초점이 맞추어진 주의(focused attention)는 베타-감마파(12~100Hz)이고 개방적인 관찰은 세타파(4~7Hz)이며 자동적인 자기

---

2) 뇌의 신경망은 크게 두 가지로 나눌 수 있는데, 하나는 휴지기 신경망(resting state network, RSN; task negative network or default state network)이고 다른 하나는 과제 수행 신경망(task positive network, TPN)이다. RSN은 쉬고 있으나 깨어 있는 상태로 주의 초점이 내면을 향할 때 활성화되고, TPN은 외부의 과제를 수행하거나 행동할 때 활성화된다. – 옮긴이

3) 코어는 전체 피질과 가장 많은 연결망을 형성하고 있어 구조적으로 뇌의 중심이며 다양한 뇌의 기능을 통합하는 신경망이다. 코어는 인지적 활동에 참여하지 않는 휴지기 신경망에 속하며, 코어의 핵심 부위는 후방 내측 피질(posterior medial cortex)이다. – 옮긴이

초월(automatic self-transcending)은 알파파(8~10Hz)이다. 「지식 관리 저널」에 수록된 한 논문은 마음챙김을 다음과 같이 강조하였다. "수익률 경쟁에서 살아남기 위해 리더는 새로 떠오르는 비즈니스 기회를 포착하고 이를 구현하는 능력을 길러 주는 새로운 개념 — 아직은 모호한 개념인 마음챙김 — 을 받아들일 필요가 있다."[50] 의식의 다양한 상태는 서로 상호작용하기 때문에 마음챙김은 비즈니스에도 도움이 될 것이다.[51]

적용 : 어떤 상황에서 리더에게는 스트레스를 줄이고 집중력을 높이기 위해 중요하지만 설명하기 어려운 마음챙김이 필요하다. 뇌과학은 우리가 마음챙김을 할 수 있도록 도울 것이다. 마음챙김은 전략적으로 고요한 과정이지만 종종 그 결과는 상당히 구체적이다.

웡(Wong)과 동료들은 중국 컨테이너터미널 회사(YICT)의 IT 관리부 직원들에게 구조화된 마음챙김(실패와 성공에 대한 몰입, 단순하게 해석하지 않기, 섬세한 조작, 복구하려는 열정, 형식적인 권위자보다는 전문가에게 자문 구하기)을 도입하고 그들이 직면한 설비 압력(institutional pressure)에 어떻게 대응하는지 살펴보았다.[52] 또한 이 연구는 YICT의 IT 개발부에도 마음챙김을 도입하고 그들이 구체적인 성과물을 내놓기까지 설비 압력에 어떻게 대응하는지를 기술하였다.

근본적으로 마음챙김은 생각을 배제하고 자신을 느껴 보는 일종의 자신에 대한 이해이다. 적극적인 개입 없이 자신의 몸과 마음을 가지고 고요하게 그대로 있기만 하는 능력인 마음챙김은 효과적인 의사결정에 매우 중요하다. 실제로 리더가 마음챙김을 하는 동안 활성화되는 뇌 회로는 아마도 정보 처리 과정에서 가장 중요한 회로일 것이다. 이러한 마음챙김이 없다면 편도체가 과활성화된다. 뇌 영상 연구에서도 리더가 마음챙김을 할 때 편도체가 잠잠해지고 생각하는 뇌의 회로가 더 많이 활성화된다는 결과가 나왔다.

특히 아직은 구체화되지 않은 정보를 접할 때 자기 초월이 필요하다. 즉, 리더와 코치는 자신을 초월할 때 뭔가에 집중하거나 마음이 고요할 때와는 다른 독특한 뇌파가 나온다는 사실을 알아야 한다. 자기 초월의 이점은 리더가 미래에 일어날 일을 직관적으로 혹은 빠르게 예측할 수 있다는 것이다.[53] 이 생각은 자신을 초월할 때 뇌의 영역 간 연결성과 통일성(synchrony)[4]이 최고조에 이른다는 이론을 토대로 한 것이다.[54]

연민의 심리학

개념 : 적절하게 말로 표현하기 어려운 '소프트(soft)'한 개념 중에서 마지막으로 연민에 대해 살펴보자. 리더는 종종 연민(compassion)을 느껴야 할지 혹은 냉정해야 할지 결정해야 하고, 어떤 경우에 코치는 리더에게 연민을 발휘하라고 조언하기도 한다. 연민은 소중한 미덕처럼

---

4) 뇌의 다양한 영역이 같은 일을 하거나 협력하는 상태이다. 통일성이 높으면 다양한 영역의 뇌파가 같이 오르락내리락하며, 통일성이 높을수록 뇌의 에너지 소모가 줄고 효율성과 생산성은 증가한다. ─옮긴이

보인다. 그러나 연민이 뇌에 미치는 실질적인 영향을 코치가 알아야 리더에게 연민의 필요성을 설명할 수 있을 것이다. 최근에 한 뇌 영상 연구는 고수 명상가와 초보 명상가의 뇌를 관찰하였다. 이 연구는 자비명상을 하는 동안(즉, 연민을 훈련하는 동안) 뇌가 감정이 실린 소리를 어떻게 처리하는지 살펴보았다.[55] 이 연구에서 휴식할 때에는 그렇지 않았지만, 자비명상을 하는 동안에는 고통스런 소리에 섬엽과 대상이랑이 활성화되었다. 또한 자비명상을 하는 동안 부정적인 소리에 초보보다 고수의 섬엽이 더 많이 활성화되었으나, 긍정적이거나 중립적인 소리에는 그런 차이가 나타나지 않았다. 이것은 강한 연민이 그 보다 더 강한 공감으로 이어진 것을 의미한다. 그밖에 다른 뇌 영역(편도체와 거울신경, 제3장 참조)도 고수 명상가에게서 더 많이 활성화되었다. 이러한 결과에 비추어 볼 때, 리더가 연민을 훈련한다면 정서적·사회적 지능이 향상될 것이며 의사결정 시 마음속 깊은 곳에서 올라오는 정보를 반영할 수 있을 것이다.

연민은 타인을 향한 감정에만 적용되는 것이 아니다. 자기에게도 연민을 느낄 수 있다. 리더는 종종 자신을 비판하고 이는 다시 수행력의 하락으로 이어질 수 있다. 자기 비판 대 자기 자랑(self-reassurance)을 비교한 최근의 연구에서 자기를 비판할 때 외측 전전두엽과 등쪽 ACC가 활성화된다는 결과가 나왔다. 이것은 자기 비판적 사고가 오류 탐색, 해결, 행동 억제와 연결되어 있음을 의미한다. 자기 자랑을 할 때 좌측 측두극과 섬엽이 활성화되었다. 이것은 자기 자랑에 관여하는 영역이 타인을 향해 공감과 연민을 느낄 때 활성화되는 영역과 비슷한 것을 의미한다.[56] 또한 자기 감정에 둔한 사람이 타인의 감정에도 둔하다는 연구 결과도 있다.[57]

적용 : 연민을 삶의 원칙으로 삼고 살아온 리더는 회사에서도 고통을 더 쉽게 더 빨리 더 잘 알아차릴 것이다. 이런 리더는 어떤 사건이 발생할 때 조기에 조치를 취할 수 있을 것이다. 그러므로 연민은 단순히 멋진 생각이 아니다. 연민은 뇌를 정서적 정보에 민감한 뇌로 만든다. 또한 자신에 대한 연민을 기억하는 것도 중요하다. 자기에 대한 연민이 없다면 타인에 대한 연민도 어려울 뿐만 아니라, 뇌가 오류 탐지 모드로 작동하여 문제 해결에 사용할 에너지를 소모한다. 연민은 단지 사람을 향한 긍정적인 마음이 아니라, 자기 주변에서 벌어지는 상황을 효과적으로 읽어 미리 상황을 파악하는 마음의 상태이다. 대체로 리더는 자기 사무실에 혼자 있고, 회사가 잘 운영되는지 확인하는 일을 '마음씨 좋은 직원에게' 맡긴다. 그러나 효과적인 결정을 위해 리더가 직접 사실적·정서적 정보를 수집해야 한다. 연민의 상태는 이러한 정보의 수집과 통합을 촉진한다. 이 말은 직원들을 싫어하거나 화를 내는 리더는 반성해야 한다는 의미가 아니다. 그렇게 하면 상황이 더 악화될 뿐이다. 연민의 정신은 생각할 시간과 여유가 필요할 때 한발 물러서서 인간적인 특성을 수용하는 기술이다. 리더가 노발대발했고 이것이 부적절했다면, 리더는 죄책감을 느낄 수 있다. 경우에 따라서 이렇게 하는 것은 정신적 자원의 낭비일 수 있다. 연민의 정신(마음챙김과 함께)은 리더로 하여금 한발 물러서서 상

황을 보게 한다.

표 2.1은 제2장에서 논의한 전반적인 개념을 요약한 것이다.

| 표 2.1 | 리더십 코칭에서 사용할 수 있는 긍정심리학의 개념

뇌과학적 발견	코치와 리더에게 도움이 될 만한 것
의식적 두려움과 부정적 정서는 생각하는 뇌와 복잡하게 연결된 편도체를 자극한다.	두려움과 부정적인 정서는 효과적인 사고 과정을 방해한다.
무의식적 불안은 편도체를 자극한다.	리더는 알아차릴 수 없는 두려움이 생각을 방해한다는 사실을 알아야 한다. 주변 사람들이 느끼는 두려움도 리더의 생각에 영향을 줄 수 있다. 리더가 '정체되어' 있다면 그것이 무의식적 두려움 때문인지 아닌지 의문을 품고 탐색해 보아야 한다.
당신이 알아차리지 못하는 두려움에 편도체가 반응한다.	어디에서 올라온 감각인지 알 수 없을지라도 그 감각을 무시하지 마라.
고통에 초점을 맞추면 고통은 더 심해지고 ACC가 활성화된다.	뇌의 주의센터와 의사결정센터가 고통에 짓눌리지 않으려면 부정적인 것에서 다른 것으로 주의를 돌려야 한다. 그 이유는 고통의 원천을 벗어나는 것이 때로는 도움이 되기 때문이다.
걱정이 많은 사람은 좌우뇌를 연결하는 뇌의 다리(뇌량)가 손상되었기 때문에 부정적 정서(긍정적인 정보나 중립적인 정보는 그렇지 않지만)가 좌뇌에서 우뇌로 건너갈 때 시간이 더 걸린다.	걱정은 리더가 결정에 꼭 필요한 부정적인 정보를 놓치는 원인이 될 수 있다. 걱정은 뇌량을 파괴하여 좌뇌에서 우뇌로 정보의 전이를 지연시킨다. 비즈니스에서 고장난 레코트판처럼 계속 걱정하는 것은 문제 해결에 도움이 되지 않는다.
낙관주의는 편도체를 자극한다(그렇지만 이때 편도체는 두려움 대신 낙관에 반응한 것이다.).	낙관하면 부정적인 정서의 침입이 줄어 생각하는 뇌가 자유로워진다.

(계속)

| 표 2.1 | 리더십 코칭에서 사용할 수 있는 긍정심리학의 개념(계속)

뇌과학적 발견	코치와 리더에게 도움이 될 만한 것
미래에 대한 긍정적 생각은 편도체를 더 많이 자극한다.	뇌는 과거의 긍정적인 기억보다 미래에 대한 긍정적 기대에 더 많이 활성화된다. 이것이 희망찬 결과를 기대해야 하는 중요한 이유이다.
긍정적인 정서는 안와전두엽(OFC)과 ACC를 자극한다.	긍정적 정서는 사고의 유연성과 주의집중력을 높여 궁극적으로 통찰에 의한 문제 해결력을 증진한다.
마음챙김은 편도체 발화율을 낮춘다.	마음챙김을 하면 뇌는 주의력과 집중력을 좀 더 효과적으로 사용할 수 있다.
휴지기 신경망(RSNs) 중 하나인 자기 참조 신경망은 최상위 신경망이다.	알아차림을 증진하는 마음챙김은 사물을 어떻게 지각하고 문제를 어떻게 해결하고 어떻게 결정할지에 가장 강력한 영향을 주는 것 중 하나이다. 가만히 있는 것은 적극적인 문제 해결만큼 중요하고 때로는 더 중요하다.

결론

긍정적으로 생각하고 긍정적으로 느끼는 뇌는 비즈니스 세계에서 뛰어난 통찰력과 좋은 생각을 만들 준비를 한다. 긍정적인 뇌는 계획을 세우고 가능성을 타진하기 위해 불가능해 보이는 것을 좀 더 면밀하게 조사한다. 긍정성은 더 빨리 더 효율적으로 문제를 해결하는 강력한 힘을 지닌 뇌의 상태이다. 그러므로 리더는 수시로 마음챙김을 훈련할 필요가 있다. 이런 리더는 비전을 갖고 문제보다는 문제 해결에 초점을 맞출 수 있다.

| 참고문헌 |

1. Seligman, M.E.P., A.C. Parks, and T. Steen, "A Balanced Psychology and a Full Life." *Philosophical Transactions: Biological Sciences,* 2004. 359(1449): p. 1379–1381.

2. Giacalone, R.A., K. Paul, and C.L. Jurkiewicz, "A Preliminary Investigation into the Role of Positive Psychology in Consumer Sensitivity to Corporate Social Performance." Journal of Business Ethics, 2005. 58(4): p. 295–305.

3. Staw, B.M., R.I. Sutton, and L.H. Pelled, "Employee Positive Emotion and Favorable Outcomes at the Workplace." *Organization Science,* 1994. 5(1): p. 51–71.

4. Daniel, R. and S. Pollmann, "Comparing the neural basis of monetary reward and cognitive feedback during information-integration category learning." *J Neurosci.* 30(1): p. 47–55.

5. Kahnt, T., et al., "Dorsal striatal-midbrain connectivity in humans predicts how reinforcements are used to guide decisions." *J Cogn Neurosci,* 2009. 21(7): p. 1332–45.

6. Joormann, J., B.A. Teachman, and I.H. Gotlib, "Sadder and less accurate? False memory for negative material in depression." *J Abnorm Psychol,* 2009. 118(2): p. 412–7.

7. Bauml, K.H. and C. Kuhbandner, "Positive moods can eliminate intentional forgetting." *Psychon Bull Rev,* 2009. 16(1): p. 93–8.

8. Farson, R. and R. Keyes, "The failure-tolerant leader." *Harv Bus Rev,* 2002. 80(8): p. 64–71, 148.

9. Whalen, P.J., et al., "A functional MRI study of human amygdala responses to facial expressions of fear versus anger." *Emotion,* 2001. 1(1): p. 70–83.

10. Morris, J.S., A. Ohman, and R.J. Dolan, "A subcortical pathway to the right amygdala mediating 'unseen' fear." *Proc Natl Acad Sci U S A,* 1999. 96(4): p. 1680–5.

11. Williams, M.A. and J.B. Mattingley, "Unconscious perception of non-threatening facial emotion in parietal extinction." *Exp Brain Res,* 2004. 154(4): p. 403–6.

12. Whalen, P.J., et al., "Masked presentations of emotional facial expressions modulate amygdala activity without explicit knowledge." *J Neurosci,* 1998. 18(1): p. 411–8.

13. Morton, J., Y. Williams, and M. Philpott, "New Zealand's Christchurch Hospital at night: an audit of medical activity from 2230 to 0800 hours." *N Z Med J,* 2006. 119(1231): p. U1916.

14. Morris, J.S., et al., "Differential extrageniculostriate and amygdala responses to presentation of emotional faces in a cortically blind field." *Brain,* 2001. 124(Pt 6): p. 1241–52.

15. Ousdal, O.T., et al., "The human amygdala is involved in general behavioral relevance detection: evidence from an event-related functional magnetic resonance imaging Go-NoGo task." *Neuroscience*, 2008. 156(3): p. 450–5.

16. Dowman, R., "Distraction produces an increase in pain-evoked anterior cingulate activity." *Psychophysiology*, 2004. 41(4): p. 613–24.

17. Valet, M., et al., "Distraction modulates connectivity of the cingulo-frontal cortex and the midbrain during pain—an fMRI analysis." *Pain*, 2004. 109(3): p. 399–408.

18. Bantick, S.J., et al., "Imaging how attention modulates pain in humans using functional MRI." *Brain*, 2002. 125(Pt 2): p. 310–9.

19. Onoda, K., et al., "Decreased ventral anterior cingulate cortex activity is associated with reduced social pain during emotional support." *Soc Neurosci*, 2009. 4(5): p. 443–54.

20. Eisenberger, N.I., M.D. Lieberman, and K.D. Williams, "Does rejection hurt? An FMRI study of social exclusion." *Science*, 2003. 302(5643): p. 290–2.

21. Krill, A. and S.M. Platek, "In-group and out-group membership mediates anterior cingulate activation to social exclusion." *Front Evol Neurosci*, 2009. 1: p. 1.

22. Wiech, K. and I. Tracey, "The influence of negative emotions on pain: behavioral effects and neural mechanisms." *Neuroimage*, 2009. 47(3): p. 987–94.

23. Zelman, D.C., et al., "The effects of induced mood on laboratory pain." *Pain*, 1991. 46(1): p. 105–11.

24. Zillmann, D., et al., "Drama-induced affect and pain sensitivity." *Psychosom Med*, 1996. 58(4): p. 333–41.

25. Meagher, M.W., R.C. Arnau, and J.L. Rhudy, "Pain and emotion: effects of affective picture modulation." *Psychosom Med*, 2001. 63(1): p. 79–90.

26. Cornwall, A. and D.C. Donderi, "The effect of experimentally induced anxiety on the experience of pressure pain." *Pain*, 1988. 35(1): p. 105–13.

27. Rhudy, J.L. and M.W. Meagher, "Fear and anxiety: divergent effects on human pain thresholds." *Pain*, 2000. 84(1): p. 65–75.

28. Rhudy, J.L. and M.W. Meagher, "Individual differences in the emotional reaction to shock determine whether hypoalgesia is observed." *Pain Med*, 2003. 4(3): p. 244–56.

29. Mohlman, J., et al., "The relation of worry to prefrontal cortex volume in older adults with and without generalized anxiety disorder." *Psychiatry Res*, 2009. 173(2): p. 121–7.

30. Compton, R.J., et al., "Trouble crossing the bridge: altered interhemispheric communication of emotional images in anxiety." *Emotion*, 2008. 8(5): p. 684–92.

31. Morton, D.L., et al., "Reproducibility of placebo analgesia: Effect of dispositional optimism." *Pain*, 2009.

과학적인 리더십 _ 뇌 기반 CEO 코칭

32. Sharot, T., et al., "Neural mechanisms mediating optimism bias." *Nature,* 2007. 450(7166): p. 102–5.

33. Adegbesan, O.A., "Use of imagery by athletes in Nigeria." *Percept Mot Skills,* 2009. 108(1): p. 43–50.

34. Liberman, V., et al., "Happiness and memory: affective significance of endowment and contrast." *Emotion,* 2009. 9(5): p. 666–80.

35. Averbeck, B.B. and B. Duchaine, "Integration of social and utilitarian factors in decision making." *Emotion,* 2009. 9(5): p. 599–608.

36. Hareli, S., N. Shomrat, and U. Hess, "Emotional versus neutral expressions and perceptions of social dominance and submissiveness." *Emotion,* 2009. 9(3): p. 378–84.

37. Subramaniam, K., et al., "A brain mechanism for facilitation of insight by positive affect." *J Cogn Neurosci,* 2009. 21(3): p. 415–32.

38. Hirt, E.R., E.E. Devers, and S.M. McCrea, "I want to be creative: exploring the role of hedonic contingency theory in the positive mood-cognitive flexibility link." *J Pers Soc Psychol,* 2008. 94(2): p. 214–30.

39. Aziz-Zadeh, L., J.T. Kaplan, and M. Iacoboni, "'Aha!': The neural correlates of verbal insight solutions." *Hum Brain Mapp,* 2009. 30(3): p. 908–16.

40. Kounios, J., et al., "The prepared mind: neural activity prior to problem presentation predicts subsequent solution by sudden insight." *Psychol Sci,* 2006. 17(10): p. 882–90.

41. Khisty, C.J., "The Practice of Mindfulness for Managers in the Marketplace." *Systemic Practice & Action Research,* 2010. 23(2): p. 115–125.

42. Behar, E., et al., "Current theoretical models of generalized anxiety disorder (GAD): conceptual review and treatment implications." *J Anxiety Disord,* 2009. 23(8): p. 1011–23.

43. Roemer, L., S.M. Orsillo, and K. Salters-Pedneault, "Efficacy of an acceptance-based behavior therapy for generalized anxiety disorder: evaluation in a randomized controlled trial." *J Consult Clin Psychol,* 2008. 76(6): p. 1083–9.

44. Roemer, L. and S.M. Orsillo, "An open trial of an acceptance-based behavior therapy for generalized anxiety disorder." *Behav Ther,* 2007. 38(1): p. 72–85.

45. Wilkinson-Tough, M., et al., "Is mindfulness-based therapy an effective intervention for obsessive-intrusive thoughts: a case series." *Clin Psychol Psychother,* 2009.

46. Greeson, J.M., "Mindfulness Research Update: 2008." *Complement Health Pract Rev,* 2009. 14(1): p. 10–18.

47. Herwig, U., et al., "Self-related awareness and emotion regulation." *Neuroimage,* 2009.

48. Liao, W., et al., "Evaluating the effective connectivity of resting state networks

using conditional Granger causality." *Biol Cybern,* 2009.

49. Travis, F. and J. Shear, "Focused attention, open monitoring and automatic self-transcending: Categories to organize meditations from Vedic, Buddhist and Chinese traditions." *Conscious Cogn.*

50. Scharmer, C.O., "Self-transcending knowledge: sensing and organizing around emerging opportunities." *Journal of Knowledge Management,* 2001. 5(2): p. 137–151.

51. Raffone, A. and N. Srinivasan, "An adaptive workspace hypothesis about the neural correlates of consciousness: insights from neuroscience and meditation studies." *Prog Brain Res,* 2009. 176: p. 161–80.

52. Wong, C.W.Y., K. Lai, and T.S.H. Teo, "Institutional pressures and mindful IT management: The case of a container terminal in China." *Information & Management,* 2009. 46: p. 434–441.

53. Segalowitz, S.J., "Knowing before we know: conscious versus preconscious top-down processing and a neuroscience of intuition." *Brain Cogn,* 2007. 65(2): p. 143–4.

54. Ramamurthi, B., "The fourth state of consciousness: the Thuriya Avastha." *Psychiatry Clin Neurosci,* 1995. 49(2): p. 107–10.

55. Lutz, A., et al., "Regulation of the neural circuitry of emotion by compassion meditation: effects of meditative expertise." *PLoS One,* 2008. 3(3): p. e1897.

56. Longe, O., et al., "Having a word with yourself: neural correlates of self-criticism and self-reassurance." *Neuroimage.* 49(2): p. 1849–56.

57. Shirtcliff, E.A., et al., "Neurobiology of empathy and callousness: implications for the development of antisocial behavior." *Behav Sci Law,* 2009. 27(2): p. 137–71.

CHAPTER 3

효과적인 관계를 위한
사회적 지능

리더들은 대체로 '유대관계(connectedness)'라는 말만 들어도 손사래를 친다. 리더는 대체로 과업 지향형이며 어느 정도 유능하기 때문에 종종 생산성에 영향을 줄 수 있는 변수를 통제하려고 한다. 결과적으로 이들은 혼자 일하는 쪽을 선택하는 경향이 있다. 살아가면서 부딪치는 인간관계는 일반적으로 어렵다. 그렇다면 비즈니스는 왜 인간관계를 고려해야 하는가? 비즈니스는 진화하고, 대규모 기업이 실패하고 소규모 기업이 성장하기도 한다. 어떤 기업은 사회적 변수를 고려했다면 위기를 피할 수 있었을 것이다. 예를 들어, 전체가 부분의 합보다 더 크면 팀워크는 잘 돌아갈 것이다. 즉, 각각의 팀원을 합한 것과는 무관한 팀 효과라는 것이 있다.

'사회적 지능'의 정의를 살펴보면 비즈니스에서 이것이 왜 그렇게 중요한지 그 이유를 알 수 있다. 사회적 지능을 처음으로 정의한 사람은 에드워드 손다이크이다. 그는 사회적 지능을 '인간관계에서 지혜롭게 행동하고 남자, 여자, 소년, 소녀를 이해하고 다루는 능력'으로 기술하였다.[1] 칼 알브레히트는 사회적 지능을 타인의 협력을 이끌어내면서 타인과 함께 잘 살아가는 능력으로 정의하였다.[2] 더욱이 알브레히트는 상황 인식, 침착성, 진솔성, 명료성, 공감을 포함하는 사회적 지능의 5요인 모델을 제안하였다.[2] 최근에 사회적 지능을 연구하고 이 분야에서 영향력 있는 이론을 내놓은 다니엘 골먼은 사회적 지능의 정의에 공감, 조율, 공감의 정확성, 사회 인지, 사회적 촉진(공조, 자기 표현, 영향, 관심이 포함됨)을 포함시켰다.[3] 이러한 정의를 종합하면, 사회적 지능은 두 사람이 있는 상황에서 필요한 지능이다.

그러므로 두 사람(친구, 연인, 물건을 사고파는 사람들)이 있는 모든 상황에서 사회적 지능이 도움이 될 것이다.

「하버드 비즈니스 리뷰」에 실린 리더십의 생물학에 관한 한 논문[4]에서 골먼은 사회적 지능이 높으면 정서적으로 덜 지치고 매출은 6% 증가한다며, 사회적 지능의 중요성을 강조하였다. 더욱이 골먼은 이 논문에서 매출 실적이 최상인 사람들은 중간 정도인 사람들보다 평균적으로 3배 이상 아랫사람들을 웃겼으나, 자기 관리 능력, 추진력, 지능이 뛰어나서 채용된 C급 관리자는 나중에 기본적인 사회적 기술이 부족하다는 이유로 해고되었다고 기술하였다.

이 논문은 사회적 지능이 리더에게 필요하다는 사실을 다음과 같이 기술하였다.

- 근로자에게 긍정적인 감정을 길러 주어 이직을 막는다.
- 근로자에게 긍정적인 감정을 길러 주어 생산성을 높인다.
- 근로자에게 긍정적인 감정을 길러 주어 협력을 증진한다.
- 근로자의 불안을 줄이고 신뢰감은 높인다.
- 리더의 역할을 근로자와 공유함으로써 리더의 영향력과 역할에 대한 근로자의 지지를 이끌어 낸다.
- 경제적 결정에 중요한 영향을 주는 공정성을 길러 준다.
- 생산성을 떨어뜨리는 두려움을 줄이고 희망과 낙관주의를 증진한다.
- 책임을 공유함으로써 직원의 사기를 북돋우고 생산성을 증진

한다.

- 혼자 일하는 방식을 버리고 연대를 통한 창의성을 장려한다.

「하버드 비즈니스 리뷰」 최근호에 실린 또 다른 논문은 다음과 같이 개괄하였다.[5] 앞으로 20년 동안은 베이비붐 시대에 출생한 사람과 그 이후에 태어난 X세대와 2000년대에 태어난 사람이 같이 살아갈 것이다. 이 논문은 개인주의적인 X세대와는 다른, 2000년대에 태어난 사람들은 팀워크를 지향하므로 이들은 '팀워크, 혈연관계, (그리고) 직무 안전성……' 을 중시할 것으로 예측하였다.

「하버드 비즈니스 리뷰」에 실린 또 다른 논문은 조직 간 협동을 강조하였다.[6] 맥킨지의 파트너인 존 카첸바흐와 더글러스 스미스는 효과적인 팀워크의 핵심은 책임을 공유하는 것이며, 효과적인 팀은 개개인의 합 이상의 가치가 있다고 설명하였다.[7] 실제로 최고경영자의 결정에 결정적인 영향을 주는 것이 불합리한 사고이다.[8]

뇌과학이 등장하던 초기에 리더들은 타 분야까지 영역을 확대하여 배우고 적용해야 할 필요성을 느끼지 못하였다. 이렇게 된 부분적인 이유는 사회적 지능이 소프트한 기술로 보였기 때문이다. 그러나 신경과학이 발달하면서 사회적 지능이 필요한 상황에서 뇌가 어떻게 작동하는지 점차 밝혀지고 있다. 그 결과 이제 사회적 기술은 하드 기술이 되었다. 이 장에서 리더와 코치는 신경과학적 개념을 비즈니스 상황에 적용하는 방법을 배울 것이다. 신경과학적 연구의 의미를 이해하면서 다른 한편으로는 신경과학적 발견이 뇌의 작동방식을 설명할 뿐이지 절대적 사실이 아니라는 점을 기억해야 한다.

비즈니스에서의 공감

뇌의 다양한 영역이 공감에 관여한다. 제2장 '긍정적 사고는 비즈니스에 어떤 영향을 줄까'에서 두려움이 서로에게 전염되고 의식적·무의식적으로 편도체를 활성화하는 과정을 살펴본 바 있다. 우선 불안과 두려움이 전 직원에게 전파되어 서로에게 영향을 주는 과정을 살펴본 다음에 리더가 공감과 정서적 환경에 관심을 기울여야 하는 신경학적 근거를 살펴볼 것이다. 리더에게 공감이 중요한 그 밖의 다른이유는 무엇일까?

- 공감은 팀워크를 관리하고 갈등을 조정하는 데 유용하다. 예를 들어, 프로젝트 매니저가 공감 기술을 익히면 큰 도움이 될 것이다.[9]
- 공감은 범문화적 소통을 촉진한다. 다문화로 구성된 프로젝트팀을 대상으로 한 연구에서 공감이 리더십에 결정적이라는 연구결과가 나왔다.[10]
- 공감은 공공 서비스 정책을 공포하고 홍보할 때 대중의 정서를 관리하는 데 도움이 된다.[11]
- 공감은 혁신적인 리더십에 결정적이다.[12] 즉, 공감은 다른 사람에게 영향을 줄 때 매우 중요하다.

● 공감은 소비자를 관리하고 그들의 욕구를 파악할 때 매우 중요하다.[13]

뇌에서 공감의 토대는 거울신경이다. 다음 실험은 거울신경이 어떻게 작동하는지 보여 준다.

개념 : 인간에 대한 연구에서 가장 최근에 나온 발견 중 하나는 인간에게 거울신경이 있다는 사실이다.

개념 1

관찰자가 다른 사람들의 행동을 보고 있을 때 관찰자의 뇌는 행위자의 행동을 자신이 하는 것처럼 따라한다.[14] 뇌의 특정 영역이 이런 거울 반응을 만들어 낸다. 거울신경이 발견된 초창기에 실험자들은 뇌는 우리가 보고 있는 사람의 뇌를 '모방한다'는 사실을 발견하였다.[15] 그러나 우리가 보는 대로 똑같이 움직이지 않는 것은 그렇게 하는 것을 억제하고 있기 때문이다.[16] 모방과 억제는 둘 다 같은 영역에서 일어난다. 그림 3.1에 나와 있듯이, 거울신경계를 구성하는 뇌 영역은 후방 상측두고랑(posterior superior temporal sulcus, pSTS), 측두 두정 연접부(temporoparietal junction, TPJ), 내측 전전두엽(medial prefrontal cortex, MPFC), 측두극(temporal pole)이다.[17]

그렇다면 왜 리더에게 거울신경계가 중요할까?

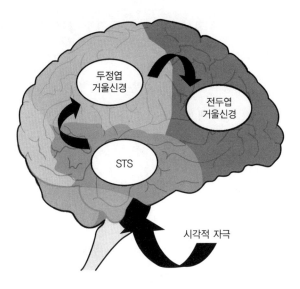

| 그림 3.1 | 거울신경계의 회로

개념 2

뇌는 행동뿐만 아니라 의도에도 거울 반응을 하는 것으로 알려졌다.[18] 우반구의 후방 상측두고랑(pSTS)은 다른 사람의 의도에 거울 반응을 한다.[19] 그 밖에 전운동 영역도 의도에 거울 반응을 한다.[20] 그러므로 리더는 거울신경을 통하여 다른 사람의 의도를 거의 자동으로 알아낼 수 있다.

개념 3

사람은 다른 사람의 감정에도 거울 반응을 한다.[21] 모든 사람의 뇌가 그렇게 하지만, 공감을 잘하는 사람은 거울 반응을 더 잘한다.[22] 뇌의 여러 영역이 정서에 반응하는 거울신경계에 참여한다. 그러나 최근에

한 연구는 정서 모방에 정서적 요소, 운동 요소, 체감각 요소가 포함된 다고 제안하였다(즉, 정서에 대한 거울 반응은 정서만이 아니라 동작도 따라 하고 공간상의 움직임과 같은 미묘한 변화도 따라 한다.).[23] 그럼에도 불구하고, 정서에 반응하는 거울신경이 따로 있는 것으로 알려졌다.

적용 : 골먼은 다음과 같이 말하였다. "리더의 정서와 행동을 아랫사람이 따라 하기 때문에 거울신경은 조직에서 특히 중요하다. 아랫사람의 거울신경계가 활성화되면 그 효과는 매우 강력하다.……"[4] 리더가 직원들의 거울신경계를 자극하면 직원들은 리더의 의도와 감정에 맞추어 행동할 가능성이 커진다. 앞에서 언급했듯이, 이러한 공감적 조율(empathic attunement)은 의미의 공유, 협동(고립은 생산성에 부정적인 영향을 줄 수 있음),[24] 연계, 이해, 배치 등을 통하여 생산성에 영향을 줄 수 있다. 협력을 통하여 핵심 가치를 공유하는 것은 회사의 소중한 자산이다. 거울신경과 사회적 지능은 회사의 자산을 늘려 준다.

조직의 생산성을 결정하는 중요한 요인 중 하나는 정서적 관계를 포함한 배치(alignment)이다. 배치는 상호작용하는 두 사람의 뇌 안에서 활성화된 거울신경에 의해 무의식적 수준에서 결정된다. 이렇게 하여 조직에 영향을 주는 감정적 사건의 자동적인 연쇄 고리가 형성된다. 거울신경을 이해함으로써 코치는 효과적인 인사 배치에 영향을 주는 요인을 고려하도록 리더를 도울 수 있다. 거울신경을 이해하지 못한다면, '정서적 민감성'과 '공정성' 같은 이상적인 아이디어가 직장과는 무관해 보일 수 있다. 거울신경 개념을 이해하면 조직에서 리더의 '역거울 반응(counter mirroring)'이 얼마나 중요한지 알 수 있다(제8장 '뇌의 과정에 대한 코칭' 참조).

정서적 공감 이외에도 리더는 다른 사람의 의도를 공감함으로써 이득을 취할 수 있다. 의도를 공유할 때 거울신경이 활성화된다는 사실을 잘 알고 있는 리더는 자신의 무의식적 거울신경을 근로자의 의도에 맞추기 위해 근로자와 소통하려고 노력할 것이다. 이러한 리더는 근로자의 의도를 읽고 이에 맞추어 계획을 세울 수 있는 유리한 위치에 있다.[25,26] 그러나 자신의 사무실에서 혼자 칩거하는 리더는 거울신경이 알아낸 정보를 부정할 것이다.

비즈니스에서의 관점 수용

개념 : 공감은 사람들의 생각과 느낌과 계획을 이해하는 중요한 방법일지라도, 어떤 상황에서는 그동안 알려진 것과는 달리 공감(다른 사람에 대한 정서적 이해)은 관점 수용(perspective-taking, 다른 사람에 대한 지적 혹은 인지적 이해)만큼 중요하지 않을 수 있다. 은행 지점의 서비스 질에 관한 연구에서 반응성과 신뢰성이 보장성(assurance)과 공감보다 소비자의 만족도에 더 큰 영향을 준다는 결과가 나왔으며,[27] 영국 신용조합과 이슬람 은행을 대상으로 한 또 다른 연구에서 소비자의 만족도에 영향을 주는 가장 중요한 변수는 영국 신용조합은 공감과 반응성, 이슬람 은행은 약속 이행이었다.[13] 이 결과에 비추어 볼 때, 각 조직은 소

비자의 만족도에 영향을 주는 중요한 요인을 확인해야 한다. 관점 수용은 다른 사람에게 민감하게 반응하는 방법 중 하나이다. 다음 실험들을 살펴보면, 우리가 왜 다른 사람의 입장에서 생각해야 하는지 알 수 있다.

개념 1

최근에 나온 한 연구에 의하면, 협상테이블에서 상대방의 눈으로 바라보면 타협 가능성을 발견하고 협상을 자기 쪽으로 유리하게 이끌어 갈 수 있으나, 공감은 이점으로 작용한다는 증거가 거의 없고 맞교환하거나 개인적 이득을 취해야 할 때 오히려 방해가 된다는 결과가 나왔다(개념 1의 적용은 제8장 참조).[28] 그러므로 공감을 중시하는 리더와 코치는 관련은 있지만 서로 다른 개념이기 때문에, 공감과 관점 수용의 균형을 맞추어야 한다.

개념 2

뇌과학에서 다른 사람의 관점에서 생각하는 능력보다 공감이 더 일찍 발달한다는 결과가 나왔다.[29] 또한 1인칭 시점과 달리 3인칭 시점을 취할 때 하두정엽, 후방 내측 피질, 전전두엽이 활성화된다.[30,31] 이것은 각기 다른 관점이 뇌의 다른 부위에서 나오는 것을 의미한다. 더욱이 타인의 마음을 추론하는 능력(타인이 느끼는 것을 자신도 느끼는 것과는 다름)이 발달하면서 활성화되는 영역이 뇌의 앞쪽에서 뒤쪽으로, 양반구 하두정엽에서 좌반구 하두정엽로 이동한다는 연구 결과가 있다.[30] 사람의 마음에 관한 추론은 등외측 전전두엽(DLPFC)에 위치한 글루타메이트 수용기(glutamate receptors)와 상관이 있다.[32] 이것은 단기기억이 타인의 마음을 추론할 때 관여하는 것을 의미한다. 성장 과정에 형성되며 실체가 모호한 정서적 공감보다 초점이 분명하고 즉각 습득할 수 있는 관점 수용은 그 자체만으로도 가치가 있으며, 뇌 안에 이를 담당하는 독립적인 시스템이 있다. 그러므로 다른 사람의 마음을 추론(타인의 마음을 느끼는 것과는 다름)하면 뇌에서 공감할 때와 다른 변화가 일어난다.

적용 : 코치와 리더는 정서적 조율과 인지적 조율 사이에서 역동적으로 오갈 수 있어야 한다. 제삼자 입장에서 예측하면 다양한 관점에서 바라본(주목한) 정보를 통합할 수 있다. 결과적으로 대화할 때 제삼자 관점을 사용하면 상대방으로 하여금 숨겨진 의제를 내놓게 하여 좀 더 쉽게 합의에 도달할 수 있다. 그러므로 어떤 상황에서는 단순히 다른 사람이 느끼는 것을 그대로 느끼는 것보다 그 사람을 이해하는 것이 더 중요할 수 있다. 그 사람을 이해하면 뇌 안의 내비게이션(PPC, 후방 두정엽) 뿐만 아니라, 단기기억(DLPFC)과 계산기(vmPFC)도 활성화된다. 관점 수용은 정서적 조율이 조직에 혼란을 초래할 때 특히 유용하다. 냉정한 인지적 관점을 사용하면 조직의 질서를 회복할 수 있다. 리더와 코치는 뇌과학을 토대로 그가 느끼고 있는 것을 느껴 보는 것과 그가 느끼는 것을 제삼자 관점에서 이해하는 것이 다르다는 점을 기억해야 한다. 때로는 그가 느끼고 있는 것을 느끼기보다 생각해 봄으로

써 그가 느끼는 것을 이해하는 쪽으로 뇌를 바꾸어 줄 필요가 있다.

데니스 H는 영업부장과 대화할 때마다 어려움을 겪는 CEO이다. 영업부장은 판매사원들의 동기 유발을 위해 노력했지만, 여전히 판매 실적이 부진하고 미래가 불투명하다며 불평을 늘어놓았다. 데니스 H는 자신도 오래된 그 문제를 알고 있으니 잘 견디라고 영업부장을 격려하고 '공감하며' 그의 말에 귀를 기울이곤 하였다. 데니스 H는 영업부장을 격려하고 그를 편하게 해 주는 것이 판매사원의 동기 유발을 돕는 길이라고 생각하였다. 결국 데니스는 영업 전략이 실패한 원인을 찾기 위해 코치를 고용하였고, 코칭을 받으면서 자신의 관점이 부적절했음을 깨달았다. 즉, 그는 현재의 동기 유발 전략이 비효율적임을 인식하지 못하고 부장을 '공감' 함으로써 잘못된 전략을 계속 사용하도록 부장을 부추기고 있었다. 코치가 한발 물러서서 보라고 했을 때, 데니스는 자신이 간단한 몇 가지 변수조차 놓치고 있음을 즉각 알아차렸다. 즉, 종종 일과를 마친 다음에 '동기 강화를 위한 회의'가 있었고 부장도 판매사원의 마음을 이해하기보다는 데니스가 그랬듯이 공감 기법을 사용하고 있었다. 판매 과정에 새로운 방법(자주 휴식을 취하면서 소리 높여 외침)을 도입함으로써 판매사원들은 호객 행위를 더 잘할 수 있었고, 호객 행위의 구매 전환률도 증가하기 시작하였다.

공정성

개념 : 사람들은 공정성에 매우 강하게 반응한다. 불공정한 제안은 생

산성에도 영향을 준다. 다음 실험들을 통하여 뇌가 공정성에 어떻게 반응하는지를 살펴보자.

개념 1

한 실험에서 금전적인 인센티브 자체가 보상자극이 되기에 부족하다는 결과가 나왔다. 사람들은 공정성에 대단히 민감하다. 최근에 나온 신경 영상 연구에서 똑같은 액수이지만 불공정하게 받은 사람보다 공정하게 받은 사람의 행복감 척도가 더 높았고, 몇몇 보상 영역이 활성화되었다. 또 다른 신경 영상 연구에서 뇌의 보상센터가 협력 파트너 혹은 협동에 반응한다는 결과가 나왔다.[33] 타비브니어(Tabibnia)가 말했듯이 물질적 결과만이 행동의 동기는 아니다. 공정하고 공평한 것도 중요하다.

개념 2

사람들이 상황을 통제할 때, 타인을 대하는 방식이 집단의 전체적 기능에 영향을 줄 수 있다. 제왕적 관계보다는 위계적 관계를 선호할 때 좌측 전방 섬엽과 ACC가 활성화되었다.[34] 이 연구에서 지배적인 위치를 선호할수록 타인의 고통을 인식하는 뇌(전방 섬엽과 ACC)가 둔감하다는 결과가 나왔다. 이것은 타인의 불행의 의미를 느끼지 못하는 것이 뇌의 활동과 관련이 있음을 보여 준다.

개념 3

불공평에 섬엽이 반응한다는 연구 결과를 지지한 또 다른 연구에서도 불공평한 대우에 혐오감을 보일 때 섬엽이 활성화된다는 결과가 나왔다.[35, 36] 섬엽은 자신의 급여가 다른 사람에 비해 불공평하다고 느낄 때 그 급여를 거부하게 만든다(섬엽은 혐오감 이외에도 내장에서 올라오는 느낌을 접수하고 해석을 위해 이것을 피질로 보낸다.). 그러므로 불공정에 대한 내장의 느낌이 제안을 거부하게 만든다. 대인관계에서 상대방에게 공감하면 ACC 발화율이 증가한다.[37] 그러나 공감하는 뇌의 반응은 고통의 강도, 상황, 고통을 느끼는 사람의 특성(예 : 공정한 사람), 공감하는 사람의 특성(예 : 남 혹은 여, 고통스러운 상황에 대한 이전의 경험)에 따라 달라진다.[38] 공감은 수정 가능하다. 그러므로 리더가 공감을 훈련하면 공정성도 향상될 수 있다.

개념 4

불공정한 제안을 수용할 때, 복외측 전전두엽(ventral lateral prefrontal cortex, VLPFC)과 등외측 전전두엽(DLPFC)의 발화율은 증가하고 전방 섬엽에서는 감소하였다.[39] 이 두 영역이 불공정한 대우를 견디게 한다. 그러므로 불공정한 제안을 수용하려면 생각하는 뇌가 정서적인 뇌를 억제하고, 의사결정센터는 내장의 느낌을 눌러야 한다.

개념 5

이타성을 주고받는 것도 공정성의 영역에 속한다. 연구에 의하면, 서로 협력할 때는 그렇지 않지만 일방적으로 희생할 때 양측 ACC, 좌측 해마, 좌측 섬회가 활성화되었다.[40] 또한 일방적으로 협력할 때 ACC와 외측 안와전두엽(LOFC)이 같이 활성화되고, 이것은 이후 일방적 협조의 거부를 예측해 주었다. 즉, ACC가 내장 피드백 정보를 해석하고 이를 안와전두엽(OFC)에 보내어 거절이라는 의사결정을 유도한 것이다. 그러므로 이타성을 일방적으로 베풀 때에도 뇌가 반응한다.

비즈니스 리더들은 공정성과 연민을 '소프트한 기술'로 여기지만, 사실은 그렇지 않다. 이직을 줄이고 협력을 이끌어 내기 위해 리더는 어떤 사람이 떠나고 어떤 사람이 남는지를 사회적 차원에서 이해해야 한다. 뇌과학은 이를 설명하고 비즈니스 수행력을 향상시키는 처방도 내놓았다.

적용 : 이러한 개념들을 종합하면, 직장이 불공정하면 직원들이 알아차린다고 결론을 내릴 수 있다. 직원들의 거울신경은 리더의 불공정한 의도를 알아차릴 것이다. 리더가 그런 행동을 하기 전부터 (섬엽이 내장 수준에서 올라오는 느낌을 감지하여) 직원들이 이를 감지하므로 손바닥으로 하늘을 가리면 안 된다. 불공정성은 팀워크를 방해한다. 그러므로 직원들이 회사가 공정하다고 생각하면 공정성은 리더에게도 득이 될 수 있다. 그 이유는 공정성이 협력과 회사의 질서에 영향을 주어 생산성을 증진하기 때문이다. 코치는 이러한 뇌과학적 정보를 사용하여 리더를 질책하기보다는 불공정성이 회사에 어떤 분란을

일으키는지 설명하면 된다. 코치는 불공정한 리더를 비판하기보다 불공정성이 보상계를 억제하고 정서적인 뇌와 생각하는 뇌를 방해하여 결국 생산성이 떨어진다고 설명하면 된다.

또한 대부분의 리더는 문제가 생기면 돈으로 해결하려고 한다. 근로자는 돈을 더 주면 의심하지 않고 받을 것이다. 그러나 그들은 그 돈을 둘러싼 맥락에도 민감하다. 그 돈이 일에 대한 공정한 대가인가? 다른 직원과 비교할 때 공정한가? 그렇지 않다면 뇌의 보상센터는 불공정성을 감안하기 때문에 불공정한 돈에 반응하지 않을 것이다.

리더는 직원들이 불공정성에 관심이 없을 것이라 생각하고 종종 이 문제를 옆으로 치워 놓는다. 그러나 우리가 지금까지 보았듯이, 공정성은 뇌의 보상센터를 자극하고 동기를 촉진하여 생산성을 증진한다. 직원들이 불공정한 급여를 수용할지라도 그들의 뇌(외측 전두엽)가 불공정성을 접수하므로 그들의 자제력은 오래 가지 못할 것이다.

지배와 서열을 선호하는 자세를 바꾸기 위해 사람들에게 공감 능력을 증진하고 주인 의식(sense of agency)을 길러주어야 한다. 이렇게 하면 직원들은 자신을 조절하면서 협동할 것이다. 우리는 여러 연구를 검토하면서 공감이 하드웨어가 아니라는 것을 알았다. 또한 우리는 조직의 원활한 기능에 필수적인 공감 기술을 리더에게 가르칠 수 있다는 것도 알았다.

일방적으로 희생할 때 희생하는 사람의 오장육부가 반응하고, 이것이 미래의 협력에 영향을 준다는 연구에 의해 뇌가 불공정성에 반응한다는 사실이 입증되었다.

지금까지 살펴본 실험을 토대로 다음과 같은 네 가지 사실을 도출할 수 있다. (1) 거울신경은 불공정한 의도를 자동으로 읽을 수 있다. 이런 이유 때문에 마음속에 품고 있는 의도일지라도 솔직하고 진실해야 한다. (2) 뇌는 단지 돈에만 반응하는 것이 아니라, 공정성에도 반응한다. 리더는 생산성을 높이기 위해 급여가 공정한지 살펴보아야 한다. 불공정하다면 급여를 통한 동기 유발 효과는 기대치에 못 미칠 것이다. (3) 리더가 직원들의 협력을 이끌어 내고 싶다면, 동기와 생산성에 가시적 효과가 있는 보상을 제공해야 한다. (4) 일방적으로 희생할 때 뇌는 협력을 거부할 것이다. 한 직원이 리더에게 맞추려고 자신의 길을 포기했다면 리더는 그에게 보상해 줄 방법을 찾아야 한다. 그래야지만 그 직원은 앞으로도 계속 협력할 것이다. 뇌과학은 이와 같은 명백한 사실을 토대로 뇌뿐만 아니라 민감한 내장 본능이 공정성에 반응한다는 점을 강조한다.

신뢰

개념 : 신뢰하는 분위기는 조직의 발전에 매우 중요하다.[41, 42] 신뢰는 소비자에게서 시작하여 CEO에게로 명령이 오가는 조직의 전 과정에서 중요하다. 소비자가 제품을 신뢰하지 못하면 그 회사는 성공할 수 없을 것이다. 마찬가지로 직원들이 조직을 신뢰하지 않는다면 비즈니스가 제대로 돌아가지 않을 것이다. 너무 자주 리더들은 부분을 연결

하는 접착제가 신뢰임을 인식하지 못하고, 신뢰는 나중에 걱정할 문제라고 생각한다. 예를 들어, 판매 행위가 소비자에게 믿음을 주지 못한다면 소비자는 그 제품을 사지 않을 것이다. 영업부 직원이 상사를 믿지 못한다면 판매할 마음이 생기지 않을 것이다. 설명서를 통해서라도 소비자에게 신뢰감을 준 제품은 안전하다는[43] 인식을 주기 때문에, 신제품에 대한 애호가단체가 생기고[44] 공동 구매도 이루어질 수 있다.[45] 최근에 유럽의 3개국(오스트리아, 슬로베니아, 체코)에 걸쳐 대규모 설문조사를 실시한 한 연구에서, 기업의 성공은 협력에 달렸으며 협력은 양보다 질이 더 중요하고 협력의 질을 결정하는 가장 중요한 요인이 신뢰라는 결과가 나왔다.[46]

위기가 닥쳤을 때 신뢰를 쌓는 것은 조직의 안정적 기능을 떠 받쳐주는 근간을 세우는 일이다. 신뢰의 생리학을 이해하면 신뢰가 왜 그렇게 중요한지를 알 수 있고 평상시 생각하지 못한 코칭 전략을 구상하는 데 도움이 될 것이다. 4개 기업의 이질적인 근로자를 대상으로 한 연구에서 개인과 조직의 가치관을 제품에 구현하는 가장 중요한 요인이 조직에 대한 신뢰라는 결과가 나왔다.[47] 구체적으로 신뢰감은 직무 만족도로 이어지고 조직과의 일체감으로 이어지며, 조직에 더 오래 머물고 싶은 마음이 되고 조직에 머무는 동안 더 높은 생산성으로 이어진다.[47] 또 다른 연구에서 사람들이 정보를 신뢰한다면 기관의 공신력 있는 사람보다 관심사가 비슷한 사람에게서 나온 정보를 더 신뢰한다는 결과가 나왔다.[48]

그러나 역설적으로 정보가 없는 가운데 신뢰를 쌓을 수는 없다. 버니 메이도프,[1) 엔론,[2) 월드컴[3)에서 보았듯이, 너무 신뢰하는 것은 위험하다.[49] 너무 신뢰하거나 정보가 없는데 신뢰한다면 경영은 적법성을 상실한다. 그러므로 신뢰하는 것만큼이나 신뢰를 쌓는 것이 중요하다.[50] 「하버드 비즈니스 리뷰」의 최근호에 실린 한 논문은 "조사에 의하면 미국인의 80%는 기업체 경영진을 신뢰하지 않고 — 설상가상으로 — 기업체 중간 관리자의 절반 정도는 자신의 상사를 믿지 않는다. 인수합병, 구조조정, 세계화에 의해 조직의 변화가 가속화되었지만, 오늘날에는 그 전 세대에 존재하지 않았던 신뢰의 위기가 발생하고 있다."[51]라고 기술하였다.

그러므로 가능한 한 신뢰를 깊이 이해할 필요가 있다. 뇌생리학을 활용하면 신뢰를 좀 더 깊이 이해할 수 있을 것이다.

개념 1

사람은 위협의 실체를 파악하기 한참 전부터 위협에 반응하는데, 이때 편도체가 결정적인 역할을 한다.[52] 믿고 협력하는 관계가 깨졌을 때 편도체는 비정상적으로 발화하고[53] 섬엽과 ACC도 발화한다. 두려움이 편도체 발화율을 높인다는 점을 기억하라. 앞에서 살펴보았듯이 신뢰가 깨질 때도 같은 결과가 발생한다.

----

1) 미국 나스닥증권거래소 회장을 지냈으며, 금융 사기로 미국연방수사국에 체포되었다. ─옮긴이
2) 2001년에 파산을 신청한 미국의 에너지 회사이다. ─옮긴이
3) 수익성 악화와 회계 부정 사건으로 2002년에 파산을 신청하고 회사명을 변경하였다. ─옮긴이

사람들은 정확한 증거가 없을 때에도 표정을 통해 그 사람의 성격을 자동으로 그리고 정확하게 추론한다.[54] 최근의 한 연구에서 진실성이 없는 상대방의 표정에 우측 편도체가 반응한다는 결과가 나왔다. 또한 양측 조가비핵(putamen)과 전방 섬엽도 비슷하게 반응하였다(이것은 진실성이 없는 표정을 '내장' 수준에서 접수하는 것을 의미한다.).[54] 다른 연구자는 얼굴에 나타난 진실성은 얼굴의 주인보다 다른 요소와 관련이 있다고 주장하였다.[54, 55]

개념 2

신뢰감이 높고 두려움이 적은 상황에서 편도체 발화가 감소하는데, 이것은 옥시토신이라는 호르몬 때문이다.[56] 실제로 믿음이 깨졌다가 회복될 때에도 옥시토신이 관여한다. 신뢰가 깨졌을지라도 옥시토신이 분비되면 뇌가 처벌을 생각할 정도로 편도체가 충분히 발화하지 않는다.[57] 대체로 신뢰가 깨지면 편도체가 활성화된다. 이때 신뢰 위반의 정보는 등쪽 줄무늬체로 들어간 다음에 편도체로 전달되고 그 다음에 행동센터로 전달된다.[57] 그러나 옥시토신이 풍부한 사람은 편도체가 적정 수준까지 발화할 수 없으므로 이런 과정은 일어나지 않는다.

개념 3

두 사람이 상호작용하는 동안 서로에게 믿음이 생겼다면, 상대방의 의도를 읽을 때 활성화되는 (ACC 주변에 있는) 옆대상이랑(paracingulate)

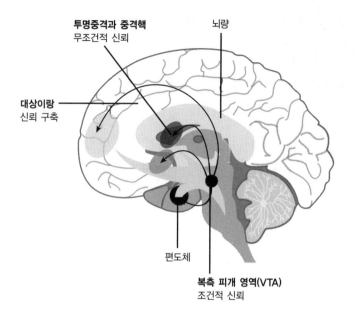

의 라벨:

투명중격과 중격핵
무조건적 신뢰

뇌량

대상이랑
신뢰 구축

편도체

복측 피개 영역(VTA)
조건적 신뢰

| 그림 3.2 | 신뢰를 담당하는 뇌의 영역

이 참여한다. 조건이 충족되어 서로 신뢰한다면, 보상센터 중에서 복측 피개 영역(vental tegmental area, VTA)이 활성화되고, 무조건적인 신뢰가 형성되었다면 중격 영역(septal area)이 활성화된다.[58] 그림 3.2에 나타나 있듯이, 각기 다른 신뢰는 각기 다른 영역에서 나온다.

개념 4

최근의 한 연구에서 어떤 상황을 탈퇴할 때 혹은 신뢰를 주고받을 때 복내측 전전두엽(vmPFC)이 관여한다는 결과가 나왔다.[59] 실제로 vmPFC가 손상되면 타인에 대한 관심이 줄어든다.[60] 이 연구에서 위험을 감수하면서 믿을 때와 신뢰받음으로써 이득을 보았을 때에는

vmPFC 발화율이 변화하지 않았다. 믿음을 교환하려면 믿음이 사회적 가치가 되어야 한다. 같은 연구에서 믿음을 사회적 가치로 여기는 성향은 측두 두정 연접부, 양측 전방 섬엽, ACC에서 나온다는 결과가 나왔다. 여기에 덧붙인다면 이런 영역들은 믿는 사람이 위험을 감수하면서 믿을 때 발화율이 증가하고 믿지 않을 때 감소하였다. 신뢰받음으로써 큰 이득을 보았을 때 ACC와 우측 DLPFC가 활성화되었다. 여기에서 기억해야 할 중요한 사실은 뇌의 계산기가 꺼지면 득과 실에 대한 생각이나 타인에 대한 관심이 중단되고 믿음이 약해진다는 것이다.

개념 요약

신뢰가 깨질 때 갈등탐지기(ACC)는 뇌의 경보장치(편도체)를 켜고, 경보장치는 이 정보를 보상센터(복측 피개 영역과 중격핵)와 섬엽에 보내며 보상센터와 섬엽은 다시 등쪽 줄무늬체와 편도체로 보낸다. 여기서 정보란 '신뢰를 깬 그 사람은 앞으로 도움이 되지 않는다'는 것이다. 등쪽 줄무늬체는 이 정보를 운동 계획 영역에 보내어 궁극적으로 행동에 영향을 준다. 신뢰가 깨져 편도체 발화율이 증가할수록 뇌의 더 많은 영역이 '그 사람은 앞으로 도움이 안 된다' 라는 정보를 다시 편도체에 보내어 계속 발화하게 만든다. 이렇게 되면 행동센터가 억제되다가 나중에는 멈춰버린다.

적용 : 믿음과 두려움은 길항 작용을 하고 뇌에 상반된 방식으로 영향

을 준다. 편도체가 활성화되면 두려움은 증가하고 믿음은 약해진다. 동기 유발을 위해 안전한 공간을 만들어야 하듯이, 믿을 만한 직무 환경을 조성하는 것도 중요하다. 신뢰는 '생각하는 뇌'가 불신과 갈등을 해결하는 데 에너지를 소모하기보다 일에 초점을 맞추게 한다.

신뢰는 몇몇 보상계 영역에 영향을 주기 때문에 보상의 성격을 띤다. 뇌는 보상계의 신호를 행동센터에 전달하여 행동할 준비를 한다. 믿음이 없다면 행동이 억제되고 두려움이 증가할 것이다. 이 말은 전달받은 지시마다 의심스럽다면 지시는 쇠귀에 경 읽기가 된다는 의미이다. 또한 직장의 필요성 때문에 신뢰할 수 없는 직장에 계속 다닐 때 사람들은 직장에 대한 정서와 자아를 분리한다. 정서는 생명력이 넘치는 지능이다. 정서를 무시하는 것은 목욕물과 함께 아기를 버리는 것과 같다. 이렇게 되면 리더 곁에는 무의미하고 진부한 결정만 남을 것이다.

전방 섬엽은 신뢰할 때 내장에서 올라오는 느낌을 접수하고 이것을 의식으로 전환하는 데 중요한 역할을 한다. 불신감에 의해 섬엽이 과활성화되면 섬엽은 직무 수행을 방해한다. 기본적으로 불신은 생각하는 뇌와 느끼는 뇌의 균형을 깨뜨려 리더의 잠재력과 행동을 억제한다. 직원들의 눈은 어떤 일이 발생하는지 지켜보기 위해 항상 주변을 두리번거리며, 이들의 뇌도 마찬가지이다(제8장 참조).

신뢰와 두려움은 뇌에서 서로 반대로 작용한다. 두려움은 두려움 센터를 켜서 생각에 써야 할 자원을 끌어다 쓰지만, 신뢰는 그 반대이다. 즉, 신뢰는 두려움센터를 꺼서 생각 자원을 보존한다.

대리 보상

개념 : 사람들은 어떤 상황에서 다른 사람이 보상을 받으면 자신도 보상받는 기분을 느낀다. 예를 들어, 게임쇼에서 누군가 승리하면 다른 사람들도 같이 행복해한다. 놀랍게도 행복감의 공유 혹은 대리 행복감은 유사성 효과(similarity effect) 때문에 발생하는 것 같다. 뇌 영상 연구에서 복측 줄무늬체(보상센터)와 ACC(갈등탐지기)가 상호작용하며 대리 보상 효과를 만들어 낸다는 결과가 나왔다.[61] 즉, 뇌는 유사성을 주목함으로써 보상받는 기분을 느낀다.

적용 : 대리 보상을 여기에서 다루는 이유는 이것이 관리자를 포함한 기업체의 모든 사람에게 중요하기 때문이다. ACC와 보상계가 보상받은 사람과의 동질감에 반응할 때 대리 행복감을 느낀다. 리더는 이점을 염두에 두고 직원의 보상계를 자극하기 위해 직원들과의 유사성을 부각시키면서 소통해야 한다. 자신을 특별한 사람으로 구분하고 싶거나 심지어는 전문가의 권위를 가지고 있을 때조차도 직원들에게 동질감을 심어 주어 직무 동기를 높이고 싶다면, 리더는 아랫사람과 '수평관계'를 유지해야 한다.

간단히 말해서, 리더와 직원은 회사에 서로 다른 것을 투자한다. 리더는 승리하기 위해 열정을 바치며, 직원은 리더와 마음이 통할 때에만 리더의 승리를 기뻐할 것이다. 리더의 승리에 기여하고 싶은 마음이 생기려면 직원은 대리 보상을 경험해야 하며, 이를 위해 직원은 리더와 동질감을 느낄 수 있어야 한다.

공동체와 시민의식

개념 : 신경과학은 대인관계에 참여하는 뇌와 그렇지 않은 뇌가 어떻게 다른지 실험을 통해 분석하였다. 앞에서 말했듯이, 사회적 배제는 ACC(ACC는 갈등탐지기이므로 이것이 작동하면 뇌는 휴식을 취하지 못한다.)의 발화율을 높인다.[62] 동물은 뇌졸중으로 쓰러진 후 무리에서 고립되면 발병 후 생존률이 떨어지고, 막힌 뇌혈관의 크기가 더 커지며 뇌에 물이 찬다.[63] 최근 연구에서 신체적 고통만큼이나 강렬한 사회적 고통이 실제로 존재하며, 사회적 고통을 담당하는 신경망이 신체적 고통을 담당하는 것보다 더 일찍 진화하여 뇌에 확고한 구조로 자리 잡고 있다는 사실이 발견되었다.[64] 또한 사회적 고립은 스트레스를 유발하고, 스트레스가 발생하면 인간은 목표 지향적인 행동을 포기하고 습관에 안주한다는 많은 증거가 있다.[65] 더욱이 외로운 사람은 고통을 더 많이 주목한다.[24,66] 외로운 사람의 보상계(복측 줄무늬체)는 사회적 자극에 둔감하다는 연구 결과에서 알 수 있듯이, 외로운 사람에게 긍정적인 사회적 자극은 보상으로 작용하기 어렵다. 또한 앞에서 살펴보았듯이, 사회적 고립은 ACC 발화율을 높인다. 같은 결과가 따돌림 당하는 청소년에게서도 발견되었다.[67] 이 연구는 보상센

터(복측 줄무늬체)의 발화율이 고통과 역상관관계임을 발견하였다. 또 다른 연구에서 따돌림을 당하는 동안 우반구의 복측 전전두엽이 활성화되고, 이것은 주관적 고통과 역상관관계가 있었다.[68] 이 결과는 ACC 발화로 인한 고통과 뇌 손상을 전전두엽이 복구하려고 노력하는 것을 시사한다.

적용 : 그레이 하멜이 연구자(예 : C.K. 프라할라드, 피터 셍게지, 제프리 페퍼)와 신세대 지성인(예 : 제임스 수로위키), 진보적인 CEO(예 : 홀푸드 사의 존 매키, W.L. 고어 사의 테리 켈리, IDEO의 팀 브라운)로 구성된 팀을 이끌고 전 세계의 경영 혁신을 위한 선결 과제를 목록('경영 2.0')으로 만들었다.[69] 여기에서 첫 번째로 꼽힌 것이 '주주의 이득 그 이상을 창출하는 것'이다.[69] 여기에서 직무는 더 높은 목표에 기여해야 하며, 기업은 "공동체 정신과 시민의식을 실천해야 한다. ……"라고 강조하였다.

왜 이런 것이 중요한가? 앞에서 사회적 배제를 당하면 ACC 발화율이 증가한다고 했던 점을 상기하라.[62] 실제로 사회적 배제가 발생하면 주의력과 생산적 사고력이 저하되고 뇌는 갈등 탐지와 위협 모드로 전환된다. 또한 사회적 배제를 당하면 사람은 목표 지향적인 행동을 멈추고 습관에 안주한다.[65] 리더가 직원의 목표 지향적 행동을 억제한다면, 이것은 리더가 자기 회사의 생산성을 떨어뜨리는 것이다. 이런 일이 발생하지 않도록 예방해야 한다. 외로운 사람의 보상계(복측 줄무늬체)는 사회적 자극에 둔감하다는 연구 결과에서 알 수 있듯이, 외로운 사람은 긍정적인 사회적 자극에 둔감하다. 그러므로 사람을 멀리하던 외로워진 사장이 회사의 회식을 계획할 때쯤이면 회식비가 제 값을 못할 것이다(아무도 있고 싶어 하지 않는 연회를 사장은 '교류의 장'으로 여길 것이다.). 또한 외로운 사람은 고통을 더 많이 주목한다. 리더가 외로운 사람들을 곁에 불러들이고 싶어 한다면 아직 위기는 아니다.[24, 66] 그러나 복측 줄무늬체(보상계)가 ACC를 억제할 수 있다는 점은 주목할 만하다. 그리고 우리가 줄무늬체의 발화율을 높이는 방법을 찾는다면 ACC 발화율을 낮출 수 있을 것이다.

그러므로 공동체 의식을 함양하면 주의력과 목표 지향적 행동이 증가하고 결국 생산성도 향상될 것이다. 공동체 같은 분위기에서 (외로움이 줄어든 덕분에 습관적 행동이 감소함으로써) 새로운 아이디어가 더 많이 나올 것이다. 그리고 리더가 개개인보다 공동체를 중시한다면, 보상센터가 둔감하여 인센티브에 반응하지 않던 외로웠던 시절과 달리, 직원들은 보상에 민감하게 반응할 것이다.

설득

개념 : 리더는 종종 특별한 관점이나 행동을 사람들에게 설득하는 역할을 한다.

개념 1

다른 언어를 사용하는 다른 문화권 출신의 이질적인 사람들을 대상으로 한 실험에서, 글로 된 메시지에 동의할 때 양측 후방 상측두고랑 (pSTS, 거울신경의 일부로, 설득이 관점을 공유하는 것과 관련이 있음을 시사한다.), 양측 측두극, 그리고 등내측 전전두엽(DMPFC)이 활성화되었다.[70] 이 신경망 은 비디오 영상물의 메시지에 동의할 때도 활성화되었다. 설득 저변 의 구성 개념은 '영향을 받은 합의(facilitated consenus)' 이다.[71] 이 연구는 거울신경의 중요한 부분(감정의 공유)이 설득에 관여하고 있음을 밝 혀냈다. 이 연구에 의하면, 설득력을 높이기 위해 상대방의 거울신경 을 자극해야 한다.

개념 2

전문가는 설득력을 지닌다. 이것을 소위 '전문가의 힘' 이라고 한다. 한 연구에서 전문가가 추천하는 물건이라고 단 한 번 언급했을 뿐인 데, 전문가는 그 물건에 대한 기억과 태도에 긍정적인 영향을 주었고 그 효과는 오래갔다.[72] 즉, 전문가는 기억을 촉진한다. 전문가가 측두 엽(해마와 해마곁이랑)의 기억력을 높이고 꼬리핵을 자극함으로써 신 뢰감과 보상과 학습을 촉진하여 전문가 효과가 나타난 것이다. 또한 등쪽 줄무늬체(즉, 꼬리핵)[4]가 전문가를 보상자극으로 처리하는 데 관여한다.

적용 : 설득력을 높이기 위해 리더는 청자의 거울신경계를 자극해야

---

4) 줄무늬체는 렌즈핵(조가비핵과 창백핵으로 구성됨)과 꼬리핵으로 구성되어 있다. 줄 무늬체의 등쪽에 꼬리핵이 있고, 복측에 측좌핵이 있다. —옮긴이

한다. 즉, 청자의 거울신경계가 활성화되는 것은 청자의 정서를 (강요하거나 요구하는 것이 아니라) 공유할 줄 아는 리더의 능력에 달려 있다. 또한 리더는 청자의 거울신경을 자극하기 위해 어떤 쟁점에 대한 자신의 정서적 정체성을 포기하고 회사 전 직원의 욕구가 반영된 정체성을 택해야 한다(좀 더 자세한 내용은 제8장 참조).

전문가가 비전문가보다 설득에 관여하는 뇌를 효과적으로 자극하기 때문에 코치는 리더에게 전문가를 고용하여 직원을 코칭하거나 특정 부서의 직원에게 영향을 주라고 조언할 수 있다. 즉, 설득을 위해 고용된 사람이 전문가인지 아닌지는 중요한 문제이다.

애착

개념 : 애착 유형은 리더십의 중요한 요소이다. 훌륭한 리더가 잘못된 결정을 내리는 세 가지 이유 — 하나는 이해의 충돌이고, 다른 하나는 잘못된 기억 — 중 하나가 과거에 형성된 애착이다.[73] 애착에는 두 종류가 있다. 하나는 안전애착(secure attachment)이고, 다른 하나는 불안전애착(insecure attachment)이다. 불안전애착은 불안(anxious)애착과 회피(avoidant)애착으로 나뉜다.[5] 애착은 여러 부서가 협력 파트너가 되어 일을 할 때,[74] 지적 재산권을 공유할 때,[75] 영업부장과 영업사원의 관

---

5) 불안애착형은 친밀한 사람에 대해 긍정적인 감정과 부정적인 감정이 공존하여 양가형(ambivalent type)이라고도 하고, 친밀한 사람에게 매달리는 경향이 있기 때문에 집착형(preoccupied type)이라고도 한다. 회피애착형은 사람과 가까워지는 것을 경계하고 사람과 거리를 두기 때문에 배척형(dismissing type)이라고도 한다. ―옮긴이

계를 관리할 때[76]와 같은 다양한 비즈니스 장면에 영향을 준다. 또한 애착의 뇌 기반을 이해하는 것은 이런저런 대인관계에 도움이 될 것이다.

개념 1

최근에 리더십에 관한 연구에서 안전애착이 훌륭한 리더십의 핵심이라는 결과가 나왔다. 회사에 대해 불안한 혹은 회피적 애착을 느끼는 리더는 회사를 효과적으로 이끌어 갈 수 없다.[77]

개념 2

또 다른 연구에서 중요한 몇 가지 사실이 발견되었다. 즉, 불안애착형 리더는 이기적(self-serving) 리더십, 과제 지향적인 상황에서 자질이 부족한 리더십, 부하에게 도움을 주지 못하는 리더십과 관련 있다. 회피애착형 리더는 직원의 안전을 책임지지 못하기 때문에 직원의 사회 정서적 기능이 떨어지고 장기적으로 직원들의 정신 건강에 문제가 발생할 수 있다. 그러므로 리더의 애착 유형은 회사 전체와 직원들의 안녕에 매우 중요하다. 이것은 애착과 리더십의 관계에 대한 무수히 많은 연구 결과 중 일부에 지나지 않는다.[78~81]

개념 3

애착불안은 시상하부(hypothalamic) – 뇌하수체(pituitary) – 아드레날린 (adrenal)(HPA) 축과 연결되어 있다. HPA 축은 스트레스 반응이나 기분

조절과 같은 다양한 기능에 관여한다. 한 연구에서 불안애착은 스트레스 상황에서의 코티솔 반응과 정적 상관, 정신을 바짝 차려야 하는 상황에서의 코티솔 반응과 역상관관계가 있다는 결과가 나왔다.[82] 이것은 안전한 애착관계를 형성할 수 없는 리더에게 스트레스 상황에서 더 강한 코티솔 반응이 나타날 수 있음을 시사한다. 이런 리더의 HPA 축은 스트레스 상황에서 과활성화될 것이다.[82]

개념 4

친밀한 관계를 회피하는 사람은 안전애착자보다 타인의 부정적인 정서적 신호에 둔감하다.[83] 즉, 회피애착자의 뇌(체감각 영역)는 부정적인 정서적 신호를 안전애착자만큼 잘 포착하지 못한다.

개념 5

불안전애착자의 편도체와 보상계는 다른 방식으로 활성화된다. 회피애착자는 웃는 얼굴과 같은 긍정적 신호에 줄무늬체와 복측 피개 영역(보상의 뇌)이 약하게 발화한다. 이것은 회피애착자가 사회적 보상에 둔감한 것을 의미한다. 이와 달리, 불안애착자는 화난 얼굴과 같은 부정적 신호에 좌측 편도체가 발화하고, 발화 정도는 불안애착과 정적 상관관계가 있다. 이것은 불안애착자가 사회적 처벌에 민감한 것을 의미한다. 그러므로 불안전하게 애착이 형성된(애착검사에서 불안전애착으로 나온) 리더는 보상에 둔감하고 처벌에 민감하다.[84]

적용 : 리더의 애착 유형은 효율적인 리더십에 결정적이다. 리더는 머리를 맞대고 협력해야 하는 파트너와 조직에 직원을 어떻게 배치해야 안전애착을 확보할 수 있는지 고민해야 한다. 불안전하게 애착(불안애착과 회피애착)이 형성된 리더는 스트레스 반응이 강하고 처벌에 예민한 반면, 보상에는 둔감하다(보상에 둔감하고 처벌에 민감한 반응은 뇌에 축적된다.). 또한 이들은 부정적인 대인관계 신호에 둔감하다. 이것은 불안전애착자가 처벌에 과민 반응을 보일지라도 안전애착자만큼 타인의 고통을 잘 느끼지 못하는 것을 의미한다. 코치는 리더가 애착 유형을 탐색하고, 필요할 때 사람들과 어울리며 타인의 감정을 읽을 수 있도록 도와야 한다. 이렇게 되면 불안전하게 애착이 형성된 리더가 조직의 걸림돌이 되지 않고 전체 조직을 통합하는 쪽으로 리더십을 발휘할 것이다.

표 3.1은 리더십과 코칭에 적용할 수 있는 사회적 지능에 관한 몇 가지 개념을 요약한 것이다.

| 표 3.1 | 신경과학적 관점에서 본 사회적 지능

개념	코칭법
거울신경은 감정에 의해 활성화된다.	리더가 공감 능력을 기르고 역겨울 반응을 배워 자신의 자동적인 감정적 변화를 조절할 수 있다면 직원의 거울신경을 자극할 수 있을 것이다.
거울신경은 의도에 의해 활성화된다.	리더는 항상 회사의 동향을 파악하고 있어야 하며, 이를 위해 자신을 고립시키면 안 된다.

(계속)

| 표 3.1 | 신경과학적 관점에서 본 사회적 지능(계속)

개념	코칭법
관점 수용(perspective-taking)과 공감은 서로 다른 뇌를 사용한다.	리더는 공감뿐만 아니라 다른 사람의 관점에서 바라보는 기술이 있어야 한다. 후자를 기르는 데 신경과학이 유용하다.
거울신경은 상대방의 불공정한 의도를 읽어낸다.	리더는 자신의 의도를 숨기면 안 된다.
보상센터는 돈뿐만 아니라 공정성에도 반응한다.	불공정한 돈은 현안을 해결하는 데 도움이 되지 않는다.
협력은 보상센터를 자극한다.	협력을 늘리면 직무 동기가 높아진다.
일방적으로 희생할 때 오장육부가 자동으로 반응한다.	리더는 사람들에게 적절한 보상이 돌아가는지 파악해야 한다.
신뢰는 편도체 발화율을 낮춘다.	스트레스가 없는 직무 환경을 조성하기 위해 신뢰를 쌓아야 한다.
신뢰는 보상센터 발화율을 높인다.	신뢰와 두려움은 뇌에서 서로 반대로 작용한다. 두려움은 두려움센터를 자극하여 생각 자원을 고갈시키지만, 신뢰는 그 반대이다. 즉, 신뢰는 두려움센터를 가라앉혀 생각 자원을 보존한다.
직원이 보상받는 사람과 동질감을 느낄 때 대리 보상 효과가 나타난다.	자신을 특별한 사람으로 구분하고 싶거나 심지어는 전문가의 권위를 지니고 있을 때조차도 동질감을 이용하여 직무 동기를 고취하고 싶다면 리더는 아랫사람과 '수평관계'를 유지해야 한다.
사회적 배제를 당하면 뇌에서 생각센터가 줄어든다.	생산성을 높이기 위해 리더는 회사 내에 커뮤니티를 구축하는 데 역점을 두어야 한다.
설득이 성공했을 때 청자의 뇌에서 거울신경이 활성화된다.	정서를 (강요하거나 요구하는 것과는 달리) 공감해 주면 상대방의 거울신경이 활성화된다. 리더는 자신의 설득력을 높이기 위해 어떤 쟁점에 대한 자신의 정서적 정체성을 포기하고 전 직원의 욕구가 반영된 정체성을 채택해야 한다.

(계속)

| 표 3.1 | 신경과학적 관점에서 본 사회적 지능(계속)

개념	코칭법
전문가는 비전문가보다 청자의 뇌에 있는 설득 관련 영역을 더 효과적으로 자극한다.	리더는 직원을 설득할 때 전문가를 고용해야 한다.
불안전하게 애착이 형성된 사람의 뇌는 타인의 정서에 둔감하고 긍정적 정서에 둔감하며 부정적 정서에 민감하다.	리더는 자신의 뇌에 각인된 애착 유형을 (그리고 직원들의 애착 유형도 파악해야 함) 알아야 하며 자신의 것이 불안전애착이라면 안전애착으로 수정해야 한다.

결론

리더에게 사회적 지능은 결코 소프트한 기술이 아니다. 팀워크를 이끌어 내고 회사의 운영 상황을 파악하며 소비자의 욕구를 더 깊은 수준에서 이해해야 하는 리더에게 사회적 지능은 매우 중요하다. 사회적 지능에 대해 골먼은 세미나 논문에서 다음과 같이 기술하였다. "사회적 뇌를 계발하기 위한 유일한 방법은 행동을 바꾸는 힘든 일에 착수하는 것이다. …… 회사가 리더십 계발에 관심을 기울인다면 우선 '변화 프로그램'에 참여하고 싶은 직원의 의지를 평가해야 한다. 열성적인 사람을 선발해야 한다. 이들은 변화에 대한 계획을 세우고, 그다음에 사회적 지능의 강점과 약점을 확인하기 위해 병원에서 사용하는 것과 유사한 검사를 받아야 한다. 피드백에 잘 반응하는 열정적인 리더는 활용도가 가장 높은 분야를 선택하여 훈련을 받으면 된다. 훈련은 상호작용하는 방법을 반복해서 연습하고, 기회가 있을 때마다 배운 것을 적용해 보는 것에서부터 코치가 그림자처럼 따라붙어 관찰하고, 관찰한 것을 피드백해 주며, 롤 모델에게 직접 배우는 것까지 다양하다."[4]

사회적 지능의 계발은 모든 리더에게 매우 중요하다. 리더가 이 점을 염두에 두고 사회적 지능에 관한 다양한 지식을 접한다면, 리더 자신과 회사 모두 성장할 것이다.

| 참고문헌 |

1. Thorndike, E.L., "Intelligence and its use," *Harper's Magazine*. 1920. p. 227–235.

2. Albrecht, K., *Social Intelligence: The New Science of Success*. 2006, San Francisco: Jossey-Bass (Wiley).

3. Goleman, D., *Social Intelligence: The New Science of Human Relationships*. 2006: Bantam Dell (Random House).

4. Goleman, D. and R. Boyatzis, "Social intelligence and the biology of leadership." *Harv Bus Rev*, 2008. 86(9): p. 74–81, 136.

5. Howe, N. and W. Strauss, "The next 20 years: how customer and workforce attitudes will evolve." *Harv Bus Rev*, 2007. 85(7–8): p. 41–52, 191.

6. Weiss, J. and J. Hughes, "Want collaboration? Accept—and actively manage—conflict." *Harv Bus Rev*, 2005. 83(3): p. 92–101, 149.

7. Katzenbach, J.R. and D.K. Smith, "The discipline of teams." *Harv Bus Rev*, 1993. 71(2): p. 111–20.

8. Burciu, A. and C.V. Hapenciuc, "Non-Rational Thinking in the Decision Making Process." Proceedings of the European Conference on Intellectual Capital, 2010: p. 152–160.

9. Clarke, N., "The impact of a training programme designed to target the emotional intelligence abilities of project managers." *International Journal of Project Management*, 2010. 28(5): p. 461–468.

10. Ochieng, E.G. and A.D.F. Price, "Managing cross-cultural communication in multicultural construction project teams: The case of Kenya and UK." *International Journal of Project Management*, 2010. 28(5): p. 449–460.

11. Taute, H.A., B.A. Huhmann, and R. Thakur, "Emotional Information Manage-

ment: Concept development and measurement in public service announce-ments." *Psychology & Marketing,* 2010. 27(5): p. 417–444.

12. Clarke, N., "Emotional intelligence and its relationship to transformational leadership and key project manager competences." *Project Management Journal,* 2010. 41(2): p. 5–20.

13. Sadek, D.M., et al., "Service Quality Perceptions between Cooperative and Islamic Banks of Britain." *American Journal of Economics & Business Administration,* 2010. 2(1): p. 1–5.

14. Gazzola, V., L. Aziz-Zadeh, and C. Keysers, "Empathy and the somatotopic auditory mirror system in humans." *Curr Biol,* 2006. 16(18): p. 1824–9.

15. Chartrand, T.L. and J.A. Bargh, "The chameleon effect: the perception-behavior link and social interaction." *J Pers Soc Psychol,* 1999. 76(6): p. 893–910.

16. Spengler, S., D.Y. von Cramon, and M. Brass, "Control of shared representations relies on key processes involved in mental state attribution." *Hum Brain Mapp,* 2009.

17. Frith, C.D., "The social brain?" *Philos Trans R Soc Lond B Biol Sci,* 2007. 362(1480): p. 671–8.

18. Iacoboni, M., et al., "Grasping the intentions of others with one's own mirror neuron system." *PLoS Biol,* 2005. 3(3): p. e79.

19. Noordzij, M.L., et al., "Brain mechanisms underlying human communication." *Front Hum Neurosci,* 2009. 3: p. 14.

20. Gallese, V., "Before and below 'theory of mind': embodied simulation and the neural correlates of social cognition." *Philos Trans R Soc Lond B Biol Sci,* 2007. 362(1480): p. 659–69.

21. Gallese, V. and A. Goldman, "Mirror neurons and the simulation theory of mind-reading." *Trends Cogn Sci,* 1998. 2(2): p. 493–501.

22. Kaplan, J.T. and M. Iacoboni, "Getting a grip on other minds: mirror neurons, intention understanding, and cognitive empathy." *Soc Neurosci,* 2006. 1(3–4): p. 175–83.

23. Bastiaansen, J.A., M. Thioux, and C. Keysers, "Evidence for mirror systems in emotions." *Philos Trans R Soc Lond B Biol Sci,* 2009. 364(1528): p. 2391–404.

24. Cacioppo, J.T., et al., "In the eye of the beholder: individual differences in per-ceived social isolation predict regional brain activation to social stimuli." *J Cogn Neurosci,* 2009. 21(1): p. 83–92.

25. Van Overwalle, F., "Social cognition and the brain: a meta-analysis." *Hum Brain Mapp,* 2009. 30(3): p. 829–58.

26. Van Overwalle, F. and K. Baetens, "Understanding others' actions and goals by mirror and mentalizing systems: a meta-analysis." *Neuroimage,* 2009. 48(3): p. 564–84.

27. Kumar, S.A., et al., "Influence of Service Quality on Attitudinal Loyalty in Private Retail Banking: An Empirical Study." *IUP Journal of Management Research*, 2010. 9(4): p. 21–38.

28. Galinsky, A.D., et al., "Why it pays to get inside the head of your opponent: the differential effects of perspective taking and empathy in negotiations." *Psychol Sci*, 2008. 19(4): p. 378–84.

29. Li, W. and S. Han, "Perspective taking modulates event-related potentials to perceived pain." *Neurosci Lett*, 2009.

30. Dosch, M., et al., "Learning to appreciate others: Neural development of cognitive perspective taking." *Neuroimage*, 2009.

31. Shamay-Tsoory, S.G., J. Aharon-Peretz, and D. Perry, "Two systems for empathy: a double dissociation between emotional and cognitive empathy in inferior frontal gyrus versus ventromedial prefrontal lesions." *Brain*, 2009. 132(Pt 3): p. 617–27.

32. Montag, C., et al., "Prefrontal cortex glutamate correlates with mental perspective-taking." *PLoS One*, 2008. 3(12): p. e3890.

33. Tabibnia, G. and M.D. Lieberman, "Fairness and cooperation are rewarding: evidence from social cognitive neuroscience." *Ann N Y Acad Sci*, 2007. 1118: p. 90–101.

34. Chiao, J.Y., et al., "Neural representations of social status hierarchy in human inferior parietal cortex." *Neuropsychologia*, 2009. 47(2): p. 354–63.

35. Hsu, M., C. Anen, and S.R. Quartz, "The right and the good: distributive justice and neural encoding of equity and efficiency." *Science*, 2008. 320(5879): p. 1092–5.

36. Sanfey, A.G., et al., "The neural basis of economic decision-making in the Ultimatum Game." *Science*, 2003. 300(5626): p. 1755–8.

37. Olsson, A. and K.N. Ochsner, "The role of social cognition in emotion." *Trends Cogn Sci*, 2008. 12(2): p. 65–71.

38. Hein, G. and T. Singer, "I feel how you feel but not always: the empathic brain and its modulation." *Curr Opin Neurobiol*, 2008. 18(2): p. 153–8.

39. Tabibnia, G., A.B. Satpute, and M.D. Lieberman, "The sunny side of fairness: preference for fairness activates reward circuitry (and disregarding unfairness activates self-control circuitry)." *Psychol Sci*, 2008. 19(4): p. 339–47.

40. Rilling, J.K., et al., "The neural correlates of the affective response to unreciprocated cooperation." *Neuropsychologia*, 2008. 46(5): p. 1256–66.

41. Hamel, G., "Strategy as revolution." *Harv Bus Rev*, 1996. 74(4): p. 69–82.

42. Hassan, F., "Leading change from the top line." Interview by Thomas A Stewart and David Champion. *Harv Bus Rev*, 2006. 84(7–8): p. 90–7, 188.

43. Luria, G., "The social aspects of safety management: Trust and safety climate."

Accident Analysis & Prevention, 2010. 42(4): p. 1288–1295.

44. Bstieler, L. and M. Hemmert, "Trust formation in Korean new product alliances: How important are pre-existing social ties?" *Asia Pacific Journal of Management*, 2010. 27(2): p. 299–319.

45. Tanghe, J., B. Wisse, and H. van der Flier, "The Role of Group Member Affect in the Relationship between Trust and Cooperation." *British Journal of Management*, 2010. 21(2): p. 359–374.

46. Fink, M. and A. Kessler, "Cooperation, Trust and Performance—Empirical Results from Three Countries." *British Journal of Management*, 2010. 21(2): p. 469–483.

47. Edwards, J.R. and D.M. Cable, "The value of value congruence." *J Appl Psychol*, 2009. 94(3): p. 654–77.

48. Boudreau, C., M.D. McCubbins, and S. Coulson, "Knowing when to trust others: an ERP study of decision making after receiving information from unknown people." *Soc Cogn Affect Neurosci*, 2009. 4(1): p. 23–34.

49. Kramer, R.M., "Rethinking trust." *Harv Bus Rev*, 2009. 87(6): p. 68–77, 113.

50. Khurana, R. and N. Nohria, "It's time to make management a true profession." *Harv Bus Rev*, 2008. 86(10): p. 70–7, 140.

51. Hurley, R.F., "The decision to trust." *Harv Bus Rev*, 2006. 84(9): p. 55–62, 156.

52. Maratos, F.A., et al., "Coarse threat images reveal theta oscillations in the amygdala: a magnetoencephalography study." *Cogn Affect Behav Neurosci*, 2009. 9(2): p. 133–43.

53. Seres, I., Z. Unoka, and S. Keri, "The broken trust and cooperation in borderline personality disorder." *Neuroreport*, 2009. 20(4): p. 388–92.

54. Said, C.P., S.G. Baron, and A. Todorov, "Nonlinear amygdala response to face trustworthiness: contributions of high and low spatial frequency information." *J Cogn Neurosci*, 2009. 21(3): p. 519–28.

55. Brown, D., D. Rose, and E. Lyons, "Self-generated expressions of residual complaints following brain injury." *NeuroRehabilitation*, 2009. 24(2): p. 175–83.

56. Pessiglione, M., et al., "Subliminal instrumental conditioning demonstrated in the human brain." *Neuron*, 2008. 59(4): p. 561–7.

57. Baumgartner, T., et al., "Oxytocin shapes the neural circuitry of trust and trust adaptation in humans." *Neuron*, 2008. 58(4): p. 639–50.

58. Krueger, F., et al., "Neural correlates of trust." *Proc Natl Acad Sci U S A*, 2007. 104(50): p. 20084–9.

59. van den Bos, W., et al., "What motivates repayment? Neural correlates of reciprocity in the Trust Game." *Soc Cogn Affect Neurosci*, 2009. 4(3): p. 294–304.

60. Krajbich, I., et al., "Economic games quantify diminished sense of guilt in

과학적인 리더십 _ 뇌 기반 CEO 코칭

patients with damage to the prefrontal cortex." *J Neurosci,* 2009. 29(7): p. 2188–92.

61. Mobbs, D., et al., "A key role for similarity in vicarious reward." *Science,* 2009. 324(5929): p. 900.

62. Krill, A. and S.M. Platek, "In-group and out-group membership mediates anterior cingulate activation to social exclusion." *Front Evol Neurosci,* 2009. 1: p. 1.

63. Karelina, K., et al., "Social isolation alters neuroinflammatory response to stroke." *Proc Natl Acad Sci U S A,* 2009. 106(14): p. 5895–900.

64. Cao, Z., et al., "Anterior cingulate cortex modulates visceral pain as measured by visceromotor responses in viscerally hypersensitive rats." *Gastroenterology,* 2008. 134(2): p. 535–43.

65. Schwabe, L. and O.T. Wolf, "Stress prompts habit behavior in humans." *J Neurosci,* 2009. 29(22): p. 7191–8.

66. Bowles, D.P. and B. Meyer, "Attachment priming and avoidant personality features as predictors of social-evaluation biases." *J Pers Disord,* 2008. 22(1): p. 72–88.

67. Masten, C.L., et al., "Neural correlates of social exclusion during adolescence: understanding the distress of peer rejection." *Soc Cogn Affect Neurosci,* 2009. 4(2): p. 143–57.

68. Eisenberger, N.I., M.D. Lieberman, and K.D. Williams, "Does rejection hurt? An FMRI study of social exclusion." *Science,* 2003. 302(5643): p. 290–2.

69. Hamel, G., "Moon shots for management." *Harv Bus Rev,* 2009. 87(2): p. 91–8.

70. Falk, E.B., et al., "The Neural Correlates of Persuasion: A Common Network across Cultures and Media." *J Cogn Neurosci,* 2009.

71. Adams, D.M., "Ethics consultation and 'facilitated' consensus." *J Clin Ethics,* 2009. 20(1): p. 44–55.

72. Klucharev, V., et al., "Reinforcement learning signal predicts social conformity." *Neuron,* 2009. 61(1): p. 140–51.

73. Campbell, A., J. Whitehead, and S. Finkelstein, "Why good leaders make bad decisions." *Harv Bus Rev,* 2009. 87(2): p. 60–6, 109.

74. Le Ber, M.J. and O. Branzei, "(Re)Forming Strategic Cross-Sector Partnerships: Relational Processes of Social Innovation." *Business & Society,* 2010. 49(1): p. 140–172.

75. Belk, R., Sharing. *Journal of Consumer Research,* 2010. 36(5): p. 715–734.

76. Mallin, M.L., E. O'Donnell, and M.Y. Hu, "The role of uncertainty and sales control in the development of sales manager trust." *Journal of Business & Industrial Marketing,* 2010. 25(1): p. 30–42.

77. Popper, M. and K. Amit, "Influence of attachment style on major psychological

capacities to lead." *J Genet Psychol,* 2009. 170(3): p. 244–67.

78. Davidovitz, R., et al., "Leaders as attachment figures: leaders' attachment orientations predict leadership-related mental representations and followers' performance and mental health." *J Pers Soc Psychol,* 2007. 93(4): p. 632–50.

79. Bresnahan, C.G. and Mitroff, II, "Leadership and attachment theory." *Am Psychol,* 2007. 62(6): p. 607–8.

80. Mayseless, O. and M. Popper, "Reliance on leaders and social institutions: an attachment perspective." *Attach Hum Dev,* 2007. 9(1): p. 73–93.

81. Berson, Y., O. Dan, and F.J. Yammarino, "Attachment style and individual differences in leadership perceptions and emergence." *J Soc Psychol,* 2006. 146(2): p. 165–82.

82. Quirin, M., J.C. Pruessner, and J. Kuhl, "HPA system regulation and adult attachment anxiety: individual differences in reactive and awakening cortisol." *Psychoneuroendocrinology,* 2008. 33(5): p. 581–90.

83. Suslow, T., et al., "Attachment avoidance modulates neural response to masked facial emotion." *Hum Brain Mapp,* 2009. 30(11): p. 3553–62.

84. Vrticka, P., et al., "Individual attachment style modulates human amygdala and striatum activation during social appraisal." *PLoS One,* 2008. 3(8): p. e2868.

과학적인 리더십_뇌 기반 CEO 코칭

CHAPTER 4

리더의 혁신, 직관, 가면증후군

훌륭한 리더는 혁신, 설득력, 회복력(resilience), 직관과 같은 특성을 지녔거나 이 중 몇 가지와 함께 영감을 지니고 있다. 그러나 훌륭한 리더가 모두 다 성공에 머물러 있는 것은 아니다. 그리고 훌륭한 리더가 될 수 있는 모든 사람이 실제로 성공한 것도 아니다. 리더가 멀리 내다보지 못하는 이유는 무엇인가? 신경과학은 이 점을 어떻게 설명할까?

리더의 특성 중 조작 가능한 변수에 대한 연구는 많지만, 무형의(intangible) 변수에 대한 연구는 거의 없다. 리더는 종종 무형의 자아와 싸운다. 특히 자동으로 수행하던 일을 깊이 생각해야 할 때 더욱 그렇다. 이런 싸움은 리더를 광란의 불안으로 몰고 간다. 리더에게 이런 싸움을 중지하라고 요구하는 것은 시속 75마일로 고속도로를 질주하는 운전사에게 방금 떨어뜨린 돈을 주워야 하니 멈추라고 하는 것과 같다.

위대한 리더들이 만나는 어려움은 일반적인 어려움과 다르다. 그들에게 더 이상 분석적 방법은 불필요하다. 목표를 벤치마킹하고 더 많이 듣고, 기초 기술을 개발해야 한다고 조언하는 코칭도 그들에게는 더 이상 불필요하다. 그 대신에 위대한 리더는 알 수 없는 자신에 대해 이해하려고 노력해야 한다.

예를 들어, 거듭된 성공의 역사에도 불구하고 리더는 왜 자신이 실패자 같은 느낌이 들까? 왜 리더는 직장 밖에서도 긴장의 끈을 놓지 못할까? 직관은 정말 있는 것일까 아니면 직관은 가상적인 지식일까? 전문성은 무엇인가? 혁신은 무엇인가? 이 장에서는 이러한 질문을 살펴볼 것이다.

과학적인 리더십 _뇌 기반 CEO 코칭

혁신

개념 : 「혁신가의 DNA」라는 최근 논문에서 제프리 다이어와 동료들은[1] 창의적 경영을 위한 다섯 가지 발견의 기술을 '연합, 질문, 관찰, 실험, 네트워크 형성'으로 보았다. 이러한 기술이 있는 리더는 연관 짓고, 현 상태를 벗어나고, 통찰하며, 새로운 경험을 시도하고, 다른 배경의 다양한 사람들이 내놓는 혁신적인 아이디어에 귀를 기울일 것이다. 예를 들어, 신제품을 개발하기에 앞서 불확실한 상황에서 시장을 '정확하게' 예측하는 것은 경쟁력 있는 장점이다.[2] 이런 능력은 단순한 분석을 넘어선 그 이상이며, 창의적 비전을 요구한다.

여기에 덧붙인다면 효과적인 리더십은 부하들에게 '자유로운 창의성'을[3] 허락한다. 그레이 하멜은 그의 논문 「이상적인 경영」에서 혁신을 촉진하는 네 가지 기본적인 과정을 '신선한 사고를 요구하는 큰 문제, 새로운 접근을 요구하는 창의적 원리나 패러다임, 새로운 사고를 가로막는 인습에 대한 인식, 성공을 뒷받침해 주는 선례 혹은 유사 사례'로 기술하였다.[3] 실제로 경쟁력을 끌어올려야 할 때 경영 혁신은 결정적이다.[4] 그렇다면 기업에 이렇게 중요한 혁신을 신경과학은 어떻게 설명할까?

신경과학 문헌은 창작의 과정을 자궁에서 태아가 자라는 것에 비유하여 '준비, 부화, 조명, 검증'이라는 네 단계로 기술한다. 이러한 능력을 촉진하기 위해 '확산적 사고, 새로운 것(novelty)에 이끌림, 잠재하는 억제에 대한 억제'를 이해해야 한다(바로 정당성을 확인할 수 없기 때문에 우리는 대부분의 창의적 사고를 억제한다.).[5] 창의적 사고와 창의적 문제에 몰입하기 위해서는 평소보다 억제력이 완화된 전두엽이 필요하다. 창의적인 사람의 전두엽은 '느슨한' 것처럼 보이지만 잘 연결되어 있다. 그러나 이들의 뇌는 이질적인 영역들이 협력하면서 생각한다. 그림 4.1은 이러한 과정을 요약한 것이다.

그렇다면 우리는 왜 계속 창의적일 수 없을까? 창의성이 '억제를 억제하는 것(disinhibition)'만큼 쉽다면 계속 창의적이지 않을 이유가 없다. 엠바 차크라바르티(Ambar Chakravarty)는 창의성의 이득이 거꾸로 된 U자 모양으로 발생하기 때문에 창의성이 억제된다고 보았다. 완전한 억제 해제가 아닌 어느 정도의 억제 해제는 창의성에 도움이 된다. 조증 환자처럼 완전하게 이탈하지 않는 약간의 확산적 사고(divergent thinking)가 필요하다. 그러므로 혁신과 창의성은 리스크 관리를 필요로 한다 — 즉, '미친 짓(madness)'일지도 모른다는 두려움과 두려워하는

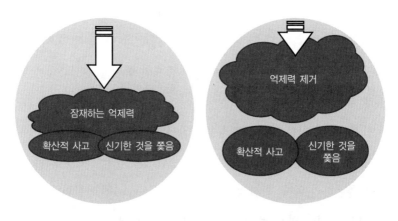

| 그림 4.1 | 억제와 창의적 사고 과정의 관계

태도가 창의성을 가로막는 커다란 장해물이다. 전두엽은 거꾸로 된 U자의 오른쪽에서 발생하는 리스크를 예방한다. 거꾸로 된 U자를 관리하기 위해 회사의 외적 자원(예 : 고문)은 회사가 새로운 혁신을 실천할 수 있는 범위에서 회사의 내적 자원인 혁신정신을 진작시켜야한다.[6]

혁신적인 리더가 창의적인 뇌를 사용하는 것은 거꾸로 된 U자 곡선에서 리스크가 증가하는 우측에 자신을 두는 것을 의미한다. 이러한 설명이 그림 4.2에 나와 있다.

혁신에 유사성 추론(analogical reasoning, 개념 간의 유사성을 지도로 만드는 것)이 필수적이라는 증거가 있다. 그림 4.3을 보면 창의적인 뇌는 **열** 가지 색으로 이루어진 사각형을 **십각형**, **무지개**, 혹은 다우닝 스트리트 **10**번지(영국 수상 관저가 있는 곳)와 짝지을 수 있다. 그림에 나타나 있듯이, 연관 지은 것 중에서 어떤 것은 다른 것에 비해 거리가 멀다. 그

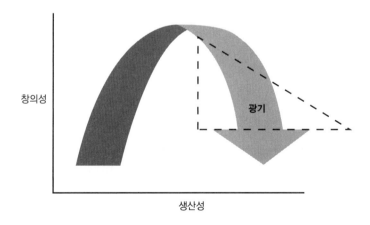

| 그림 4.2 | 혁신적 사고와 리스크의 관계

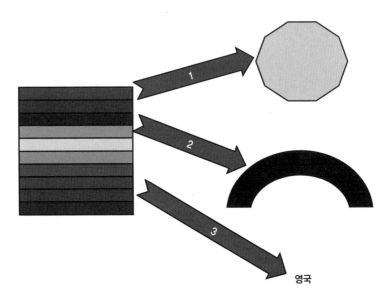

영국

| 그림 4.3 | 창의적인 뇌의 연결

러나 뇌가 연상 작업을 계속한다면 창의적인 답이 나올 수 있다.

두 개념의 연관성을 소위 **의미의 거리**라고 한다(그림 4.3에서 색 상
자와 의미의 거리가 가장 먼 것은 영국이다.). 혁신은 의미의 거리가
먼 개념 사이에서 유사성을 발견하는 것이다. 좌측 전두극(뇌 앞부분
에 있는 좌측의 전두엽)이 의미의 거리에 관여한다.[7] 충분한 시간을
주고 연관 짓기 과제를 주면, 좌측 전두극은 유사성의 지도를 만들 것
이다. 유사성 지도는 바로 만들어지지 않는다. 연관성을 발견할 수 있
으려면 뇌에 배선이 깔려야 하기 때문이다.

창의성(확산적 사고와 창의적 성과물) 그 자체는 크기가 작은 설회
(꿈의 회상에서 핵심적인 역할을 한다.[8]), 좌측 외측 안와전두엽(이곳
이 손상되면 심각한 억제 해제가 발생하여 도박, 약물중독, 폭력, 섹

과학적인 리더십 _ 뇌 기반 CEO 코칭

스중독의 문제가 나타날 수 있다.[9, 10]), 크기가 조금 큰 우측 후대상이 랑(오작동 시 시공간적 방향 감각을 상실할 수 있다.[11]), 각회(공간적 관계, 교차 감각적 추론, 은유를 이해할 때 중요한 영역이다.[12])가 담당한다.[13]

표 4.1은 창의성을 담당하는 뇌가 손상되었을 때 나타나는 증상을 요약한 것이다.

창의성에 관여하는 뇌의 크고 작은 정도가 창의적 기능과 어떤 관계인지 알 수 없지만, 우리가 알 수 있는 것은 각 영역이 담당하는 기능―즉 꿈, 억제 해제, 시공간적 초월, 은유의 이해, 교차 감각적 추론(cross-modal abstraction)―이 창의성에 매우 중요하다는 것이다[교차 감각적 추론을 예를 들어 살펴보자. '키키(kiki)'와 '보우바(bouba)'라는 단어를 톱니 모양과 아메바 모양의 물건과 짝지으라고 했을 때 98% 사람들은 '키키'를 톱니 모양과, '보우바'를 아메바 모양과 짝지었다. 그러나 각회가 손상된 사람은 이렇게 하지 못하였다. 이 실험에 대해서는 http://net.educause. edu/ir/library/pdf/ffp0402s.pdf를 참조하라.].[14]

| 표 4.1 | 뇌 손상의 결과

뇌의 영역	손상으로 인한 기능적 결함
설회	꿈이 없음
좌측 외측 안와전두엽	억제 해제(예 : 섹스중독, 도박중독, 폭력)
우측 후대상이랑	시간과 공간상의 방향 감각을 상실함
각회	은유, 교차 감각적 추론, 공간적 관계를 이해하지 못함

뇌 영상 연구에서 창의성을 연구하는 한 가지 방법은 주어진 문제의 답을 여러 개 찾으라고 하고 답에 반영된 확산적 사고(DT)를 측정하는 것이다. 뇌 영상 연구에 따르면, 좌뇌와 우뇌 사이의 네트워크가 잘 형성되어 있다. 그러나 최근의 연구에서 확산적 사고를 잘하는 사람은 좌뇌와 우뇌의 다리(뇌량)가 더 작다는 결과가 나왔다. 이에 대해 연구자들은 연결의 양이 아니라 연결의 효율성이 창의성을 결정한다고 본다. 더욱이 좌·우뇌의 연결이 적으면 아이디어가 처음 시작된 반구에 그대로 유지되면서 아이디어의 '부화' 단계가 촉진될 수 있다.[15]

창의적인 뇌의 특성을 조사한 또 다른 연구는 우반구와 체감각 영역의 바로 뒤 두정엽의 뇌파에서 통일성[1)]이 증가하는 것을 발견하였다.[16] 창의적 상태에서 뇌의 통일성이 증가하는 현상은 다른 연구에서도 보고되었다.[17] 더욱이 많은 연구는 창의적인 활동을 하는 동안 두정엽이 관여할 때 전두엽의 활동도 증가한다고 보고하였다.[16,18,19] 간혹 몰입(flow)의 상태에서 분석 과정을 억제하기 위해 전두엽의 활동이 현격하게 줄어들기도 한다.[20]

뇌의 다양한 영역 간 통합, 특히 사고, 기억, 정서 및 신기성에 관여하는 전두엽의 통합이 창의성에 매우 중요하다는 무수히 많은 연구 결과가 보고되었다.[21,22]

적용 : 뇌과학에서 나온 이런 정보를 토대로 코치는 리더가 혁신적인

---

1) p. 66 옮긴이 주 참조

리더가 되도록 어떻게 도울 수 있을까? 그리고 리더는 이러한 정보를 생산성 향상을 위해 어떻게 사용할 수 있을까? 우선 활용도가 높은 사실부터 정리해 보자. (1) 뇌 영상 연구에 따르면, 창의성과 광기는 연속선상에 있다. 창의성은 광기와 같은 영역을 사용하므로 창의적인 뇌가 '과활성화' 되면 광기 혹은 자제력 상실로 이어질 수 있다. (타이거 우즈의 스캔들과 자살한 여러 음악가를 생각해 보라.) 그러므로 리더는 코치를 고용하여 이런 두려움을 관리해야 한다. 표 4.1의 문제를 차례로 질문하고 취약한 뇌를 인지적으로 통제하기 위해 두뇌 '훈련'을 해야 한다.[19] 이러한 훈련은 좌측 두정엽에 직접적인 영향을 줄 수 있다. 이 책의 마지막 장에서 구체적인 개입을 살펴볼 것이다. (2) 지금까지 창의성에 관여하는 뇌 부위의 크기 혹은 발화 정도가 무엇을 의미하는지 아직 밝혀지지 않았다. 그러나 표 4.1에서 우리는 창의성과 혁신을 위해 어떤 부위에 개입해야 하는지 추측할 수 있다. 간단히 말해서, 리더는 더 많이 꿈꾸고(무의식 속으로 들어가고), 시공간적으로 방향 감각을 잃거나 통제력을 상실할지 모른다는 두려움을 줄이고 (시공간적으로 초월하는 방법을 알아야 하고), 교차 감각적 추론과 은유를 더 많이 사용해야 한다. (3) 창의성에 필수적인 좌측 전두극을 자극하기 위해 리더는 의미상 거리가 먼 것을 서로 연결해 보려고 노력해야 한다. (4) 아이디어가 안전하게 발전할 수 있도록 확산적 사고를 자극하고 부화를 격려해야 한다. 이상은 지금까지 살펴본 창의성을 요약한 것이다. 창의성을 촉진하는 구체적인 방법은 제8장의 '뇌의 과정에 대한 코칭' 에서 살펴볼 것이다.

다음은 지금까지 살펴본 혁신에 관한 것이다. (1) 모든 리더가 혁신적인 리더가 되지 못하는 이유 중 하나는 혁신이 미친 짓일 가능성이 있기 때문이다(예 : 전전두엽의 손상은 조증 혹은 자살[23, 24]로 이어지기도 한다.). (2) 그러나 우리는 이러한 위험성을 알고 리더가 위험성에도 불구하고 성장할 수 있도록 도와야 한다. (3) 창의적인 뇌를 자극하기 위해 리더는 거리가 먼 것을 짝지어 보아야 한다. 이때 연관성이 희박해 보일지라도 중단하지 않는 것이 중요하다. (4) '어떻게'와 '왜'를 통합하기 전에 처음 생각을 고수하고 키워야 한다(구체적인 방법은 뒤에서 논의).

핵심을 요약하면, 창의성에 관한 뇌과학적 연구를 통하여 우리는 창의적인 것을 두려워하는 뇌가 있고, 이 뇌를 개선하기 위한 계획을 세워야 한다는 것을 알았다. 또한 뇌과학을 통하여 뇌의 통일성을 방해하는 것이라면 그것이 무엇이든 창의성에 방해가 된다는 것도 알았다.

직관

개념 : 많은 리더는 직관적이다. 그러나 종종 이들은 자신의 직관을 어느 정도 믿어야 할지 고심한다. 직관은 발생사건에 대한 '선험적(preemptive)' 감각이다. 선험적 감각은 행동의 목적을 알기도 전에 뇌가 행동을 결정하는 것이다.[25] 즉, 뇌는 과거 경험이라는 충분한 재료를 갖고 있기 때문에 처음부터 계획을 가지고 출발한다. 뇌는 일찍부터 발

달한 두정엽의 '의미(significance)'의 지도에서 정보를 꺼내어 계획을 세운다.[26] 어떤 의미에서 직관은 정확한 예측이다. 과학적 관점에서 보면 직관은 전체 그림을 이해하기 전에 패턴을 인식하는 것이다.[27] 직관은 또한 예기적 행동이다. 뇌과학에 나온 직관에 대한 몇 가지 중요한 아이디어는 다음과 같다.

- **강한 감정이 나타나기 전에 몸이 반응한다.** 예를 들어, 한 실험에서 사람들에게 감정이 실린 그림과 중성적인 그림을 보여 주고 눈 깜박임, 동공 확장과 같은 몇 가지 반응을 측정하였다. 아무런 단서를 주지 않은 상태에서도 감정이 담긴 사진이 제시되기 전부터 피험자에게서 신체적 변화가 나타났다.[28] 이 연구에서 곁눈질은 좌우반구의 비대칭성과 관련이 있었다.

- **단계적 추론과 직관적 추론은 서로 다른 뇌를 사용한다.** 한 연구에서 신중하게 생각하는 단계적 추론을 사용할 때 중간 전두이랑, 하두정엽, 쐐기앞소엽(precuneus)이 활성화되었고 직관적 추론을 사용할 때 (협력하면서) 섬엽과 ACC가 활성화되었다.[29] 인간의 행동이 후각(예 : 냄새)보다는 자율신경계(예 : 심장박동)를 중심으로 진화하면서 뇌의 깊숙한 곳에 있는 섬엽이 커졌다. 정서가 행동을 안내할 때 섬엽은 놀라울 정도도 일관되게 ACC와 보조를 맞춘다.[30]

섬엽에 대한 연구를 좀 더 살펴보면, 쐐기앞소엽의 발화는 승자 게임(신중한 추론을 사용한다.)에서 '노력을 기울인' 정도와 정적 상관, 섬엽의 발화는 협동게임에서 '우발적인 승리'와 정적 상관이 있었다. 그러므로 섬엽이 직관에 관여한다고 볼 수 있다. 또한 앞에서 살펴보았듯이 섬엽은 '내장의 느낌을 접수'하고 이를 번역하라고 피질로 보낸다.

- **뇌가 조기에 미세한 정보를 가지고 '마음'을 만드는 것이 직관이다.** 패턴을 인식하는 것 혹은 어렴풋이 일관성을 알아차리는 것을 직관으로 본다면, 안와전두엽(OFC)은 의식적인 정보 처리가 시작되기 전에 정보를 거칠게 통합하는 조기 정보 처리 영역 중 하나이다.[31] 시각 피질에서 출발한 정보(눈으로 본 정보)는 감각 영역으로 들어가는데, 그 이전에 일부는 조기 인식을 위해 전두엽으로 들어간다.[32] OFC 이외에도 내측 OFC, 외측 편도체, 전방 섬엽, 복측 후두측두 영역도 직관을 사용할 때 활성화된다.[33]

이 영역들(뇌 영역을 기억할 필요는 없다.)은 직관이 '빠르지만 거친 과정(quick-and-dirty)'임을 의미한다. 즉, 직관은 신중한 생각에 비하면 (정서센터가 사고센터보다 정보를 더 빠르게 처리하기 때문에) 빠르지만 부정확할 때가 있다. 뇌가 빨리 알아낸 정보는 부정확할지라도 간과해서는 안 된다.

저자가 코칭한 제인 P는 면접시험장에 들어가기 전에 취업을 꺼리게 하는 자신의 정서에 귀를 기울였다. 그녀는 중간 관리자로 입사하기 위해 면접을 보았다. 그 회사는 임금을 많이 올려 주고 근무시간도 엄격하지 않으며, 더 많은 권한을 주겠다고 제안하였다. 이 모든 것이 그녀가 원하던 것이었다. 그녀가 면접을 본 회사(「포춘」이 선정한 500대 기업에 속한다.)는 정말로 그녀를 채용하고 싶어 하였다. 그러나 그 회사 건물을 돌아다니며 만난 직원들에게서 그녀는 '두려움' 혹은 '위협' 같은 것을 탐지하였다. 그렇게 느낄 만한 합리적 근거는 없었다. 이번 이직이 그녀에게 매우 중요했지만, 그녀는 자신이 느꼈던 불편함 때문에 그 회사의 제안을 거절하였다. 그녀의 직관적인 뇌는 계속 뭔가를 탐지하고 있었다. 그녀가 그 회사의 제안을 거절한 몇 달 뒤에 그 회사는 파산하였고 대대적인 구조조정이 있었다. 그녀가 입사했더라면 그녀는 그 회사를 떠나 — 새로운 직장을 찾기 위해 — 실업자가 되었을 것이다. 그녀는 나중에 이 사실을 알고 놀라지 않았다. 그녀의 섬엽과 ACC가 그녀의 생존을 위해 생생한 정보를 그녀에게 보냈던 것이다. 자신의 뇌에서 나오는 신호에 귀를 기울였던 것은 그녀에게 행운이었다.

- **정보를 통합하고 깊게 무의식적으로 처리하는 뇌는 직관을 증진한다.** 의미 체계가 가지런하게 통합될 때 여러 감각에서 보내 온 정보를 취합하는 연합 영역이 활성화된다. 이러한 연합 영역(세상에 대한 가지런한 그림을 만들기 위해 들어 오는 정보를 통합하는 뇌)은 양측 하두정엽과 우측 상측두엽에 있다.[34] 한 연구에서 제시된 단서가 상인지 벌인지 의식적 수준에서 알 수 없을 때조차도 피험자들은 벌보다는 상을 더 많이 선택하였고, 이 선택은 복측 줄무늬체의 활성화와 상관이 있었다.[35] 뇌의 보상계는 무의식적 정보를 접수하는 회로를 갖고 있다. 당신은 당신이 왜

그런 선택을 했는지 모르지만, 당신의 뇌는 당신이 선택하기 전부터 왜 그것을 선택하는지 '알고' 있다.

- **직관은 자동적이다.** 직관과 관련 있는 또 다른 영역은 거울신경이다(거울신경은 다른 사람의 움직임, 의도, 감정을 반영하기 위해 자동으로 활성화된다.).[36]

적용 : 직관에 관한 뇌과학적 정보를 리더십 코칭에 어떻게 활용할 수 있을까? 이에 대한 대답은 다음과 같이 요약할 수 있다. (1) 당신이 정보를 의식하기 전부터 뇌가 정보를 접수한다는 증거가 있다. 그러므로 뇌의 무의식적 과정에 주의를 기울여 직관을 놓치면 안 된다. (2) 직관은 대체로 섬엽, 안와전두엽(인지적 유연성을 담당하는 영역), ACC(주의센터)에서 나온다. 이제 우리는 우리가 알기 전에 뇌가 안다는 것을 알았다. (3) 뇌는 정보를 어디에 쓸 것인지 혹은 최종 목적이 무엇인지, 최종 정보가 무엇인지를 알기 전부터 정보 처리를 시작한다. 그리고 나중에 정확성을 보완한다. 그러므로 우리는 직관을 포착하기 위해 직관을 가지고 직관의 지도를 만들어 활용해야 한다(제8장 참조). (4) 우리가 어떤 직감이 들었는데 이를 무시한다면, 조기에 직관을 탐색할 — 뇌의 내비게이터에 더 많은 정보를 보낼수록 행동이 개시될 가능성이 커진다 — 기회를 놓칠 것이다. (5) 거울신경은 다른 사람의 직관과 감정을 읽기 위해 자동으로 활성화된다. 코치는 리더가 거울신경이 알아차린 것을 놓치지 않고 활용할 수 있도록 도와야 한다.

신체언어

개념 : 지금까지 이 책에서 거울신경을 여러 차례 언급한 바 있다. 거울신경은 누군가 행동하고 의도하고 감정을 느낄 때 관찰자의 뇌에서 활성화되는 특수한 한 무리의 뇌세포이다.[37] 그러므로 누군가 몸을 움직일 때 당신이 그에게 의식적으로 주의를 기울이지 않더라도 거울신경은 그 사람의 모습에 반응한다. 그리고 그 모습이 어색하다면 당신은 그 사람을 좋아하지 않을 것이다. 당신이 좋아하지 않는 그 사람은 당신의 뇌가 접수한 그 사람이다. 자신의 신체언어가 자동으로 다른 사람에게 영향을 준다는 사실을 알았다면, 리더는 자신을 자각하려고 노력해야 한다. 누군가의 행동이 당신의 뇌에 들어 오면, 그 행동은 행동과 연결된 정서도 자극한다.

'체화된 인지(embodied cognition)'는 최근의 신경과학 문헌에 등장하기 시작한 개념이다. 이 개념의 토대는 생각이 동작을 만들기보다 동작 그 자체가 생각을 만들 수 있다는 가설이다. 즉, 어떤 동작은 통찰과 문제 해결에 도움이 된다.[38] 실제로 어떤 연구자는 서로의 감정을 이해할 때 필요한 것은 감정 거울신경이 아니라, 생각과 감정을 만들어 내는 운동 거울신경이라고 주장하였다.[39]

적용 : 신체언어 리딩(reading)은 뇌의 여러 수준에서 일어난다. 신체언어 리딩은 뇌에 있는 거울신경계에서 자동으로 일어난다. 이러한 리딩은 관찰자의 뇌 안에서 생각과 정서를 자극한다. 또한 우리는 움직여 봄으로써 통찰하고 생각하는 패턴을 바꿀 수 있다. 정확하게 어떤

동작이 문제 해결에 도움이 되는지 아직 밝혀지지 않았지만, 어떤 경우에 몸을 움직여 보면 문제에 대한 통찰력이 생긴다. 그러므로 코치는 운동을 처방하기도 하고 문제를 푸는 중간에 잠깐 짬을 내어 팔 운동이나 스트레칭과 같은 운동을 하라고 조언하기도 한다. 즉, 문제에

| 그림 4.4 | 두 줄 문제

대한 통찰력을 높이는 한 가지 방법은 (머리로 생각하는 것보다) 몸을 움직여 보는 것이다. 문제의 답과 일치하는 패턴을 주목하는 것도 통찰에 도움이 된다.[40]

예를 들어, 실험은 '두 줄 문제'로 알려진 과제를 사용하기도 한다 (그림 4.4 참조).[38]

이 과제의 목표는 천장에 매달린 2개의 줄 중에서 먼저 하나를 잡고 그 다음에 다른 한 손으로 다른 줄을 잡는 것인데, 그렇게 하기에는 줄이 서로 멀리 떨어져 있으며 다른 한 줄은 물건이 놓인 탁자 위의 천장에 매달려 있다. 이 문제의 답은 한쪽 줄에 추를 매달고 그 줄을 흔들어 다가올 때 잡는 것이다. 피험자가 이 문제를 풀려고 생각하는 동안 (동작과 해답의 관계를 모르는) 한 집단에는 팔을 돌려 보라고 하고, 다른 한 집단에는 팔을 쭉쭉 뻗어 보라고 하면, 팔을 돌려 본 집단이 쭉쭉 뻗어 본 집단보다 더 많이 풀 것이다. 그러므로 잘 배열된 운동은 정신적인 문제의 답을 가르쳐 주기도 한다. 활성화된 행동센터는 사고를 자극한다.

가면증후군

「하버드 비즈니스 리뷰」에 실린 한 논문에서 저자 만프레드 F.R. 케츠 드 프리스는 '야바위꾼 같은 느낌의 위험성……'를 기술하였다.[41] 대체로 가면증후군(impostor syndrome)은 실패의 두려움, 성공의 두려움, 완벽주의, 미적거리는 버릇, 일중독의 특징이 있다. 드 프리스는 이 논문에서 크게 성공한 사람이 자신의 경력에 먹칠을 하고 그 과정에 회사는 내리막길을 걷는 경우가 있다고 기술하였다. 성공한 사람의 불안은 재능보다는 두려움을 키우는 행동을 자극한다.

이 증후군은 재능 있는 사람이 자신의 성공을 뒤돌아 볼 때 느끼는 '빈 구석(gap)' 때문에 나타난다. 숨 가쁘게 달려온 성공 가도에는 종종 무의식적 과정이 포함되어 있다. 이 무의식적 과정이 축적되면서 성공한 사람은 자신의 성공에 대해 미심쩍은 면을 발견하고 성공을 정당화하려고 안간힘을 쓴다. 의식적인 사고와 행동은 성공에 작은 역할밖에 하지 않았는데, 리더가 기억할 수 없는 자신의 무의식적 과정을 불신하면서 가면 증후군이 나타난다. 이 증후군이 있는 사람은 성공을 뒤돌아 보면 기억나는 것이 별로 없다.

또한 사람들이 리더가 되기 위해 고난도의 기술을 습득했을 때 종종 기술의 세부적인 측면을 잘 기억하지 못한다. 리더는 오래전에 배웠기 때문에 잊어버린 것을 아랫사람(중간 관리자 혹은 평사원)에게 수정하라고 지시하기도 한다. 또한 이들의 개념적 기억력은 향상되었지만 기술적 기억력은 떨어져 있다.

리더가 기억나지 않을까 불안해하면 편도체가 활성화되어 계획하고 생각하는 능력이 손상된다. 이렇게 되면 리더는 미래를 계획하거나 목표를 향해 나아갈 수 없다.

최근의 한 논문은 '할 수 있는 것을 하지 못하는 현상'을 설명하였다. 이 현상은 뇌의 무의식적 감시 체계가 너무 강하게 활성화되어 의식적인 뇌가 작동하지 않기 때문에 나타난다.[42] 결과적으로 이런 뇌는 부정적 사고에 의해 '점화(primed)'된다. 이런 뇌는 '하려고 노력하는 것'의 정반대인 두려움에만 반응한다. 특히 스트레스는 의식적인 뇌의 시스템을 잠근다. 리더가 실수할까 봐 두려워하면 스트레스를 받을 것이다. 이 스트레스는 리더를 '신중함의 함정'에 빠뜨린다. 지나치게 신중한 것은 속으로 불안한 것이므로 신중함은 생각을 방해한다. 이렇게 되면 뇌는 '과잉경계 모드'가 되고 스트레스가 어느 수준에 이르면 의식적인 뇌를 끄고 무의식적인 뇌만 켠다. 그러나 중요한 의미를 지닌 구절에 '점화된' 무의식적인 뇌는 신중한 리더가 실수하지 않기 위해 '…을 하지 말자(do not)'라고 다짐할 때 '말자(not)'를 놓친다. 결과적으로 리더가 '회의에서 더듬지 말자.'라고 다짐할 때 스트레스를 받고 있는 무의식적인 뇌는 '더듬자.'로 알아듣고 뇌는 이 지시에 복종한다.

적용 : 가면증후군은 나타날 때까지 기다리지 말고 예방하는 것이 좋다. 코치는 리더에게 이 증후군을 언급하면서 성공에도 음지 — 리더도 궁금해하는 측면 — 가 있다고 설명해야 한다. 리더가 자신이 어떻게 성공했는지 모르는 것은 중요한 노력들이 무의식적 수준에서 이루어졌기 때문이다. 코치는 리더가 이전에 그랬듯이 계속 자신을 신뢰하도록 격려하고 이 문제를 코칭해도 된다.

리더가 갑자기 자신에 대해 너무 많이 의식하면 흐름이 깨질 수 있다. 이것은 마치 빙판에서 피겨스케이팅 선수가 자신이 잘하고 있는지 의심하는 순간 휘청거리거나 음악가가 연주하는 자신을 의식하는 순간 즉흥성을 상실하고 기계적으로 연주하는 것과 같다. 가던 길을 물처럼 잘 흘러가기 위해 리더는 시시때때로 자신에게 관용을 베풀어야 한다. 즉, 리더의 무의식적 뇌가 리더를 포용해야 한다. 뇌의 구체적인 영역에 개입할 수 있는 코칭법은 제8장에서 논의한다.

명경자아 오지각

거울 속의 자신을 보고 알아보지 못한다면 그는 '명경자아 오지각(明鏡自我 誤知覺, mirrored self-misidentification)'이라는 어려운 문제에 봉착한 것이다. 성공의 역사는 자아도취를 부추기기 때문에 리더에게 이 증후군이 나타날 수 있고, 어떤 리더는 이 증후군으로 악명이 높다. 자신을 볼 수 없는 핵심은 자신을 남다르게 보는 사람이 지닌 내면의 두려움이다. 이런 식으로 리더는 자신이 사회적 표상이 될 수 없을 때에도 표상이 되고 싶어 한다.

한 연구에 의하면, 우반구가 손상되면 자기 지각이 변형된다고 한다.[43] 또 다른 연구에서도 명경자아 오지각(거울 속의 자신을 알아보지 못한다.)은 우반구의 역기능 때문이라고 한다.[44]

이와 같은 자신에 대한 왜곡은 복잡한 문제에 사로잡혀 이를 해결하려고 머리를 싸매고 있는 리더에게 특히 잘 나타난다. 이것이 리더의 일상적인 정신 상태라면 그는 방향 감각을 상실한 것처럼 보일 것이다.

적용 : 리더가 자기 지각력을 상실하면 다른 사람들이 그에게 보이는 존경심은 그의 자아에 더 이상 긍정적으로 작용하지 않는다. 다른 사람들이 그를 훌륭한 사람으로 보는 것이 문제가 아니라, 리더 자신이 자기를 인식하지 못하는 것이 문제이다. 이것이 핵심이다. 저자는 많은 리더에게서 이점을 목격하였다.

마틴 B는 유명한 회사의 CEO이다. 그가 CEO로 고용되었을 때 회사에 문제가 많았으나, CEO가 된 지 5년이 채 안 되어 회사는 제자리를 잡았다. 마틴이 이 회사를 살린 것은 그의 경력 중에서 가장 화려한 것이었다. 모든 사람은 그를 존경하였고, 그도 이런 결과를 즐겼다. 그러나 그의 깊은 내면을 들여다보면 승리감은 채 1분도 되기 전에 사라져 버렸다. 많은 사람이 아무리 훌륭하다고 찬사를 보내도 그는 점점 우울해졌다. 그가 느끼는 것과 달랐기 때문이다. 이렇게 되면 그는 불안해지고 생산성이 떨어지며 그의 실적은 하락할 것이다. 이것이 정상증후군(summit syndrome)이다(다음에 논의). 자신을 알아보지 못하는 증상처럼 정상증후군도 우뇌의 역기능에서 기인한다.

그러므로 리더의 자아(ego)를 강화하는 코칭은 효과가 일시적이며, 코치가 떠난 뒤에 자기 지각력이 유지된다는 보장이 없다. 그러므로 리더의 자기 지각력을 높이는 것이 결정적이다. 그러나 코칭할 때 당신이 알아야 할 중요한 사실은 당신은 자동으로 일하는 방법을 모르는 뇌로 일을 한다는 점이다. 구체적인 개입 방법은 뒤에서 살펴볼 것이다.

정상증후군

리더는 종종 뛰어난 능력 때문에 선택된 사람이다. 실제로 많은 사람은 갑자기 '정체' 되기 전까지 점진적으로 성장하면서 살아간다. 리더가 갑자기 정체되면 어떻게 될까? 이런 한계를 갑자기 깨달을까? 충격으로 다가올까? 지금까지의 성공은 거짓이었나? 여기가 끝이라고 생각할까?

정상에 도달했을 때 성공한 리더의 마음속에 이런저런 생각이 스쳐지나갈 것이다. 「하버드 비즈니스 리뷰」에 실린 2개의 참고문헌에 이 문제가 잘 요약되어 있다. 한 문헌에서 저자는[45] 문제 해결력이 탁월하여 정상에 오른 리더가 인내력을 상실하고 자신이 전에 도달했던 그 수준에 오를 수 있을지 의문을 품기 시작하는 과정을 기술하였다. 리더가 최정상에 오르면 처음에는 모호한 불만족감을 느끼고 이 느낌은 혼란스러움이 되며, 그 다음에 내면은 절대적 혼돈과 카오스 상태가 된다. 정상증후군은 다음과 같은 3단계를 거친다.

- **도착단계** — 이제 리더는 현업의 정상에 도달하였다. 성공이 이들에게 자동으로 다가왔다. 성공이 너무 쉽게 이루어졌기 때문에 이들은 문제를 해결하느라 골몰하던 그 시절의 짜릿함을 그리워한다. 그래서 이들은 정상을 향해 질주하던 쾌감을 다시 느껴 보려고 더 열심히 노력하지만 뜻대로 되지 않는다.
- **고원단계** — 이 단계에서도 리더는 현재 동종업계의 모든 도전자를 물리쳤다. 더 이상 고생할 필요가 없다. 처음에는 즐겁지만

'타성에 젖는' 것이 점차 지루해지기 시작한다. 그래서 마지막으로 한 번만 더 노력하여 놀라운 업적을 남기고 싶어 한다. 그러나 결과는 미미하고 크게 실망한다.

- **마지막 하강단계** — 이 단계에서 리더의 실적이 눈에 띄게 저조해진다. 더 이상 '올라갈 곳'은 없는데, 정상은 너무 지루하다. 또한 이들은 더 이상 슈퍼스타가 아닌 것을 애통해한다. 이들은 다른 배로 갈아타거나 명예퇴직을 받아들이거나 직위가 동등한 다른 자리로 이동해야 한다. 근본적으로 이들은 미래에 대한 비전도 없이 정상에 올라와 현재의 자리에서 '썩고 있는' 중이다.

정상증후군과 관련된 신경과학적 개념은 다음과 같다.

- **리더는 승진 속도가 점차 느려지다가 '더 이상 승진할 수 없을 때' 불안해한다.** 불안은 편도체 발화율을 높이고 결국 사고력을 떨어뜨린다.

- **'무감각(numb)'해진 뇌 때문에 리더는 쉽게 싫증낸다.** 특히 정상증후군에 취약한 리더는 지루함을 못 견딘다. 최근의 한 연구는 감각 추구 성향이 강한 사람과 약한 사람에게 시각 자극을 반복적으로 제시할 때 전자에게서 복측 전전두엽의 활성도가 점차 떨어졌다. 복측 전전두엽은 행동하기에 앞서 사실적·정서적으로 행동의 득실을 통합하는 계산기이다. 계산기에 필수 정보가 입력되지 않으면 행동센터에 전달할 정보도 없다. 이렇게 되면 본질적으로 감각 추구적인 사람의 뇌는 '무감각'해진다. 전두엽

의 뇌파를 분석한 연구에서 지루함을 못 견디는 사람은 전두엽이 부분적으로 비정상이라는 결과가 나왔다.[46]

- **따분해하는 리더의 좌뇌와 우뇌는 소통이 적다.** 뇌는 단조로울 때 좌뇌와 우뇌의 통일성이 감소하고 자기 조절력의 결핍을 의미하는 느린 뇌파가 증가한다.[47]

- **지루함은 뇌세포를 죽인다.** 지루하면 정신적 자극이 줄어든다. 이렇게 되면 뇌세포가 퇴화(atrophy)하고 크기가 줄어 결국 리더의 수행력도 떨어진다.[48]

- **위험을 회피하는 리더와 신기한 것을 좇는 리더는 다르다.** 신기성 추구(novelty-seeking, NS)에 관한 많은 신경생리학적 연구가 이루어졌다. 최근 연구에서 신기성 추구자(NS)의 해마는 신기한 자극에 더 많이 반응하고 위험 회피자(harm-avoidant, HA)의 해마는 친숙한 자극에 더 많이 반응한다는 결과가 나왔다.[49] 더욱이 NS는 안와전두엽, 두정엽, 후두엽이 상대적으로 작았다. 반면에, 보상 의존적인 사람(reward-dependent, RD)은 꼬리핵과 전두엽곧은이랑이 더 작았다.[50] 사람의 성향에 따라 각기 다른 영역이 활성화된다는 사실을 기억하라.

적용 : 따분하거나 업무가 단조롭다고 생각하는 리더는 정상증후군을 의심하거나 예방해야 한다. 신기한 것을 추구하는 사람의 뇌는 일상사에 다르게 반응한다. 이들의 특징은 계산기 영역은 반복적인 정보에 과소반응하고, 친숙한 것은 무엇이든 장기기억의 뇌를 자극할 수

없다는 것이다. 그 결과, 이들은 대체로 행동의 동기가 부족하다. 더욱이 창의성에 관여하는 뇌(안와전두엽과 두정엽)가 더 작기 때문에 이들의 창의성도 영향을 받을 것이다. 이것은 이들이 필요로 하는 흥분과 창의성의 수준이 상대적으로 높은 것을 의미한다. 뇌의 '무감각' 때문에 이들은 신기한 무언가를 항상 적극적으로 좇아다닌다. 신기한 것이 없다면 이들의 뇌세포는 퇴화하고, 결과적으로 수행력이 떨어질 것이다. 이 책의 뒷부분에서 이런 뇌에 개입하는 방법을 살펴볼 것이다.

여기에서 기억할 것은 코칭 대상이 쉽게 싫증 내는 사람인지 아닌지를 판단하고 그가 이 사실을 깨닫도록 도와주어야 한다는 점이다. 신기한 것에 이끌리는 리더를 그렇지 않은 사람으로 바꾸는 것은 그의 영혼과 수행력을 죽이는 것이다. 신기한 것에 이끌리는 리더를 코칭할 때 혁신과 같은 주제로 뇌를 자극해야 한다. 신기한 것에 이끌리는 리더가 그렇지 않은 척할 때는 조직에 위협적인 존재가 될 수 있다. 코치는 이들이 이 사실을 인식할 수 있도록 도와주어야 한다. 기억해야 할 것은 이들의 뇌가 다른 사람보다 쉽게 무감각해진다는 것, 따분해지면 좌·우뇌의 소통이 줄어든다는 것, 승진이 늦어지는 것이 뇌에는 불리하지만 이들에게 도움이 될 수 있다는 점이다.

회복력

개념 : 왜 어떤 리더는 상처를 잘 극복하고, 어떤 리더는 그렇지 못할

까? 회복력과 관련 있는 뇌과학적 개념은 다음과 같다.

- **회복력이 있는 뇌는 여분의 신경망 혹은 백업(backup)을 갖추고 있다.** 동일 기능을 지원하는 복수의 신경망은 어떤 연유로 주 신경망이 손상되었을 때 백업으로 사용된다.

- **스트레스는 뇌세포를 죽인다.** 스트레스가 발생하면 특히 변연계 영역과 변연계 회로에 있는 교세포(뇌세포의 일종)와 뉴런이 퇴화하거나 사망한다. 그러나 행동에 치료적으로 개입하면, 신경 보호 경로와 신경 재생 경로를 자극하고 스트레스의 파괴력을 차단함으로써 구조적으로 변형된 뇌세포를 복구할 수 있다.[51] 동물 연구를 살펴보면, 스트레스에 대한 회복력은 갓 태어난 새끼 때의 코티솔 수준과 상관이 있다. 이것은 스트레스에 대한 회복력에 HPA 축(스트레스에 반응하고 기분을 조절한다.)이 중요한 역할을 하는 것을 의미한다.[52, 53] 세포 수준에서의 회복력은 스트레스 유발요인(예 : 모욕감)에 적응하는 세포의 능력이다. 세포 수준에서의 회복력은 리더의 회복력으로 이어질 수 있다.[54]

- **부정적 정서에 대한 반응 수위를 낮춘다면, 전두엽 뉴런이 통합될 수 있다.** 연구에 의하면, 회복력의 중요한 한 측면은 부정적 정서에 대한 반응 수위를 낮추는 것이다.[55] 전전두엽의 활동이 둔해지면 부정적 정서에 대한 반응이 예민해지기 때문이다. 즉, 회복력이 좋은 뇌의 정서센터는 정서의 강도를 낮춘다. 동물의 경우에 갓 태어난 새끼가 스트레스에 적응하면서 전전두엽이 수초

화[2)] 되고 더불어 회복력도 증가한다.[56]

- **정서적 유연성이 회복력의 핵심이다.** 또한 회복력은 정서적 자원을 유연하게 사용하는 것이다. 한 연구는 부정적이거나 중립적인 사진을 보여 주고 뇌의 반응을 분석하였다. 그 결과, 회복력이 낮은 사람은 부정적인 사진과 중립적인 사진에 전방 섬엽이 활성화되어 위협을 느꼈으며, 그 발화는 비교적 오래 갔다. 반면에, 회복력이 높은 사람의 전방 섬엽은 혐오스런 사진에 의해서만 활성화되었다. 즉, 회복력이 높은 사람은 혐오감 이외의 다른 정서를 적절하게 억제할 수 있었다.[57]

- **사회적 지지는 뇌를 돕는다.** 옥시토신 경로를 자극하는 사회적 지지는 편도체에 부담을 주는 스트레스 반응을 줄이고 스트레스에 대한 회복력을 높인다.[58]

적용 : 다음은 뇌과학적 관점에서 바라본 회복력의 요인을 코치나 리더가 리더십 코칭에 적용할 수 있도록 요약한 것이다. (1) 당신이 스트레스 유발요인에 잘 대처하여 이를 극복한 경험이 있다면 스트레스를 극복할 수 있다는 자신감이 생기고 뇌에 '부가적인 신경망'이 발달하여 실패했을 때 실패를 극복하는 데 도움이 될 것이다. (2) 코칭은 뇌세포의 파괴를 최소화하고 뇌의 에너지를 보존하기 위해 신경 보호 경로를 활성화해야 한다. (3) 코칭은 감정적인 반응을 선택하는

---

2) 뉴런의 줄기에 전선의 피복과 같은 절연체가 생기는 것으로, 뉴런이 수초화되면 정보 처리 속도가 빨라진다. —옮긴이

능력을 길러 줌으로써 실질적으로 모든 것에 대해 정서적 반응을 조절할 수 있도록 체계적으로 접근해야 한다(상세한 내용은 제7장 '뇌의 영역별 코칭'과 제8장 '뇌의 과정에 대한 코칭'에서 논의한다.). (4) 코치가 개입해야 할 뇌의 영역 중 하나는 스트레스 상황에서 유연성을 발휘하는 영역이다. 즉, 스트레스 반응을 완화하기 위해 유연성의 뇌를 훈련해야 한다. (5) 당신이 경제인연합회에 참석하여 신뢰하는 사람들을 만나 그들에게 의존할 때 당신의 뇌에서 옥시토신이 증가하기 때문에 회복력에 도움이 될 것이다. 옥시토신은 스트레스센터 혹은 편도체에 영향을 주어 스트레스에 대한 회복력을 높여 준다. 옥시토신이 분비되면 뇌는 에너지 자원을 보존할 수 있다.[59]

전문성

개념 : 몇몇 연구는 다양한 분야의 전문가를 초보자의 뇌와 비교하였다. 여기에서 이러한 연구를 간략하게 검토하면 리더의 전문성 계발에 초점을 맞춘 코칭(자기 코칭 혹은 기업 코칭)에 도움이 될 것이다.

- **오랫동안 보컬 훈련을 하면 의식적·무의식적 뇌의 기능이 향상되어 뇌 전체가 변화한다.** 한 연구는 신경 영상실험실에서 실력이 뛰어난 오페라 가수와 성악 전공 학생, 평범한 사람에게 큰 소리로 이탈리아 아리아를 부르게 하고 이들의 뇌 영상을 조사하였다.[60] 이 연구는 성악 연습을 하는 동안 의식적·무의식적 뇌의

발화가 증가하는 것을 발견하였다. 이때 의식적인 뇌는 양반구의 외측 일차 운동 영역 중에서 인후를 담당하는 영역이 활성화되었고, 우측 일차 감각 운동 영역이 추가로 활성화되었다. 더욱이 보컬 훈련에 의해 하두정엽(내비게이션 능력이 향상된 것을 의미한다.)과 양반구의 등외측 전전두엽(단기기억이 향상된 것을 의미한다.)이 발달하였다. 전문 성악가는 피질 아래(subcortical) 수준에서 기저신경절, 시상, 소뇌의 활동이 증가하였다.

- **수학조차도 단계적 방법뿐만 아니라 직관적 방법으로 풀 수 있다.** 수학전문가의 뇌를 조사한 연구에서, 전문가가 되었을 때 수학을 푸는 주된 뇌가 전두엽에서 두정엽과 좌측 각회 쪽으로 이동하였다. 좌측 각회 쪽으로의 이동은 특히 잘 알려져 있다.[61] 각회가 혁신, 창의성, 추상적 개념 형성에 관여한다는 사실을 상기하라. 이것은 수리 전문가가 창의적인 정보 처리에 매우 탁월하다는 것을 보여 준다. 최근에 뇌가 수학을 직관적으로 처리할 수 있다는 결과가 보고되었다.[62]

- **전문가의 뇌는 초점의 범위가 넓고 효율적이다.** 일반적으로 전문가의 수행력은 효율적인 신경에서 나온다.[63] 전문 궁사와 초보 궁사를 대상으로 한 연구에서, 전문가가 과녁을 겨냥하면 측두이랑과 후두이랑(즉, 뇌의 옆과 뒤)이 활성화되는데, 초보가 과녁을 겨냥하면 주로 전두엽이 활성화되었다. 그 외에도 전문가 집단에서는 전대상이랑(ACC)이, 초보 집단에서는 후대상이랑이 활성화되었다.[64] 여기서 기억할 것은 전문가의 뇌는 아직 전문성이

미발달한 뇌와 다르다는 것이다. 실제로 "아하(언어적 통찰)!"하고 문제가 풀릴 때 양측 섬엽, 우측 전두엽, ACC가 활성화되었다.[65] 여기에서 우리는 전문가가 뭔가를 수행할 때 내장-본능, 사고/결정센터, 갈등 탐지/주의센터의 조합을 발견할 수 있다. 전문가는 이러한 영역들이 뛰어나다. 그러므로 전문성을 계발할 때 이러한 영역을 집중 공략해야 할 것이다.

- **전문가의 뇌는 더 많이 집중하고 수행 직전의 정서적 걸림돌을 피할 수 있다.** 명상가에게서 주의 지속력을 담당하는 뇌에서 가소성(plasticity)이 발견되었다.[66] 전두-두정(주의력의 뇌) 피질은 전문성이 발달하는 도구적인 뇌로 보인다.[67] 전두-두정 메커니즘은 전문 골퍼에게서도 나타난다.[68] 더욱이 공을 치려고 자세를 가다듬는 동안에 초보 골퍼는 후대상이랑, 편도체-전두 회로, 기저신경절이, 전문 골퍼는 주로 상두정엽, 등외측 전운동 영역, 시각 영역이 발화하였다.[69] 공을 치기 직전에 초보 골퍼는 정서센터가 여전히 작동한 반면에, 전문 골퍼는 그렇지 않았다. 전문 골퍼는 공을 치려고 하는 순간에 정서센터를 가라앉히는 방법을 터득한 것이다.

적용 : 전문성을 계발할 때 필요한 뇌 기반 원리는 다음과 같다. (1) 필요할 때 냉점함을 유지하기 위해 주의 초점을 조절하는 뇌에 대한 집중적인 훈련이 필요하다. (2) 정서가 의사결정에 필수적이지만, 행동하기 바로 직전에는 초점이 결정적이다. 전문가는 과제를 수행하려는

순간에 모든 정서를 억제한다. (3) 전문가는 전문적으로 수행하기 위해 주로 창의적인 뇌를 사용한다. 그러므로 계속 생각하도록 유도하거나 선형적으로 개입하는 코칭은 전문성 계발에 도움이 되지 않는다. (4) 훈련하는 동안 전문가의 뇌에서는 내장 본능센터가 활성화된다. 그러므로 코칭 회기에 참여하는 동안 당신은 뇌와 몸이 당신에게 보내는 모든 정보에 귀를 기울여라. (5) 단계적 접근이 문제 해결의 유일한 방법이 아닌 것은 분명하다. 코칭도 때로는 단계적으로 접근하면 이상해진다. 리더십을 코칭할 때 리더의 직관적인 문제 해결을 자극하기 위해 코치는 유연해야 한다. 전문가인 리더에게 단계적 접근을 요구하는 것은 전문 피아니스트에게 자신이 연주하는 것을 '생각하면서' 연주하라고 요구하는 것과 같다. 그렇게 연주하면 느낌이 사라진 연주가 될 것이다.

조언하기

개념 : 리더는 종종 다른 리더의 발전을 돕는 위치에 있다. 이때 리더는 조언을 하는 입장일 것이다. 최근의 뇌 영상 연구를 살펴보면, 조언은 조언하는 사람의 유능한 면을 보여 줄 수 있을지언정 유능함을 나누어 주지 못하고 듣는 사람의 발전을 가로막을 뿐이다.[70] 뇌 영상 연구에 따르면, 조언을 듣는 동안 조언을 듣는 사람의 의사결정센터 (중간 두정고랑, 후대상이랑, 쐐기엽, 쐐기앞소엽, 하전두이랑, 중간측두이랑)는 가치 판단을 중지한다. 결과적으로 조언을 듣고 있을 때

에는 다른 때에 비하면 선택한 가치와 활성화된 뇌가 상관이 없다. 더욱이 조언을 들을 때에는 듣지 않을 때보다 확률을 저울질하는 뇌(ACC, 등외측 전전두엽, 시상, 중간 후두이랑, 후방 섬엽)가 덜 활성화된다.

적용 : 리더가 직원들에게 조언하는 것이 무용지물인 이유 중 하나는 조언이 직원들의 뇌에 있는 확률과 가치를 저울질하는 영역(효과적인 의사결정)을 끄기 때문이다. 즉, 조언은 청자의 뇌를 '끈다.' 이 점은 리더가 자신의 경험을 확신하며 직원들을 미묘하게 조정하거나 충고하고 싶을 때 염두에 두어야 한다. 이러한 뇌 영상 연구는 리더가 조언을 다른 각도에서 바라보는 데 도움이 될 것이다.

뇌에 대한 이러한 발견이 무엇을 의미하는지 아직도 연구 중이다. 뇌에 관한 더 많은 자료가 축적되면 코칭은 훨씬 더 섬세해질 것이다. 표 4.2는 리더가 안고 있는 무형의 취약성을 촉진하기 위해 적용할 수 있는 뇌과학적 방법들이다.

결론

뇌는 무형의 취약성을 특수한 방식으로 처리한다. 이 점을 이해하고 무형의 변수에 대한 뇌과학적 발견을 코칭에 활용한다면 리더의 수행력이 향상될 것이다.

| 표 4.2 | 무형의 리더십 변수에 개입하는 방법

뇌과학적 발견	코칭법
혁신적인 사람이 되려면 전두엽(OFC)의 억제력을 가능한 한 줄여야 한다.	혁신은 어느 정도의 억제 해제를 필요로 한다. 억제 해제가 위험해 보일 수 있지만, 코칭은 억제 해제를 유도하기도 한다.
설회는 창의성과 혁신에 관여한다.	꿈센터(예 : 희망, 신념)를 가동해야 한다.
우측 후대상이랑은 혁신에 관여한다.	결정할 때 리더는 시공간적 제약을 벗어날 필요가 있다.
각회는 혁신에 관여한다.	코치는 리더의 혁신과 혁신적 사고를 촉진하기 위해 교차 감각적 추론과 은유를 사용해야 한다.
혁신가의 뇌량은 상대적으로 작다.	리더는 자신의 생각을 (고수하면서) 한동안 품고 있어야 한다.
훈련은 좌측 두정엽의 발화율을 높인다.	코치는 리더가 자신감을 가지고 몰입의 상태에 머물 수 있도록 인지적 통제력을 길러 주어야 한다.
직관을 알아차리기 전부터 직관은 뇌를 활성화한다.	뇌가 직관을 접수하기 때문에 리더는 직관을 믿어야 한다.
직관은 섬엽을 활성화한다.	내장−본능은 뇌에서 나오는 소중한 정보이다. 코치는 리더의 직관을 촉진하기 위해 섬엽의 지도를 개발해야 한다.
거울신경은 타인의 직관과 감정을 읽기 위해 활성화된다.	리더는 자신의 '거울신경' 반응을 탐색해야 한다.
거울신경은 타인의 동작을 읽기 위해 활성화된다.	리더는 타인의 신체언어를 자동으로 읽고 이를 의식적으로 처리한다.
생각이 혼란스럽고 자신이 야바위꾼처럼 느껴질 때 리더의 편도체가 활성화된 것이다.	리더는 자신이 야바위꾼처럼 느껴질 때가 있을 것이다. 리더의 뇌가 기술적 정보를 추상적인 정보로 교체했기 때문이다. 이런 과정은 대체로 무의식적으로 진행된다.

(계속)

| 표 4.2 | 무형의 리더십 변수에 개입하는 방법(계속)

뇌과학적 발견	코칭법
스트레스는 의식적인 뇌의 시스템을 끈다.	사람들은 스트레스를 받으면 자신이 가장 두려워하는 행동을 할 수 있다. 리더는 이런 행동을 잘 알아차려야 한다.
자신에 대한 자각이 부족한 것은 우반구의 역기능 때문이다.	코치는 리더의 자기 인식을 돕기 위해 리더의 모습을 말로 되돌려 주어야 한다.
어떤 사람의 뇌는 신기한 것에 활성화된다.	리더는 정상증후군을 이해하고 이 증후군이 의사결정 과정을 어떻게 방해하는지 알아야 한다.
회복력은 스트레스와 정서를 담당하는 뇌세포가 효율적인 것이다.	리더가 회복력을 높이기 위해 코칭을 받으면 사회적 지지를 받고 정서 조절 기술을 습득할 수 있다.
전문가는 과제를 수행하려는 순간에 정서센터의 발화를 억제할 수 있다.	지적 능력을 증진하기 위해 정서적 발달이 필요하다. 리더는 이 사실을 이해하고 과제를 수행하려는 순간에 정서를 통제할 수 있어야 한다.
조언을 들을 때 가치와 확률을 계산하는 뇌가 활동하지 않는다.	리더의 조언은 직원들이 스스로 결정하는 데 도움이 되지 않는다.

| 참고문헌 |

1. Dyer, J.H., H.B. Gregersen, and C.M. Christensen, "The Innovator's DNA." *Harv Bus Rev,* 2009. 87(12): p. 60–7, 128.

2. Reid, S.E. and U. de Brentani, "Market Vision and Market Visioning Competence: Impact on Early Performance for Radically New, High-Tech Products." *Journal of Product Innovation Management,* 2010. 27(4): p. 500–518.

3. Hamel, G., "Moon shots for management." *Harv Bus Rev,* 2009. 87(2): p. 91–8.

4. Feigenbaum, A.V. and D.S. Feigenbaum, "What quality means today." *Sloan Manage Rev,* 2005. 46(2): p. 96.

5. Chakravarty, A., "The creative brain—Revisiting concepts." *Med Hypotheses,* 2009.

6. Mol, M.J. and J. Birkinshaw, "The sources of management: when firms introduce new management practices." *Journal of Business Research,* Forthcoming.

7. Green, A.E., et al., "Connecting long distance: semantic distance in analogical reasoning modulates frontopolar cortex activity." *Cereb Cortex.* 20(1): p. 70–6.

8. Bischof, M. and C.L. Bassetti, "Total dream loss: a distinct neuropsychological dysfunction after bilateral PCA stroke." *Ann Neurol,* 2004. 56(4): p. 583–6.

9. Burke, K.A., et al., "Orbitofrontal inactivation impairs reversal of Pavlovian learning by interfering with 'disinhibition' of responding for previously unrewarded cues." *Eur J Neurosci,* 2009.

10. Starkstein, S.E. and R.G. Robinson, "Mechanism of disinhibition after brain lesions." *J Nerv Ment Dis,* 1997. 185(2): p. 108–14.

11. Hirono, N., et al., "Hypofunction in the posterior cingulate gyrus correlates with disorientation for time and place in Alzheimer's disease." *J Neurol Neurosurg Psychiatry,* 1998. 64(4): p. 552–4.

12. Amorapanth, P.X., P. Widick, and A. Chatterjee, "The Neural Basis for Spatial Relations." *J Cogn Neurosci,* 2009.

13. Jung, R.E., et al., "Neuroanatomy of creativity." *Hum Brain Mapp,* 2009.

14. Oberman, L.M. and V.S. Ramachandran, "Preliminary evidence for deficits in multisensory integration in autism spectrum disorders: the mirror neuron hypothesis." *Soc Neurosci,* 2008. 3(3–4): p. 348–55.

15. Moore, D.W., et al., "Hemispheric connectivity and the visual-spatial divergent-thinking component of creativity." *Brain Cogn,* 2009. 70(3): p. 267–72.

16. Fink, A., B. Graif, and A.C. Neubauer, "Brain correlates underlying creative thinking: EEG alpha activity in professional vs. novice dancers." *Neuroimage,* 2009. 46(3): p. 854–62.

17. Zakharchenko, D.V. and N.E. Sviderskaia, [EEG correlates for efficiency of the nonverbal creative performance (drawing)]. *Zh Vyssh Nerv Deiat Im I P Pavlova,* 2008. 58(4): p. 432–42.

18. Gibson, C., B.S. Folley, and S. Park, "Enhanced divergent thinking and creativity in musicians: a behavioral and near-infrared spectroscopy study." *Brain Cogn,* 2009. 69(1): p. 162–9.

19. Kowatari, Y., et al., "Neural networks involved in artistic creativity." *Hum Brain Mapp,* 2009. 30(5): p. 1678–90.

20. Dietrich, A., "Neurocognitive mechanisms underlying the experience of flow." *Conscious Cogn,* 2004. 13(4): p. 746–61.

21. Chavez-Eakle, R.A., et al., "Cerebral blood flow associated with creative performance: a comparative study." *Neuroimage,* 2007. 38(3): p. 519–28.

22. Razumnikova, O.M., "Creativity related cortex activity in the remote associates

task." *Brain Res Bull,* 2007. 73(1–3): p. 96–102.

23. Gos, T., et al., "Suicide and depression in the quantitative analysis of glutamic acid decarboxylase—Immunoreactive neuropil." *J Affect Disord,* 2009. 113(1–2): p. 45–55.

24. Stanfield, A.C., et al., "Structural abnormalities of ventrolateral and orbitofrontal cortex in patients with familial bipolar disorder." *Bipolar Disord,* 2009. 11(2): p. 135–44.

25. Bodis-Wollner, I., "Pre-emptive perception." *Perception,* 2008. 37(3): p. 462–78.

26. Gee, A.L., et al., "Neural enhancement and pre-emptive perception: the genesis of attention and the attentional maintenance of the cortical salience map." *Perception,* 2008. 37(3): p. 389–400.

27. McKyton, A., Y. Pertzov, and E. Zohary, "Pattern matching is assessed in retinotopic coordinates." *J Vis,* 2009. 9(13): p. 19 1–10.

28. Radin, D. and A. Borges, "Intuition through time: what does the seer see?" *Explore (NY),* 2009. 5(4): p. 200–11.

29. Kuo, W.J., et al., "Intuition and deliberation: two systems for strategizing in the brain." *Science,* 2009. 324(5926): p. 519–22.

30. Craig, A.D., "How do you feel—now? The anterior insula and human awareness." *Nat Rev Neurosci,* 2009. 10(1): p. 59–70.

31. Volz, K.G., R. Rubsamen, and D.Y. von Cramon, "Cortical regions activated by the subjective sense of perceptual coherence of environmental sounds: a proposal for a neuroscience of intuition." *Cogn Affect Behav Neurosci,* 2008. 8(3): p. 318–28.

32. Segalowitz, S.J., "Knowing before we know: conscious versus preconscious topdown processing and a neuroscience of intuition." *Brain Cogn,* 2007. 65(2): p. 143–4.

33. Volz, K.G. and D.Y. von Cramon, "What neuroscience can tell about intuitive processes in the context of perceptual discovery." *J Cogn Neurosci,* 2006. 18(12): p. 2077–87.

34. Ilg, R., et al., "Neural processes underlying intuitive coherence judgments as revealed by fMRI on a semantic judgment task." *Neuroimage,* 2007. 38(1): p. 228–38.

35. Murray, G.K., et al., "Substantia nigra/ventral tegmental reward prediction error disruption in psychosis." *Mol Psychiatry,* 2008. 13(3): p. 239, 267–76.

36. Simon, M., et al., [Mirror neurons—novel data on the neurobiology of intersubjectivity]. *Psychiatr Hung,* 2007. 22(6): p. 418–29.

37. Vivona, J.M., "Leaping from brain to mind: a critique of mirror neuron explanations of countertransference." *J Am Psychoanal Assoc,* 2009. 57(3): p. 525–50.

38. Thomas, L.E. and A. Lleras, "Swinging into thought: directed movement guides insight in problem solving." *Psychon Bull Rev*, 2009. 16(4): p. 719–23.

39. Gallese, V., "Motor abstraction: a neuroscientific account of how action goals and intentions are mapped and understood." *Psychol Res*, 2009. 73(4): p. 486–98.

40. Thomas, L.E. and A. Lleras, "Covert shifts of attention function as an implicit aid to insight." *Cognition*, 2009. 111(2): p. 168–74.

41. de Vries, M.F., "The dangers of feeling like a fake." *Harv Bus Rev*, 2005. 83(9): p. 108–16, 159.

42. Wegner, D.M., "How to think, say, or do precisely the worst thing for any occasion." *Science*, 2009. 325(5936): p. 48–50.

43. Morin, C., [Sense of personal identity and focal brain lesions]. *Psychol Neuropsychiatr Vieil*, 2009. 7(1): p. 21–9.

44. Breen, N., D. Caine, and M. Coltheart, "Mirrored-self misidentification: two cases of focal onset dementia." *Neurocase*, 2001. 7(3): p. 239–54.

45. Parsons, G.D. and R.T. Pascale, "Crisis at the summit." *Harv Bus Rev*, 2007. 85(3): p. 80–9, 142.

46. Jiang, Y., et al., "Brain responses to repeated visual experience among low and high sensation seekers: role of boredom susceptibility." *Psychiatry Res*, 2009. 173(2): p. 100–6.

47. Aslanyan, E.V. and V.N. Kiroy, "Electroencephalographic evidence on the strategies of adaptation to the factors of monotony." *Span J Psychol*, 2009. 12(1): p. 32–45.

48. Saunders, M.N., "The physiology of boredom, depression and senile dementia." *Med Hypotheses*, 1996. 46(5): p. 463–6.

49. Naghavi, H.R., et al., "Personality traits predict response to novel and familiar stimuli in the hippocampal region." *Psychiatry Res*, 2009. 173(2): p. 94–9.

50. Gardini, S., C.R. Cloninger, and A. Venneri, "Individual differences in personality traits reflect structural variance in specific brain regions." *Brain Res Bull*, 2009. 79(5): p. 265–70.

51. Duman, R.S., "Neuronal damage and protection in the pathophysiology and treatment of psychiatric illness: stress and depression." *Dialogues Clin Neurosci*, 2009. 11(3): p. 239–55.

52. Macri, S., et al., "Resilience and vulnerability are dose-dependently related to neonatal stressors in mice." *Horm Behav*, 2009. 56(4): p. 391–8.

53. Cicchetti, D. and F.A. Rogosch, "Adaptive coping under conditions of extreme stress: Multilevel influences on the determinants of resilience in maltreated children." *New Dir Child Adolesc Dev*, 2009. 2009(124): p. 47–59.

54. Hunsberger, J.G., et al., "Cellular mechanisms underlying affective resiliency:

the role of glucocorticoid receptor- and mitochondrially-mediated plasticity." *Brain Res*, 2009. 1293: p. 76–84.

55. New, A.S., et al., "A functional magnetic resonance imaging study of deliberate emotion regulation in resilience and posttraumatic stress disorder." *Biol Psychiatry*, 2009. 66(7): p. 656–64.

56. Katz, M., et al., "Prefrontal plasticity and stress inoculation-induced resilience." *Dev Neurosci*, 2009. 31(4): p. 293–9.

57. Waugh, C.E., et al., "The neural correlates of trait resilience when anticipating and recovering from threat." *Soc Cogn Affect Neurosci*, 2008. 3(4): p. 322–32.

58. Ozbay, F., et al., "Social support and resilience to stress across the life span: a neurobiologic framework." *Curr Psychiatry Rep*, 2008. 10(4): p. 304–10.

59. Southwick, S.M., M. Vythilingam, and D.S. Charney, "The psychobiology of depression and resilience to stress: implications for prevention and treatment." *Annu Rev Clin Psychol*, 2005. 1: p. 255–91.

60. Kleber, B., et al., "The Brain of Opera Singers: Experience-Dependent Changes in Functional Activation." *Cereb Cortex*, 2009.

61. Zamarian, L., A. Ischebeck, and M. Delazer, "Neuroscience of learning arithmetic—evidence from brain imaging studies." *Neurosci Biobehav Rev*, 2009. 33(6): p. 909–25.

62. Dehaene, S., "Origins of mathematical intuitions: the case of arithmetic." *Ann N Y Acad Sci*, 2009. 1156: p. 232–59.

63. Babiloni, C., et al., "Judgment of actions in experts: a high-resolution EEG study in elite athletes." *Neuroimage*, 2009. 45(2): p. 512–21.

64. Kim, J., et al., "Neural correlates of pre-performance routines in expert and novice archers." *Neurosci Lett*, 2008. 445(3): p. 236–41.

65. Aziz-Zadeh, L., J.T. Kaplan, and M. Iacoboni, "'Aha!': The neural correlates of verbal insight solutions." *Hum Brain Mapp*, 2009. 30(3): p. 908–16.

66. Brefczynski-Lewis, J.A., et al., "Neural correlates of attentional expertise in long-term meditation practitioners." *Proc Natl Acad Sci U S A*, 2007. 104(27): p. 11483–8.

67. Bor, D. and A.M. Owen, "Cognitive training: neural correlates of expert skills." *Curr Biol*, 2007. 17(3): p. R95–7.

68. Baumeister, J., et al., "Cortical activity of skilled performance in a complex sports related motor task." *Eur J Appl Physiol*, 2008. 104(4): p. 625–31.

69. Milton, J., et al., "The mind of expert motor performance is cool and focused." *Neuroimage*, 2007. 35(2): p. 804–13.

70. Engelmann, J.B., et al., "Expert financial advice neurobiologically 'Offloads' financial decision-making under risk." PLoS One, 2009. 4(3): p. e4957.

어떻게 하면 아이디어가
행동하려는 마음이 될 수 있을까

모든 코칭의 기본적인 과제는 변화를 위한 분위기를 조성하는 것이다. 코치가 리더의 안에 있든 밖에 있든, 상사가 코치 역할을 하든, 셀프 코칭을 하든, 코칭의 기본은 변화를 위한 분위기를 조성하는 것이다. 변화의 분위기는 대체로 말과 감정을 통해 조성된다. 코치가 언어와 정서를 표현하는 도구를 많이 가지고 있을수록 코칭에 유리할 것이다. 리더가 뭔가를 개선하고자 한다면 변화를 이끌어 내고 변화를 관리해야 한다. 대개 변화의 기본적인 목표는 즐거움(pleasure), 생산성(productivity), 이윤의 증대(profit)이다. 그러나 그 목표로 가는 과정은 단순하지도 않고 분명하지도 않으며 분석적인 과정도 아니다.

사실, 전향적인 리더십은 리더 스스로 변화하는 능력에서 나온다.[1] 조직 내의 변화는 조직 개편에서부터 인수합병에 이르기까지 다양하다. 리더는 조직원에게 모범을 보이기 위해 조직을 이끄는 방법과 따라가는 방법을 알고 있어야 한다.[2] 외적 변화는 쉽게 눈에 띄지만, 외적 변화에 항상 '진정한' 혹은 '참된' 변화가 수반되는 것은 아니다.

뇌에서는 그렇게 어려운 변화가 왜 일어나는가

경쟁하는 힘

개념 : 당신이 리더의 행동을 바꾸기 위해 코치로 선임되었다면, 그곳에는 힘들이 경쟁하고 있을 것이다. 대체로 이런 힘은 변화에 반대하거나 찬성하는 세력이다. 변화는 몇 가지 뇌의 과정을 거쳐 일어난다.

1. '변화' 센터 혹은 행동센터가 활성화되어야 한다(그림 5.1 참조).

2. 뇌의 계산기(vmPFC)는 뇌 안의 찬반 의견을 헤아린 다음에 결정을 내리고 이를 행동센터에 통보한다. 다시 말해, 계산기는 뇌 안의 의견을 수집하여 헤아리고 행동 여부를 행동센터에 통보한다(그림 5.2 참조).

3. 뇌의 계산기는 보상센터, 정서등록기(편도체), 갈등탐지기(주의센터 혹은 ACC), 단기기억(DLPFC)과 같은 다양한 영역으로부터 정보를 수집한다. 이러한 관계를 그림으로 나타내면 그림 5.3과 같다.

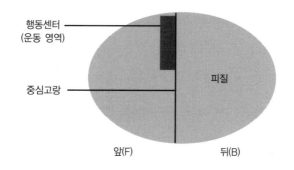

| 그림 5.1 | 행동센터의 위치

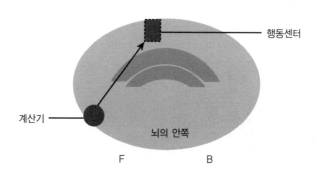

| 그림 5.2 | 행동센터(운동 영역)와 계산기(vmPFC)의 연결 관계

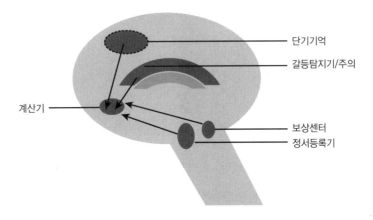

| 그림 5.3 | 뇌의 계산기에 정보를 보내는 영역

그림 5.3을 보면 알 수 있듯이 너무 많은 정보는 변화를 방해한다.[3] 평균적으로 인텔의 관리자는 하루에 300개의 이메일을 받고, 마이크로소프트 직원들은 이메일을 받을 때마다 약 24분을 소비한 후 하던 일로 복귀한다. 정보 과부하는 주의를 분산시키고 변화를 방해하지만, 너무 흔한 일이 되었다.

4. 그림 5.4에 나와 있듯이, 장기기억은 내용과 재료를 일부는 장기

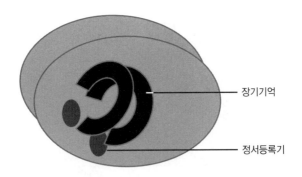

| 그림 5.4 | 장기기억과 정서 조절의 연결 관계

기억과 연결된 정서등록기를 경유하여 찬반의 계산기로 전송하고 나머지는 직접 전송한다.

그러므로 기본적으로 행동은 행동센터가 뇌의 다양한 영역과 정보를 주고받은 최종 결과물이다. 표 5.1은 앞에서 언급한 뇌의 센터에 대한 해부학적 명칭이다.

뇌의 명칭을 암기할 필요는 없다. 긴 이름은 다음과 같이 구조물의 위치를 표시한 것이다.

- **등쪽 혹은 배측**(背側, dorso) 뇌를 수평으로 잘랐을 때 위쪽을 가리키는 용어로, dorso는 'dorsal'의 축약형이다.
- **배쪽 혹은 복측**(腹側, ventro) 뇌를 수평으로 잘랐을 때 아래쪽을 가리키는 용어로, ventro는 'ventral'의 축약형이다.
- **가쪽 혹은 외측**(外側, lateral) 뇌의 양옆을 가리킨다.

| 표 5.1 | 뇌의 센터에 대한 해부학적 명칭

기본적 기능	해부학적 명칭
행동센터	운동 피질
계산기	복내측 전전두엽(vmPFC)
정서등록기	편도체
보상센터	기저신경절
갈등탐지기/주의센터	전대상이랑(ACC)
단기기억	등외측 전전두엽(DLPFC)
장기기억	해마
좌·우뇌의 연결	뇌량

- **중간 혹은 내측**(內側, medial)　뇌의 좌 · 우측 한가운데 근방을 가리
킨다.

그림 5.5는 밖에서 본 뇌의 측면이다. 이 뇌를 위에서 아래로 자른
다면 한쪽 반구의 내부를 볼 수 있고, 그 모습은 그림 5.6과 같다.

그러므로 우리가 어떤 행동, 즉 그 행동에 필수적인 뇌의 변화를 목
표로 한다면 그림 5.7에 나와 있듯이 '변화의 회로'가 어떻게 연결되

| 그림 5.5 | 옆에서 본 뇌의 모습

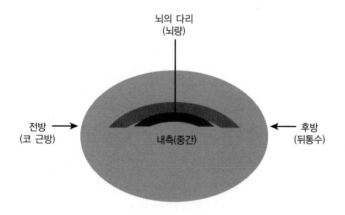

| 그림 5.6 | 뇌량의 위치

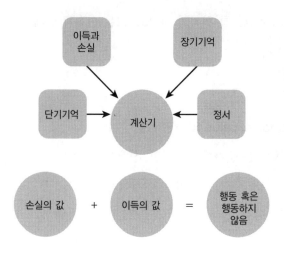

| 그림 5.7 | 뇌의 계산기에 투입되는 기능

어 있는지 알아야 한다.

적용 : 대부분의 사람은 변화가 일어나려면 상황을 고려해야 한다고 생각한다. 그러나 많은 사람은 정서나 느낌을 고려하지 않은 채 변화를 시도한다. 이렇게 되면 계산기는 생생한 정보를 빠뜨리고 계산한다. 변화에 저항할 때 계산기는 생각은 잘 챙기지만, 정서를 종종 빠뜨린다. 코치는 리더에게 다음과 같이 말하면 된다. "당신이 변화를 이끌어 내려고 노력할 때 당신의 뇌는 변화에 대한 찬반을 평가해야 한다. 당신이 행동하기 전에 당신의 뇌 안에 있는 계산기가 재빨리 찬반을 계산하겠지만, 계산기는 이성적인 사고만이 아닌 그 이상의 것을 고려해야 한다. 계산기는 정서도 중시해야 한다. 당신이 변화한다면 어떤 느낌이 들까?" 이러한 대화를 하면 리더는 기꺼이 이성적 사

고에 정서적 요소를 첨가할 것이고, 그는 변화를 향해 한 걸음 더 다가설 것이다.

선택값(choice value)의 편향

개념 : 사람들은 뭔가를 선택하면, 선택한 다음에 자신이 선택한 것을 더 높이 평가하는 경향이 있다. 이것이 변화가 어려운 또 하나의 이유이다. 최근의 한 연구에서 이 같은 선호도의 변화(즉, 선택하기 전보다 선택한 다음에 선택한 것을 더 선호한다.)에 뇌의 보상계(기저신경절의 일부인 꼬리핵)[1]가 관여한다는 결과가 나왔다. 다시 말해, 뭔가를 선택한 다음에 기각한 것과 선택한 것에 대한 보상계의 반응이 현격하게 달라진다.[4]

적용 : 사람들은 종종 무엇을 선택할지 결정하기 전에 정말로 좋아하는 것이 있어야 선택할 수 있다고 생각한다. 그러나 연구에 의하면, 사람들은 결정을 내린 다음에 자신이 선택한 것을 좋아한다. 이것을 다음과 같은 방식으로 코칭에 적용할 수 있다.

- 과거에 선택한 것을 과대평가하여 대화하기 어려울 때 이 정보를 사용할 수 있다. 예를 들어, 팀원 중 한 사람이 일하는 방식을 바꾸고 싶지 않다며 예전의 것이 좋은 이유를 들어 자신의 주장

----

1) 의견이 일치하는 것은 아니지만 대체로 꼬리핵, 조가비핵, 창백핵, 하시상핵, 흑질, 전장, 편도체를 기저신경절로 본다. —옮긴이

을 합리화한다. 이 경우, 코치는 과대평가라는 판단적인 용어를 사용하지 말고 선택한 후에 선택한 것을 더 좋아하는 뇌의 과정을 설명하고 이를 극복해야 한다고 조언하면 된다.

- 코치는 큰 결정을 여러 개의 작은 결정으로 나누어 결정하도록 팀원을 격려할 때에도 이 정보를 사용할 수 있다. 이렇게 하면 작은 결정을 내릴 때마다 선택한 것을 선호하게 되어 큰 선택에 대한 코미트먼트가 증가한다. 대부분의 사람은 한꺼번에 많이 변하는 것을 아주 힘들어한다. 그래서 많은 사람은 변화를 차일피일 미룬다. 살아가면서 큰 변화를 결심하기까지 오랜 시간이 걸린다. 그러나 결정할 사항을 작게 나누어 결정하면 결정할 때마다 결정에 대한 선호도가 (그리고 보상센터의 활성화가) 증가하기 때문에 작게 나누어 결정하는 것이 자신을 돕는 것이다.

- 선택하기 전에 선택한 것을 얼마나 좋아할지 상상하는 것과 실제로 선택한 다음에 나타나는 선호도는 다르다. 팀원에게 이 현상을 설명할 때에도 '선택값의 편향'을 이용하면 된다. 마음을 결정하지 못하는 사람에게 결정만 하면 된다고 설명할 때에도 이 정보를 사용하면 도움이 될 것이다. 알려지지 않은 것에 대한 두려움(예 : 혁신에 대한 두려움)을 달래는 한 가지 방법은 잘 모르고 선택할지라도 일단 선택하고 나면 그 선택이 좋아진다는 사실을 인식하는 것이다.

리더 혹은 코치는 팀원에게 다음과 같이 말하면 된다. "어떤 행동의 손실보다 이득이 더 크다고 뇌가 느낄 때 우리는 그 행동으로 이동한다. 우리가 바라는 행동을 결정하기 전에 보상센터가 충분히 활성화되어야 그 행동의 필요성이 행동센터에 전달된다. 그러나 우리는 오래된 행동에 집착한다. 그 이유는 보상계가 행동을 선택한 다음에 그 행동에 더 많이 활성화되기 때문이다. 그러므로 새로운 행동 쪽으로 이동하는 것은 뇌가 그렇게도 좋아하는 것을 극복하는 것이다."

그와 반대 상황에서는 다음과 같은 것이 사실이다. "뇌는 정서적 정보를 버거워한다. 그래서 힘든 정서적 과제를 만나면 뇌는 시동이 꺼진다. 그러므로 우리는 새로운 것을 시작할 때 새로운 것에 매진하기 어렵다. 새로운 목표를 향해 매진할 수 있는 좋은 방법은 목표를 작게 쪼개어 작은 결정을 내리면서 전진하는 것이다. 작은 결정은 전진하는 것일 수도 있고 쉬는 것일 수도 있다. 작은 결정을 내릴 때마다 뇌의 보상계가 활성화될 것이며 보상계의 신호는 점점 강해져서 당신이 바라는 변화 쪽으로 당신을 밀어붙일 것이다."

우리가 뭔가를 선택하면 뇌는 선택한 것에 대한 애정이 유지되길 원한다. 그리고 새로운 결정이 어떤 면에서 '잘못'이라는 단서가 있을 때, 뇌는 결정에 대한 자동적인 편애를 극복하기 위해 간과한 것이 무엇인지 조심스럽게 조사한다. 이것이 소위 '허니문 후유증 효과(honeymoon-hangover effect)'이다. 이 효과 때문에 본인이 원했을지라도 직무 변화 직후에는 직무 만족도가 증가(허니문)하다가 결국에는 떨어진다(후유증).[5] 의도적인 직무 변화였거나 변화가 현실이라면, 허니문 후유증 효과를 좀 더 쉽게 극복할 수 있다.

조건화

개념 : 변화가 어려운 세 번째 이유는 '조건화(conditioning)'라고 하는 현상 때문이다. 조건화는 어떤 자극에 어떻게 반응하도록 뇌 안에 설치된 자동적인 과정이다. 비즈니스 환경에서 "내가 직장을 바꾸지 못할 이유가 뭐야?" 혹은 "소득을 올릴 생각을 해 봐야겠어."와 같은 말은 실질적인 변화가 불필요한 습관적인 생각이다. 인간의 뇌는 어떤 행동을 습득하면 그 행동 패턴으로 밀고 나간다는 것이 조건화의 기본 개념이다. 우리는 조건화된 행동을 습관적인 기억 체계와 연관 지어 생각할 수 있다(단기기억은 DLPFC가, 장기기억은 해마가 관여한다는 사실을 상기하라.).

습관적인 기억 덕택에 우리는 일생 동안 같은 행동을 반복하면서 살아간다. 습관적인 반응은 매우 깊게 각인되어 있어 변화의 초기단계에서 사람들은 종종 옛날 방식으로 되돌아가곤 한다. 코치라면 이 점을 염두에 두고 내담자가 변화하기 시작했을지라도 조건화된 뇌의 회로가 매우 강력하기 때문에 그 변화가 유지될 것으로 기대하면 안 된다.

개인적인 상황에서 다음과 같은 예가 조건화이다. 한 여성의 아버지는 알콜중독자였고 그녀를 강간하였다. 그 후 그녀는 남자친구가 맥주를 몇 잔 마시면 그가 자신을 강간할지 모른다는 생각이 자동으로 떠올랐다. 또 다른 예로, 초혼이 불행했던 한 남성은 그 이후의 모든 결혼이 불행해질 것이라고 자동으로 예상한다. 인간의 뇌는 '첫 번째' 경험을 기억하고, 촉발단서가 있을 때마다 그것을 떠올린다. 뇌는 옛것을 연상시키는 단서가 있을 때마다 옛날 방식으로 되돌아간다. 코치는 내담자가 기억의 촉발단서를 찾도록 도와야 한다. 촉발단서는 너무나 강력하기 때문에 때로는 가문에 대물림되어 유전적 영향으로 오인하기도 한다. 사람들은 종종 촉발단서가 뇌에 '하드웨어' 로 깔려 있다고 생각한다. 그러나 뒤에서 살펴볼 신경가소성(뇌의 변화 능력) 개념에 비추어 볼 때 촉발단서는 하드웨어가 아니다.

엘리스 D는 오랫동안 의사 업무를 보조해 온 사무원이었다. 그녀는 감원이 있을 때마다 계속 해고를 당하였다. 저자는 오랫동안 그녀를 코칭하였다. 그녀는 인종 차별을 당했고 유대인 의사들이 자신을 싫어한다고 생각하였다. 그 도시에는 유대인 의사가 많기 때문에 새로운 직장에 지원할 때마다 그녀는 지나칠 정도로 조심스러워졌다. 그녀는 다른 직장에 들어가서도 불안해하다가 실수하고 결국에는 다시 해고되었다. 그녀는 '습관적 기억' 을 알아차리고 나서 "감원이 있을 때 살아남으려면 빨리 나 자신을 꼭 필요한 사람으로 만들어야 한다."는 정신적 틀을 수정할 수 있었다.

조건화가 일어날 때 뇌에서는 어떤 일이 일어나는가

장기 상승 작용(long-term potentiation, LTP)[2] : 뇌에 있는 신경세포를 '뉴런' 이라고 하며, 두 뉴런 사이의 틈을 시냅스라고 한다. 그림 5.8에 나와

---

2) 하나의 뉴런이 발화할 때보다 여러 개의 뉴런이 동시에 발화할 때 뉴런 간 연결 강도가 더 세지고 뉴런의 발화가 더 오래 지속되는 현상이다. -옮긴이

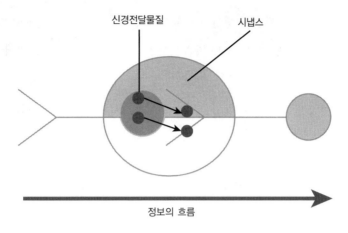

신경전달물질

시냅스

정보의 흐름

| 그림 5.8 | 시냅스의 모습

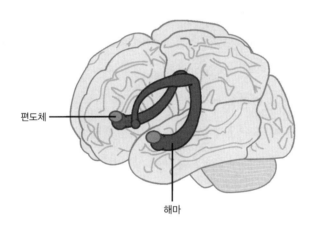

편도체

해마

| 그림 5.9 | 편도체와 해마의 위치

있듯이, 한쪽 뉴런에서 분비된 도파민과 세로토닌 같은 신경전달물질이 다른 쪽 뉴런의 수용기에 붙는다.

여러 뉴런이 동시에 발화하면 뉴런의 연결이 강화되어 장기 상승 작용이 발생한다. 습관적 반응에서도 장기 상승 작용이 나타난다. 장기 상승 작용은 학습이 생산적일 때는 유용하지만, 파괴적일 때는 해롭다. 리더가 조건화를 통해 학습한다면 (엘리스처럼) 해로운 기억에 무해한 자극을 연결할 수도 있고, 거의 자동으로 반응할 수도 있다. 이런 학습은 해마가 담당한다. 해마는 장기기억의 저장고이다(그림 5.9 참조).

적용 : 리더나 코치는 일상 속에서 자동으로 반응하는 고객이나 내담자를 만날 것이다. 어떤 사람은 습관적으로 5분마다 이메일을 체크하고, 어떤 사람은 뇌의 계산기가 계산을 할 때 방정식에서 정서를 제거한다. 이러한 습관은 해마에 저장되어 있다. 코치가 리더의 나쁜 습관을 발견했다면, 강하게 연결된 뇌의 회로가 습관적 반응을 만들기 때문에 이 회로를 해체해야 한다고 설명하면 된다. 습관을 바꾸는 첫 번째 단계는 습관을 바꾸고 싶은 욕구를 확인하는 것이다. 이런 욕구가 있을 때 습관은 변화할 수 있지만, 정말로 습관이 바뀌려면 습관보다 더 강력한 새로운 회로가 형성되어야 한다. 코치는 다음과 같이 말하면 된다. "당신이 바꾸려고 노력하는 패턴은 오랫동안 뼛속 깊이 새겨져 있다. 오래된 습관일수록 뇌세포가 강력하게 연결되어 있기 때문이다. 이러한 패턴을 깨기 위해 원하는 것을 생각만 하지 말고, 그보다 더 많이 행동으로 옮겨야 한다. 이전의 것보다 더 강한 새로운 신경 회로를 만들기 위해 할 수 있는 것은 무엇이든 해야 한다. 이를 위해 동기가 유발되어야 하며, 새로운 선택이 감정과 연결되어야 한다."

맥락의 함정

개념 : 새로운 학습을 방해하는 또 다른 걸림돌은 '맥락'이다. 실험에 의하면, 맥락은 조건화의 주된 결정인이다.[6-8] 다음은 맥락이 결정에 영향을 주는 몇 가지 예이다.

- 저 치마는 직장에서 입기에는 너무 섹시해 보인다.
- 나는 직장에서 진지한 모습을 보여야 한다.
- 그 문 앞을 지나가기만 해도 속이 울렁거린다.
- 나는 사장님을 보기만 해도 불안해진다.
- 여사장은 스킨십을 좋아한다.

맥락은 장소, 사람, 정해진 역할(신념에 따라 그 역할을 수행할 수도 있고, 하지 않을 수도 있다.)을 포함한다. 그러나 외적 맥락에 상관없이 뇌가 정의하고 뇌가 바라본 맥락이 우리에게 영향을 준다.

뇌의 여러 구조물이 맥락 조건화에 관여한다.[8] 그중에서 편도체와 해마는 특히 중요하다.[7] 맥락에 대한 자동적인 정서적 반응(편도체에서 나온다.)과 해마에서 나오는 강력한 장기기억이 우리의 모든 생각에 영향을 준다. 그러므로 우리는 주변에서 일어나는 사건에 자동적이고 비교적 일정하게 반응한다. 이러한 효과는 너무 강력하여 우리는 우리의 생각을 바라볼 다른 맥락을 선택해야 한다. 이것이 코치가 할 일이다. 맥락 조건화에 개입하기 위해서 코치는 내담자가 맥락을 다시 정의하고 그 맥락에서 새로운 행동을 할 수 있도록 도와야 한다.

이렇게 되면 편도체 활동이 수정될 것이다.[9] 다시 한번 강조하지만, 외적 맥락이 어떻게 경험될지를 결정하는 것은 내적 맥락(뇌)이다.

맥락 조건화를 수정하려면 뇌의 계산기(vmPFC)가 편도체 활동을 억제해야 한다[10](이 책의 범위를 벗어나기 때문에 이 내용을 상세히 논의할 수 없으나, 기억할 것은 편도체의 핵이 여러 개이며 각각의 핵은 각기 다른 기능을 갖고 있다는 점이다.[11]). 또한 자동적인 반응이 소거(extinction)되는 동안 갈등탐지기/주의센터(ACC)가 활성화된다. 즉, 습관을 수정하려고 노력할 때 뇌는 갈등을 겪을 것이다. 이렇게 되면 뇌는 정서적 고통(편도체 활성화)을 이용하여 변화를 위협으로 느끼게 만들어 과거의 습관을 고수하려고 안간힘을 쓴다.

적용 : 행동에 영향을 주는 의식적 · 무의식적 두려움에 주의해야 한다. 오랫동안 과활성화된 편도체는 계속 해마에 메시지를 보낸다. 맥락과 두려움이 연결되거나 연결된 것이 해체되는 동안 특히 그러하다. 다시 말해, 장기기억은 현재의 두려움에 의미를 부여하고 현재를 왜곡하거나 뭔가를 보탠다. 이것이 지금 이 순간에 주의를 기울여야 하는 이유이다 ─ 과거는 정신을 산란하게 만든다. 기억은 인지 혹은 생각만을 담고 있는 것이 아님을 기억해야 한다. 기억에는 정서도 포함되어 있다. 실제로 정서적 기억은 가장 강력한 기억 중 하나이다. 정서는 무형이며 알아차리기 어렵지만, 정말로 강력하다. 그러므로 당신이 변화하려고 노력할 때 변화하려는 욕구가 어떤 맥락에서 나왔는지를 자문해 보아야 한다. 예를 들어, 전반적인 삶이 지루해졌기 때

문인가? 고통스럽기 때문인가? 권력 때문인가? 변화를 향해 전진할 기회를 포착하기 위해 해마의 상세한 기억을 더듬어 보면 도움이 될 것이다. 코치는 내담자에게 다음과 같이 말할 수 있다. "변화에 대한 당신의 갈망이 존경스럽고 중요하다. 더 나은 삶을 원하는 당신의 전반적인 생각은 옳다. 그러나 이런 갈망이 당신에게 새로운 것은 아니다. 당신은 변화의 필요성을 알고 있었는데 그동안 왜 변하지 않았는가? 당신이 무지하거나 무능력하기 때문은 아니다. 진정한 변화를 위해 변화가 일어나는 맥락을 이해해야 한다. 변화가 일어나려면 이전의 맥락을 제거하고 새로운 맥락을 들여와야 한다. 그 이유는 현재의 생각에 영향을 주는 것이 장기기억을 의미하는 '맥락'이기 때문이다. 당신이 변화를 원한다면, 즉시 꿈틀거리는 장기기억의 뚜껑을 열어 되살아난 장기기억을 목표와 연결해야 한다. 장기기억의 힘을 제거하지 않으면, 장기기억이 당신의 변화를 가로막을 것이다. 장기기억의 힘을 제거하기 위해 꿈틀거리는 기억에 이름표를 붙이고 거기에 붙어 있는 무의식적 에너지를 제거해야 한다." 대안으로 코치는 다음과 같이 말할 수 있다. "당신이 원하는 변화는 홀로 일어날 수 없다. 당신의 모든 생각은 장기기억과 연결되어 있다. 과거의 무엇인가가 당신의 발목을 붙잡을 수 있다. 초점을 미래에 맞추고 과거와 미래의 균형을 맞추면서 과거를 이해해야 한다. 미래와 과거 중 어느 한쪽을 무시한다면 피상적으로 변하거나 변할 수 없을 것이다."

저자는 변화를 원하면서도 장애물에 걸려 넘어져 있는 회사에서 종종 그런 모습을 본다. '이 사실을 이사회에 알리는 것이 중요하다. 그런 회사의 리더는 항상 미적거리고 잘 모르면서 보고를 받는다.' 회사의 뇌는 변화가 불가능하다고 판단한다. 회사의 뇌는 더 이상 해결 모드가 아니다. 그 대신에 회사의 뇌는 '불가능한' 맥락 속에서 변화를 꾀하고 있다. 이것은 침몰하는 타이타닉호에서 뛰어 내리지 않고 갑판의 의자를 다른 곳으로 옮기는 것과 같다.

동기화된 추론

개념 : 변화를 가로막는 마지막 장애물은 '동기화된 추론(motivated reasoning)'이다. 누군가 변화는 합리적이어야 한다며 변화에 반발하는 비즈니스 상황에서 이번은 좀 다른 상황이기 때문에 가만히 앉아서 지켜만 보고 있을 수 없는 경우가 얼마나 많은가? 변화를 거부하는 사람은 바뀔 수 없는 온갖 사실을 열거한다. 그들은 당신 앞에 바뀔 수 없는 온갖 증거를 내놓을 것이다. 그러나 그 증거들은 현상 유지를 합리화하기 위한 핑계이며, 당신이 보기에는 전혀 문제가 되지 않는 것들이다. 이러한 신념이 소위 자기 제한적 신념(self-limiting beliefs)이다. 이런 신념은 반박이 거의 불가능하기 때문에 매우 강력하다. 이 개념을 알고 있으면 사람들의 변화를 돕는 당신에게 도움이 될 것이다.

한 실험은 정치적 선거에 열성적인 당원들의 뇌 영상을 분석하였다. 피험자에게 사용한 과제는 자기편 후보, 상대편 후보, 혹은 중립적인 후보를 비방하는 정보를 평가하는 것이었다. 이 실험에서 동기화된 추론은 복내측 전전두엽(vmPFC, 계산기), ACC(갈등탐지기), 후대상이랑, 섬엽, 외측 안와전두엽의 발화와 상관이 있었다. 동기화된 추론

과학적인 리더십_뇌 기반 CEO 코칭

은 이성적 추론 혹은 의식적 (외현적인) 정서 조절에 관여하는 영역과 상관이 없다.

　모든 이성적인 사고가 순수하게 이성적인 것만은 아니다. 동기화된 추론은 뇌가 위협과 짝지어진 부정적인 느낌을 최대한 줄이고 긍정적인 느낌을 최대한 늘리는 쪽으로 판단을 통합함으로써 감정을 조절하는 것이다.[12] 이러한 감정은 '엄격한' 추론[3]을 자극하는 동인으로 작용한다. 동기화된 추론이 발생하면 사람들은 자신의 감정과 일치하는 생각을 주목한다.

　예를 들어, 잭 P는 빠르게 최고의 자리까지 오른 아주 잘 나가는 CEO였다. 그가 결혼하기 전에는 그랬다. 그는 결혼을 하고 두 아들을 두었다. 그의 삶과 책임감에 변화가 생겼다. 그런데 그의 가정생활은 날마다 전쟁이고, 그는 매일 그 기분으로 직장에 갔다. 그는 자신이 비참해지는 것을 느꼈다. 그는 직장에서 일할 때 자신이 불행해지고 부정적으로 변하는 것을 깨달았다. 그의 이런 변화는 회사의 중간 관리자와 직원들에게 영향을 주고, 회사의 실적은 내리막길을 걸었다. 잭에게 불행할 수밖에 없는 그럴듯한 다양한 이유가 있었다. (그리고 이 말은 사실이었다.) 그러나 그는 자신의 생각이 해결보다는 문제점을 찾고 싶어 하는 감정에 의해 유발된 것임을 간과하였다. 코칭을 통하여 그는 자신의 이성이 감정에 의해 촉발되었음을 깨달았다. 이때 그가 가장 먼저 해야 할 일은 직장생활과 가정생활을 분리하는 것이었다. 이

----
3) 관찰과 실험을 통한 추론－옮긴이

렇게 하여 그는 기적적으로 가정생활과 직장생활을 개선할 수 있었다.

적용 : 사람들이 "나는 …을 못해."라고 말할 때 코치는 자기 제한적 신념을 언급하면서 그런 생각 저변에 어떤 감정이 있는지 물어보면 된다. 사람들이 현실에 안주하는 이런저런 '합리적 이유'를 들어 변화하기 힘들다고 말할 때(예 : 나는 지금 당장 돈이 필요하기 때문에 새로운 직장을 찾는 데 시간을 낭비할 수 없다.), 코치는 그들이 왜 그런 말을 하는지 저변의 동기를 탐색해야 한다. 이것은 내담자의 계산기가 계산할 때 빠뜨린 정서를 찾기 위한 것이다. 또한 변화에 대한 두려움이 어떤 가정에서 나온 것인지 탐색해야 한다. 코치는 사람들에게 이성적 추론과 동기화된 추론이라는 두 가지 종류의 이성적 사고를 설명해야 한다. 의사결정 과정에 온갖 종류의 생각이 동원된다. 그러므로 코치나 리더는 사람들에게 다음과 같이 말할 수 있다. "합리적인 생각과 합리적인 것처럼 보이지만 어떤 목적이 있는 합리적인 생각은 서로 다른 뇌를 사용한다. 업무와 관련된 결정은 대체로 이성적 추론이 아니다. 변화를 위해서 당신은 무의식적 사고 이면에 존재하는 동기를 알아야 한다. 이를 위해 다음과 같은 몇 가지 질문을 하겠다. 당신이 직장을 옮긴다면 어떤 일이 일어날까? 새로운 일자리를 찾으려면 6개월은 걸릴 텐데 그동안 어떻게 대처하겠는가? 이 자리에 머물러 있으면 다른 기회를 놓치지 않을까? 무직 상태가 길어지지 않을까?" 표 5.2는 뇌과학에서 배운 것을 비즈니스 장면에 적용하는 방법을 요약한 것이다.

| 표 5.2 | 변화를 위한 도전

심리학적 설명	뇌과학적 설명	적용	코칭 방법
감정, 생각, 득실 평가, 기억이 이 변화에 영향을 준다.	뇌의 여러 영역이 협력하여 변화를 만든다. 각 기능을 담당하는 뇌 영역에 개입하면 변화가 일어날 것이다.	깊은 느낌이 변화에 결정적이다.	뇌의 계산기는 뇌의 모든 시스템에서 나오는 정보를 필요로 한다.
새로움보다 친숙함을 선택하는 것이 변화의 걸림돌이다.	뇌의 보상센터는 선택이 이루어진 다음에 비로소 그 선택을 선호한다.	선택한 다음에 선택한 것을 편애하는 뇌를 극복하거나 결정 단위(계획의 단위가 아니다.)를 작게 나누어 실행해야 한다.	'보상센터'라는 용어를 사용하여 친숙한 행동의 이득에 대해 심층적으로 질문하고 내담자의 방어를 유도하지 않으면서 뇌의 편향을 설명하라.
조건화는 현실에 안주하게 만든다.	장기 상승 작용과 편도체 활동을 억제해야 현실 안주를 극복할 수 있다.	우리가 무의식적 두려움과 습관에 얼마나 젖어 있는지 설명하라.	새로운 물길을 만들면 그 쪽으로 물이 흘러가기 시작하고, 점차 많이 흐르면서 물길로 정착된다는 비유를 들어 조건화 개념을 설명하면 된다.
맥락 조건화는 변화를 거부하게 하는 강력한 요인이다.	'지금 여기'와 관련이 있는 것처럼 보이는 생각도 과거와 연결되어 있으며 해마의 영향을 받는다.	뇌의 분위기에 따라 결정이 달라진다는 점을 강조하라.	과거와 장기기억이 사람들의 발목을 어떻게 붙잡는지 설명하라.

(계속)

| 표 5.2 | 변화를 위한 도전(계속)

심리학적 설명	뇌과학적 설명	적용	코칭 방법
숨겨진 동기 때문에 우리는 계속 현실에 안주한다.	동기화된 추론과 이성적 추론은 각기 다른 뇌를 사용한다.	심층적인 동기를 알아야 변화의 걸림돌을 이해할 수 있다고 내담자에게 설명하라.	동기화된 추론에 관여하는 뇌를 설명함으로써, 이성적인 사고는 결정에 영향을 주는 작은 부분에 지나지 않는다는 사실을 내담자가 이해할 수 있도록 도와라.

변화의 기본 개념과 모형

그림 5.10에 나와 있듯이 변화를 측정하는 가장 확실한 방법은 시간의 흐름에 따라 변화를 정의하는 선형(linear) 모형이다.

선형 모형을 사용하는 대부분의 코치는 결과 쪽으로 내담자를 끌고 간다. 그러나 이런 변화는 주목할 만하지만 지속되기 어렵다. 저자는 이 방식을 용수철 접근이라고 부른다(그림 5.11 참조).

용수철을 잡아당겼다가 놓으면(즉, 코치가 떠나면) 어떻게 될까? 이 접근은 근본적인 두 가지 문제점을 안고 있다. 하나는 용수철이

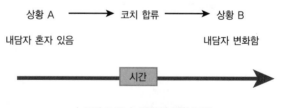

| 그림 5.10 | 변화의 선형 모델

꽉 눌린 용수철

늘어난 용수철

| 그림 5.11 | 꽉 눌린 용수철과 늘어난 용수철

이전의 지점으로 돌아가는 것이고, 다른 하나는 그 이전의 자리로 되돌아가지 않는다면, 용수철은 용수철로서의 정체성과 힘을 상실한 것이다.

당신이 코치라면 당신이 바라는 변화는 내담자의 통합성(integrity)을 보존하면서 오래 가는 변화일 것이다. 그러나 이런 목표를 달성하는 데에는 다음과 같은 어려움이 따른다. 어떻게 하면 내담자의 정체성을 보존하면서 변화를 증진할 수 있을까? 다시 말해, 어떻게 하면 용수철을 고장 나지 않게 잡아당길 수 있을까?

시간 이외에 변화의 또 다른 중요한 차원은 깊이이다. 이 모형을 사용하면 변화를 그림 5.12와 같이 표현할 수 있다.

수준급 코치라면 피상적인 변화가 아닌 심층적인 변화를 촉진할 수 있어야 한다. 심층적인 변화를 **변혁**(transformation)이라고 한다. 변혁은 측정 가능한 성공적인 변화의 징표이며, 행동적 변화를 이끌어 내는 검증된 방법이다. 변혁의 출발점은 코칭 프로그램에 **등록**하는 것이다. 즉, 통합성을 보존하기 위해 내담자는 코칭 동의서에 서명하고 프로그램에 등록해야 한다. 그리고 그 약속은 진심이어야 한다.

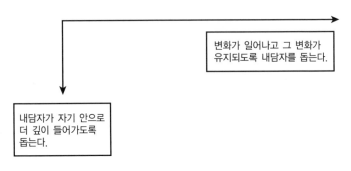

| 그림 5.12 | 변화의 또 다른 차원

조직에 대한 행동 코미트먼트는 태도 코미트먼트를 포함한 다양한 요인에 의해 결정된다.[13] 리더가 직원들의 행동 코미트먼트를 높이면 직무 만족도는 급여와 무관한 것이 되고,[14] 직무 동기가 향상될 것이다.[15] 긍정적 정서와 부정적 정서, 역할의 충돌과 모호성, 자율성과 관여도(involvement)가 행동 코미트먼트에 영향을 준다. 뇌가 이러한 요인들을 처리하는 방식에 따라 결정이나 조직에 대한 코미트먼트가 결정된다.[16]

코미트먼트

개념 : 코미트먼트(commitment)는 '어떤 행동에 자신을 (지적으로 혹은 정서적으로) 바치는 행위' 이다. 변화의 필수조건으로 코미트먼트를 꼽는 것은 인지 부조화 이론을 토대로 한 것이다. 인지 부조화 이론은 갈등 없이 효과적으로 변화를 추구하게 하는 동인으로 결정 코미트먼트를 꼽는다.[17] 행동 지향성은 '목표 지향적인' 심리 상태를 의미한

다. 성공적인 변화의 핵심은 행동 지향성이다. 저자는 행동 지향성을 '준비 자세'라고 부른다.

100m 달리기 출발 장면을 떠올려 보라. 모든 주자가 한 줄로 정렬해 있다. 출발신호를 알리기 위해 신호수가 총을 들어 올리고 주자들은 앞을 주시하다가 "자기 위치로, 준비, 탕."하면 출발할 것이다. 코치 혹은 리더가 사람들의 변화를 이런 식으로 이끌어 낼 수 있다면 이상적이다. 그러나 많은 사람은 미적거리며 행동하지 않고 계속 '출발점'에 머물러 있다.

최근에 나온 두 연구는 결정에 따르기로 결심했을 때 뇌에서 어떤 일이 일어나는지를 보여 주었다. 뉴로피드백을 사용한 실험 1은 좌측 전두엽에 전극을 삽입하고 발화율을 관찰하였다. 이 실험에서 좌측 전두엽의 발화가 줄자 결정 코미트먼트도 줄었다(그림 5.13 참조).

실험 2에서 행동 지향성이 증가하면 좌측 전두엽이 활성화되고, 좌측 전두엽이 활성화되자 결정 코미트먼트가 증가하였다. 그러므로 좌

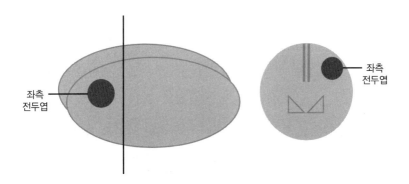

| 그림 5.13 | 좌측 전두엽을 다른 각도에서 본 모습

제5장 어떻게 하면 아이디어가 행동하려는 마음이 될 수 있을까

측 전두엽이 결정 코미트먼트에 매우 중요하다. 이 영역을 활성화하기 위해 행동 지향적인 마음가짐이 필요하다.

따라서 변화를 위해 당신은 좌측 전두엽을 자극할 수 있는 새로운 행동에 매진해야 한다.

적용 : 계획과 결정은 미묘한 차이가 있다. 많은 사람은 계획을 세우면 행동으로 이동할 수 있다고 생각한다. 그러나 결정은 행동 계획에 코미트먼트하는 것이다.[18] 이러한 코미트먼트가 없다면 지속적인 변화는 불가능하다. 결정에는 목표 지향적인 행동이 수반된다.

팀원이 어떤 계획이 있다고 말하면 리더나 코치는 목표 지향적인 어떤 행동을 시작했느냐고 물어보아야 한다. 결정의 장애물 중 하나는 계획도 열망도 없이 환상을 꿈꾸는 것이다. 사람들이 계획을 충실히 지키려면 행동 계획의 단계마다 계획을 지키고 싶은 욕구가 발동해야 한다. 코치가 리더에게 이러한 욕구를 설명하는 것도 도움이 될 것이다. 그러나 저자의 경험에 따르면, 변화에 대한 열망에서 벗어나 행동으로 이동하는 데 많은 에너지가 필요하며 계획의 각 단계는 그 다음 단계로 나아가고 싶은 더 많은 욕구를 자극해야 한다. 예를 들어, CEO인 당신이 회사의 신뢰도를 높이기 위해 투명성을 높여야 한다고 판단했다고 가정하자. 당신은 그렇게 생각할 수 있지만, 회사 입장에서 투명성은 정보 관리 차원에서 끔찍한 일이고 절망스런 일일 수 있다. 투명성에 대한 코미트먼트를 밀고 나가기 위해 당신은 이 일을 누군가에게 맡길 것이다. 이것은 당신이 직원들의 타성을 고려하

과학적인 리더십_뇌 기반 CEO 코칭

지 않은 것이다. 코치는 이 CEO에게 다음과 같이 말할 수 있다. "당신의 계획은 훌륭하다. 그리고 우리는 이 계획을 행동으로 옮길 방안을 모색해야 한다. 당신이 계획한 것을 행동으로 옮긴다면 첫 번째 단계는 무엇인가?" 그런 다음에 코치는 목표를 달성할 때까지 내담자가 계획의 각 단계를 행동으로 옮길 수 있는 열정을 갖고 있는지 느껴 보아야 한다. 열정이 없다면 코치는 다음과 같이 말하면 된다. "뇌생리학에서는 행동 지향성이 나오려면 좌측 전두엽이 활성화되어야 한다. 행동 지향성은 달리기 시합을 할 때 출발 직전의 준비 자세와 같다. 그 자세를 취하면 달릴 때 가속도가 붙는다."

행동 코칭의 선례는 스포츠 코칭이다. 스포츠 코칭에서 달리기 선수의 훈련 과정에는 달리는 장면을 상상하는 훈련이 포함되어 있다. 챔피언 주자는 자신이 실제로 달릴 시간과 상상 속에서 달리는 시간이 정확하게 일치할 수 있다. 상상은 행동하도록 뇌를 준비시킨다. 그러므로 코칭은 관념적으로 정확한 심상을 자극한다. 설정된 목표는 심상을 자극하고 심상을 통해 선수는 출발부터 결승점까지의 레이스 트랙을 벤치마킹할 수 있다. 주자는 결승점에 도착하면 자신이 몇 초에 뛰었는지를 안다. 코칭이 잘 되면 이와 같이 앎의 질도 향상된다.

심상 대 관찰

개념 : 심상(즉, 정신적 상을 만드는 것)의 개념은 겉보기와는 달리 복잡하다. 한 방을 가득 메운 사람들에게 100m 달리기를 상상해 보라고 하고, 떠오른 이미지를 물어보면 대답은 각양각색일 것이다. 어떤 사

람은 자신이 직접 달리는 모습이 떠올랐다고 하고, 또 어떤 사람은 출발선상에 서 있는 자신의 모습을 상상했다고 하며, 또 어떤 사람은 결승점에 도착하는 자신의 모습이 떠올랐다고 할 것이다. 트랙에 자기도 뛰고는 있지만 자기 모습은 보이지 않고 주변에서 달리는 사람들이 보였다고 말하는 사람도 있을 것이다. 이것이 심상이며, 심상은 사람마다 다르다.

어떤 행동을 마음속으로 떠올릴 때(운동 심상)와 그 행동을 관찰할 때 정확하지는 않지만 활성화되는 뇌의 영역이 어느 정도 중첩된다고 알려졌다.[19] fMRI 공조분석(두 조건에서 중첩되는 영역을 분석하는 기법)에서 일차 운동 영역, 전 운동 영역, 보조 운동 영역(이 세 영역은 운동 관련 영역이다.), 두정엽속고랑, 양측 소뇌, 기저신경절의 일부(이 세 영역은 보상 및 운동과 관련된 영역이다.)가 상상할 때와 관찰할 때 같이 활성화된다는 결과가 나왔다. 관찰할 때 해마(장기기억)와 상두정 피질, 소뇌가 다르게 활성화되었다. 이러한 영역들의 발화가 무엇을 의미하는지 아직 불분명하다. 그렇지만 요지는 행동을 상상하는 뇌와 관찰하는 뇌가 상당 부분 겹친다는 것이다.

같은 동작을 관찰할 때보다 상상할 때 후방 섬엽과 ACC가 더 강하게 발화하는 것은 주목할 만하다(섬엽은 내장에서 올라오는 느낌을, ACC는 갈등을 탐지하는 곳으로 종종 같이 활동한다. 이 두 영역은 그림 5.14에 나와 있다.). 걱정이 많을 때 섬엽과 ACC가 약하게 발화한다는 점도 주목할 만하다.[20] 아마 내장 수준의 갈등이 걱정으로 바뀌었기 때문일 것이다. 그렇다면 걱정은 심상 형성을 방해하며 스트레

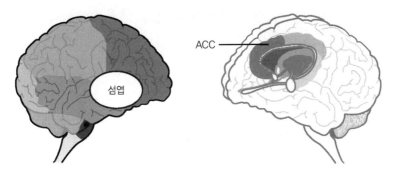

| 그림 5.14 | 섬엽과 ACC의 위치

스는 행동으로 가는 길목을 차단하는 것이 분명하다. 또한 앞에서 보았듯이 스트레스는 습관을 굳힌다. 그러므로 직원들이 결과를 걱정하고 있을 때 이들에게 바라는 것을 상상해 보라고 하면 최적의 수준보다 낮추어 상상할 것이다.

섬엽과 ACC를 강하게 자극하는 것이 중요하다. 후방 섬엽과 ACC를 자극하고 싶다면, 바라는 행동을 상상해 보는 것이 중요하다. 섬엽에는 정서 상태와 짝지어진 내장 상태의 지도가 들어 있으며 이 지도가 의식적인 정서를 만든다.[21] 그러므로 우리는 내담자에게 심상을 떠올려 보라고 함으로써 무의식적 정서를 알아차리기 쉬운 의식적 정서로 전환할 수 있다. 섬엽은 또한 혐오스럽거나 부정적인 결과를 예측하는 일에도 관여한다.[22] 섬엽은 실제 위협을 경고한다. 그러므로 행동 계획에 섬엽을 반드시 포함시켜야 한다. 감정이 실린 심상을 떠올리면 섬엽이 행동을 촉진한다.

3인칭 시점보다 1인칭 시점에서 자신의 손의 공간적 위치를 상상하면, 좌측 운동 영역과 운동 관련 영역이 더 많이 활성화된다. 이 현상은 특히 하두정엽에서 잘 나타난다. 불가능한 자세보다 가능한 자세를 1인칭 시점에서 상상할 때 두정엽과 섬엽이 더 많이 활성화된다. 즉, 심상이 실제 행동을 촉진할 수 있으려면 심상은 실제로 일어날 수 있는 것을 담아야 한다.[23]

또 다른 연구에서 관찰자 시점보다 1인칭 시점에서 자신을 긍정적으로 상상할 때 긍정적 정서가 더 많이 유발되었다.[24] 부정적 정서에서도 같은 결과가 나왔다(특히 1인칭 시점에서 부정적인 자신을 상상할 때 피부 전도 반응이 증가하였다.).[25] 그러나 심상에 관한 선행 연구에서 이와 상반된 결과가 나왔기 때문에, 이것이 항상 사실인지 의문이다. 이 연구는 미래의 성공을 상상하는 것만으로도 성취 동기가 향상되는지를 조사하였다. 그 결과, 학생들이 1인칭 시점보다 3인칭 시점에서 과제를 완성하는 모습을 상상했을 때 성취 동기가 향상되었다. 이것은 성공을 객관적으로 상상했기 때문이다.[26] 이렇게 하면 성공에 대한 압박감이 줄어든다. 그러므로 1인칭 시점과 3인칭 시점 둘 다 유용하다. 그러나 처음에는 3인칭 시점에서 상상하는 것이 1인칭 시점을 사용할 때의 불안을 극복하는 데 도움이 될 것이다.

적용 : 심상은 행동의 전조로 작용할 수 있다. 걱정이 많으면 행동에 필요한 뇌가 억제된다는 사실을 기억하라. 목표를 벤치마킹하라고 격려할 때 1인칭이든 3인칭이든 좋아하는 시점에서 목표에 도달하는 모습을 상상해 보라고 하는 것이 중요하다. 심상이 통합되지 않았다면, 필요한 행동을 촉진할 수 있을 정도로 선명한 심상이 잘 떠오를 때까

과학적인 리더십 _뇌 기반 CEO 코칭

지 심상을 연습해야 한다. 코치는 내담자에게 다음과 같이 말하면 된다. "당신이 바라는 것을 상상하면 행동센터가 활성화된다. 또한 당신이 목표를 달성하는 모습을 3인칭 시점에서 상상하면 좀 더 실제처럼 느껴질 것이다. 실제처럼 느끼는 것이 중요하다. 그리고 제삼자 입장에서 목표를 달성하는 당신의 모습을 상상하라. 여기에 덧붙여 목표를 달성하는 당신의 모습을 1인칭 시점에서 상상하라. 이렇게 하면 당신은 자신을 볼 수 없기 때문에, 당신은 안 보이고 당신의 앞에 있는 것들이 보일 것이다."

행동 지향적 질문

개념 : 뇌 영상 연구에 의하면, 어떤 행동을 상상하면 실제로 그 행동을 담당하는 뇌가 활성화된다.[19] 물론 뇌는 실제로 행동을 할 때보다 그 행동을 상상할 때 약간 낮은 수준에서 발화한다.[27] 코칭할 때 교육, 자료 수집, 계획단계에서 내담자의 목표 지향성을 강화하려고 할 때 내담자에게 자신이 하려는 행동의 과정을 떠올려 보라고 한다. 실제로 행동 전 단계의 코칭에는 관찰, 계획, 상상, 언어화 단계가 포함된다. 어떻게 말하는가는 좌측 전두엽(코미트먼트에 필수적인 뇌)의 발화율에 영향을 준다. 매출 실적을 올리기 위해 영업부를 코칭한다고 가정하자. 영업사원에게 관찰, 계획, 상상, 언어화를 가르칠 때 사용할 수 있는 몇 가지 접근법이 있다. 다음 두 가지 예를 가지고 차이점을 비교해 보자.

사례 A

- "지금까지 당신은 판매할 때 어떤 방식을 사용하였는가?" 이 질문은 과거에 초점을 맞춘 것으로, 심리 치료방식과 유사하다. 이 질문은 결정 코미트먼트와는 거리가 멀고 행동 지향적인 자세를 촉진하지 못한다.

- "현재까지 올린 매출보다 더 많은 매출을 올리려면 당신은 무엇을 바꿔야 하는가?" 이 질문은 목표를 함축하고 있으며 내담자로 하여금 과거와 미래를 비교하도록 격려한다. '바꿔야 하는가?' 라는 단어는 과거의 판매방식 그 이상의 것을 물어보고 있다. 이 질문은 행동 지향적 자세를 촉진한다.

사례 B

- "그 방법으로 쉽게 매출이 올라갔다면, 당신은 이미 그 방법을 사용했을 것이다. 그 방법을 사용하지 못하게 하는 뭔가 있을 것이다. 그것은 무엇인가? 그리고 목표에 도달하기 위해 그것을 극복할 가치가 있는가?" '어떻게' 는 실제 장애물을 확인하는 질문이 아니다. 미적거리는 대부분의 사람은 자신의 행동을 알고 있다. 더 많은 호객 행위가 필요한 대부분의 판매원은 자신들이 호객 행위에 소극적임을 알고 있다. 이 질문은 내담자에게 이미 익숙한 원론적 이야기만 반복하게 만든다.

- "그 방법으로 쉽게 매출이 올라갔다면, 당신은 이미 그 방법을 사용했을 것이다. 그 방법을 사용하지 못하게 하는 뭔가가 있을

것이다. 그것은 무엇인가? 그리고 목표 달성을 위해 그것을 극복할 가치가 있는가?" 이 질문은 평가를 포함하고 있다. 내담자는 자신이 무엇을 해야 할지 알고 있다. 그러나 내담자의 뇌는 새로운 행동의 효과를 아직 잘 모르고 있으므로 내담자에게 잠정적인 이득을 가르쳐 주어야 한다. 내담자가 새로운 행동의 이득을 깨닫기만 한다면, 그들의 결정 코미트먼트가 증가할 것이다. 판매사원은 지겹기도 하고 거절당할까 봐 판매 콜을 기피한다(어떤 판매사원은 구호를 외치면 받아들여지기보다는 거절당할 가능성이 더 크다는 것을 알고 있다.). 그러나 거절당할 때마다 한 발자국씩 받아들여질 가능성에 접근한다고 생각하면, 뇌는 거절의 의미를 다시 생각할 것이다.

내담자의 언어화를 도울 때 행동 지향적 언어를 사용해야 한다. 더욱이 좌측 전방 내측 전두엽은 동사 처리에 중요한 영역이다[28](앞에서 말했듯이 행동 지향성이나 행동 코미트먼트를 위해 좌측 전두엽이 활성화되어야 한다.). 실제로 등쪽 전 운동 영역과 후방 두정엽 네트워크는 동사를 처리할 때 함께 활성화된다. 이것은 동사와 행동에 관한 (시각적) 공간적 지식이 긴밀하게 연결되어 있음을 시사한다.[29] 이것은 또한 명사보다 동사를 처리할 때 더 많은 영역이 활성화되는 것을 의미한다. 그러므로 코치는 행동적 언어를 염두에 두어야 한다. 행동적 언어를 사용하면 이러한 뇌들이 언어에 반응하여 코미트먼트가 높아진다. 다음은 점차 행동적 언어로 이동하는 예이다.

- 당신은 매출이 오르지 않는 원인을 생각하고 있군요.

- 매출이 늘지 않는 이유를 조사해 보았나요?

- 매출이 충분하지는 않군요? 왜 그랬을까요?

- 어떻게 하면 선반의 물건이 줄어들까요?

- 매출을 늘리기 위해 당신은 무엇을 할 수 있을까요?

- 말 그대로 물건을 밖에 진열해 놓았군요. 무엇 때문에 물건을 들여 놓았다 내놓았다 해야 할까요?

여기에 옳고 그른 것은 없다. 그러나 동사가 없는 말은 행동에 불리하다. 이것이 능동태가 수동태보다 더 좋은 이유이다. 당신이 행동적 용어로 뇌를 자극하면 뇌는 실제로 뭔가를 상상할 수 있다.

좌측 하전두이랑[4]은 발화(speech production)를 담당한다. 놀랍게도 이 영역은 동작을 실행하고, 상상하며, 모방하고, 관찰할 때 활성화된다.[30] 그러므로 뇌에서 말과 행동은 바로 연결되어 있다. 리더나 코치는 일상적으로 행동을 촉진하는 말을 사용해야 한다. 코치가 언어의 또 다른 기능(상상, 모방, 관찰)으로 언어 영역을 자극한다면 행동을 촉진하는 좌측 전두엽을 자극하는 것이다. 이것은 코치가 리더에게 "만일 ……라면 어떻게 될지 상상해 보세요."라고 말할 때 첫 번째 반응을 지정해 주면 안 되는 것을 의미한다. 계속 질문해야 한다. "떠오른 상이 어떤 것인가요?"라고 묻거나 이 질문을 바꾸어 사용하면 된다. 또한 코치가 같은 문제에 대해 성공 사례를 제시해 주면 리더의

---

4) 브로카 영역-옮긴이

행동 코미트먼트를 강화할 수 있다. 가장 효과적인 방법은 리더가 자신의 성공 사례를 재현하도록 격려하는 것이다.

적용 : 당신이 내담자의 결정 코미트먼트를 높이고 싶다면, 좌측 전두엽에 너무 부담을 주지 않으면서도 이곳을 자극할 수 있는 방법으로 동사를 사용해야 한다. 또한 잘 사용하면 능동태는 수동태보다 강력하다. 코치는 내담자가 목표를 세우거나 심상을 만들 때 동사를 사용하도록 격려해야 한다. 내담자가 변화하고 싶은 방향을 설정했다면 '무엇'을 '언제'까지 바꿀 것인지 결정하고 이 목표를 달성하기 위해 열심히 노력할 때까지 코치는 계속 질문할 수 있다. 의식적으로 동사를 사용하여 말을 하면 학습에도 도움이 된다.

소음 제거

개념 : DLPFC(역할은 단기기억이다.)는 좌측 전두엽의 일부분이다. 이곳은 단기기억을 장기기억으로 바꾸는 동안에 필요한 정보를 온라인 상태로 유지하는 곳이다. 소음은 정보의 통합을 방해한다.[31] 내적 소음(ACC를 자극한다.)은 행동할 때 필요한 영역인 DLPFC의 정보의 질을 떨어뜨릴 수 있다.[5]

적용 : 말로 표현할 수 없는 혼돈일지라도 내적·외적 혼돈은 한 사람

---

5) 한꺼번에 단기기억에 들어갈 수 있는 정보의 개수는 ±7개로 제한되어 있다. 내적 소음(예 : 불안, 고통)이 발생하면 이것이 단기기억의 자리를 차지하므로 단기기억에 들어갈 수 있는 정보의 개수가 줄어든다. ─옮긴이

을 사방에서 잡아당기는 것과 같다. 행동은 단기기억에서 보내온 명료한 정보를 필요로 하기 때문에 소음이 있으면 우왕좌왕한다.

단기기억을 자극하는 방법

개념 : DLPFC는 좌측 전두엽의 일부이다. 단기기억을 책임지는 DLPFC를 자극하는 한 가지 방법은 단기기억 과제를 제시하는 것이다. 약간은 길고 풀기 어려운 과제를 제시하거나 시급한 문제에 초점을 맞추도록 격려하면 성취감과 목표 코미트먼트를 증진할 수 있다. 예를 들어, 리더가 직원을 해고해야 한다면 그는 불편한 이 문제를 피하려고 할 것이다. 이런 경우에 코치가 다양한 각도에서 해고를 바라보도록 격려하면 리더의 행동 코미트먼트가 향상될 것이다. 이때 코치는 리더에게 다음과 같이 질문하고 함의를 논의할 수 있다.

- 해고 시한은 언제까지인가?
- 장기 계획을 세워 해고자를 재고용할 수 있는가?
- 다가오는 3개월 안에 무엇을 성취해야 하는가?

이러한 질문은 단기기억을 자극하고 계속 해고 문제를 생각하도록 뇌를 자극한다. 시간의 제약이 없다면 뇌는 한 가지 행동에 전념하지 못할 것이다. 이것이 벤치마킹이 그렇게도 중요한 이유이다.

좌측 DLPFC를 자극하면(그러나 지나친 자극은 아니다.), 뇌는 습관에서 해방된다.[32] 이것이 '주요 현안'에 관심을 기울인 근로자가 승진 대상 1순위에 오르는 이유이다.[33]

과학적인 리더십 _뇌 기반 CEO 코칭

적용 : 코치는 단기기억을 자극함으로써 내담자가 과거 중독에서 벗어나도록 도울 수 있다. 비즈니스 상황에서 과거는 너무나 광활하고 뇌를 압도한다. 그러므로 최근 정보에 초점을 유지하면, 과거에 압도된 뇌에 도움이 된다.

단지 목표를 정하기 위해서 벤치마킹이 필요한 것만은 아니다. 벤치마킹은 단기기억을 방해하는 걱정과 불안을 낮춤으로써 딛고 일어설 수 있는 토대를 마련해 주기 때문에 유용하다.

DLPFC에 영향을 주는 정서적 요소

개념 : 좌측 전두엽(DLPFC)에 자기(磁氣, magnetic)자극을 주면 우울증이 완화된다는 사실은 이미 발견되었다.[34] 이것은 이 영역이 자극을 받으면 우울증이 완화되는 것을 의미한다. 우울한 리더를 돕기 위해 코치는 리더와 함께 회사의 투명성과 상호작용을 늘리면 리더를 짓누르는 비밀의 압력을 제거하고, 결정 과정에 다른 직원들을 참여시킬 수 있어 리더의 어깨가 가벼워진다는 이야기를 나눌 수 있다.

- 몇 명을 해고해야 하는가?
- 회사에 필요한 것이 해고인가, 자금인가?
- 그 자금을 마련할 수 있는 다른 방법은 없는가?
- 10명을 해고해야 하는가? 혹은 5명을 해고하고 나머지는 다른 직원의 월급을 삭감해서 충당할 수 있는가?
- 어떤 것이 특히 신경 쓰이는가? 직원들이 싫어할까 봐? 혹은 누

군가에게 상처를 줄까 봐?

- 해고의 필요성을 사람들에게 어떻게 설명할 것인가?
- 이 문제를 다른 직원들과 공유할 수 있을까? '해고가 있을 수 있는데, 해고 이외의 혁신적인 대안을 제안해 보세요.'라고 직원들에게 쪽지를 보낼 수 있는가?

앞에서 언급했듯이, 리더가 자신의 결정에 당당할수록 행동 코미트먼트가 증가한다. 그러므로 리더는 어떤 선택을 할 때 고립되어 있으면 안 된다. 다른 직원들과 상의하면서 결정을 내리는 리더는 직원들에게 가능한 한 많은 것을 해 주려고 노력하는 모습을 보여 줄 수 있다. 리더가 자신을 절대 권력자가 아니라 직원과 협력하고 직원을 대변하는 사람으로 생각한다면 덜 침체될 것이다.

적용 : 리더가 우울하면 그의 행동 지향적 센터가 억제된다. 코치가 우울증을 치료하는 전문가는 아닐지라도, 우울이라는 정적인 틀이 내담자를 가두어 행동 지향성을 억제하기 때문에 내담자가 다른 관점을 사용하도록 도와야 한다. 코치는 리더나 내담자에게 다음과 같이 말할 수 있다. "해고를 다른 관점에서 바라보고 잠정적인 해결에 초점을 맞춰야 한다. 직원에게 상처를 주고 싶지 않지만 다른 방도가 없기 때문에 이러한 상황에서 당신은 덫에 걸린 기분일 것이다. 당신의 기분이 행동센터를 마비시키므로 기분을 전환하여 행동센터를 활성화해야 한다." 표 5.3은 행동 지향성에 관한 뇌과학적 지식을 비즈니스에 적용하는 방법을 요약한 것이다.

과학적인 리더십 _ 뇌 기반 CEO 코칭

| 표 5.3 | 행동 지향성과 코미트먼트에 대한 개관과 요약

심리학적 모델	신경과학	코칭에 적용	코칭 언어
행동 지향성에 코미트먼트가 필수적이다.	좌측 전두엽이 활성화되지 않으면 행동 지향성이 생길 수 없다.	계획과 행동 지향성을 구분하라.	마음을 출발 직전의 '준비 자세'로 만들어라.
목표 달성을 상상해 보는 것이 목표 달성에 도움이 된다.	특히, 1인칭 시점에서 목표에 도달하는 것을 상상할 때 행동 센터가 활성화된다.	벤치마킹할 때 내담자가 1인칭 시점과 3인칭 시점에서 명료한 심상을 만들 수 있도록 도와라.	행동할 때와 그 행동을 상상할 때 같은 뇌가 활성화된다.
어떻게 말하는가는 어떻게 행동하는가에 영향을 준다.	동사는 행동센터를 자극한다.	사람들의 행동을 이끌어 내리려면 행동 지향적 언어를 사용해야 한다.	내담자에게 행동 지향적 질문을 하고 그렇게 질문하는 이유를 설명하라.
내면이 고요해야 생각이 명료해진다.	내면의 소리 없는 카오스는 단기기억과 주의를 방해하며, 뇌의 자원을 당신이 생각하는 것보다 더 많이 소모한다.	내담자가 내면의 소리 없는 카오스를 인식하도록 도와라.	내면의 소리 없는 카오스의 정체를 확인하기 위해 내담자에게 한발 물러서서 문제를 바라보라고 하라.
주의의 초점을 한 데 모으면 생산성이 향상되고 변화가 촉진된다.	주의를 한 데 모으는 단기기억 훈련은 행동을 촉진한다.	내담가가 과거에 중독되어 있음을 인식하도록 도와라.	과거 중독은 장기기억을 자극하고 행동에 필요한 좌측 전두엽 기능을 방해한다.
우울증은 동기를 떨어뜨린다.	우울증은 뇌의 행동센터를 억제한다.	내담자가 우울한 상황을 다른 각도에서 바라보도록 도와라.	우울하면 실제로 행동센터가 마비될 수 있다고 설명하라.

결론

아이디어를 갖고 있는 것만으로는 충분하지 않다. 아이디어를 행동으로 옮겨야 한다. 이를 위한 첫 번째 단계는 행동 지향성을 강화하는 것이다. 이 장에서 논의하였듯이 좌측 전두엽이 활성화되어야 행동 지향성이 생긴다. 일단 행동 지향성이 생기면 뇌는 행동으로 이동할 준비를 한다.

| 참고문헌 |

1. Gatenby, A. and M. Lees, "Leadership Coaching Tip: There is a mind-shift evolving." *Integral Leadership Review*, 2010. 10(2): p. 1–2.

2. Hurwitz, M. and S. Hurwitz, "The romance of the follower: part 3." *Industrial & Commercial Training*, 2009. 41(6): p. 326-333.

3. Hemp, P., "Death by information overload." *Harv Bus Rev*, 2009. 87(9): p. 82–9, 121.

4. Sharot, T., B. De Martino, and R.J. Dolan, "How choice reveals and shapes expected hedonic outcome." *J Neurosci*, 2009. 29(12): p. 3760–5.

5. Boswell, W.R., J.W. Boudreau, and J. Tichy, "The relationship between employee job change and job satisfaction: the honeymoon-hangover effect." *J Appl Psychol*, 2005. 90(5): p. 882–92.

6. Abel, S., et al., "The separation of processing stages in a lexical interference fMRI-paradigm." *Neuroimage*, 2009. 44(3): p. 1113–24.

7. Herry, C., et al., "Switching on and off fear by distinct neuronal circuits." *Nature*, 2008. 454(7204): p. 600–6.

8. Alvarez, R.P., et al., "Contextual fear conditioning in humans: cortical-hippocampal and amygdala contributions." *J Neurosci*, 2008. 28(24): p. 6211–9.

9. Izumi, T., et al., "Changes in amygdala neural activity that occur with the extinction of context-dependent conditioned fear stress." *Pharmacol Biochem Behav*, 2008. 90(3): p. 297–304.

10. Zimmerman, J.M., et al., "The central nucleus of the amygdala is essential for acquiring and expressing conditional fear after overtraining." *Learn Mem*, 2007. 14(9): p. 634–44.

11. Ponnusamy, R., A.M. Poulos, and M.S. Fanselow, "Amygdala-dependent and amygdala-independent pathways for contextual fear conditioning." *Neuroscience*, 2007. 147(4): p. 919–27.

12. Westen, D., et al., "Neural bases of motivated reasoning: an FMRI study of emotional constraints on partisan political judgment in the 2004 U.S. Presidential election." *J Cogn Neurosci*, 2006. 18(11): p. 1947–58.

13. Iverson, R.D. and P. Roy, "A Causal Model of Behavioral Commitment: Evidence From a Study of Australian Blue-collar Employees." *Journal of Management*, 1994. 20(1): p. 15.

14. Pfeffer, J. and J. Lawler, "Effects of Job Alternatives, Extrinsic Rewards, and Behavioral Commitment on Attitude toward the Organization: A Field Test of the Insufficient Justification Paradigm." *Administrative Science Quarterly*, 1980. 25(1): p. 38–56.

15. Benkhoff, B., "Catching up on competitors: how organizations can motivate employees to work harder." *International Journal of Human Resource Management*, 1996. 7(3): p. 736–752.

16. Kim, S., "Behavioral Commitment Among the Automobile Workers in South Korea[sup1]." *Human Resource Management Review*, 1999. 9(4): p. 419.

17. Harmon-Jones, E., et al., "Left frontal cortical activation and spreading of alternatives: tests of the action-based model of dissonance." *J Pers Soc Psychol*, 2008. 94(1): p. 1–15.

18. Resulaj, A., et al., "Changes of mind in decision-making." *Nature*, 2009. 461(7261): p. 263–6.

19. Munzert, J., et al., "Neural activation in cognitive motor processes: comparing motor imagery and observation of gymnastic movements." *Exp Brain Res*, 2008. 188(3): p. 437–44.

20. Schienle, A., et al., "Worry tendencies predict brain activation during aversive imagery." *Neurosci Lett*, 2009. 461(3): p. 289–92.

21. Damasio, A.R., *Descartes' Error: Emotion, Reason and the Human Brain.* 1994, New York: Putman.

22. Clark, L., et al., "Differential effects of insular and ventromedial prefrontal cortex lesions on risky decision-making." *Brain*, 2008. 131(Pt 5): p. 1311–22.

23. Lorey, B., et al., "The embodied nature of motor imagery: the influence of posture and perspective." *Exp Brain Res*, 2009. 194(2): p. 233–43.

24. Holmes, E.A., A.E. Coughtrey, and A. Connor, "Looking at or through rose-tinted glasses? Imagery perspective and positive mood." *Emotion*, 2008. 8(6): p. 875–9.

25. Hagni, K., et al., "Observing virtual arms that you imagine are yours increases the galvanic skin response to an unexpected threat." *PLoS One*, 2008. 3(8): p. e3082.

26. Vasquez, N.A. and R. Buehler, "Seeing future success: does imagery perspective influence achievement motivation?" *Pers Soc Psychol Bull*, 2007. 33(10): p. 1392–405.

27. Jeannerod, M., "Neural simulation of action: a unifying mechanism for motor cognition." *Neuroimage*, 2001. 14(1 Pt 2): p. S103–9.

28. Cappelletti, M., et al., "Processing nouns and verbs in the left frontal cortex: a transcranial magnetic stimulation study." *J Cogn Neurosci*, 2008. 20(4): p. 707–20.

29. Berlingeri, M., et al., "Nouns and verbs in the brain: grammatical class and task specific effects as revealed by fMRI." *Cogn Neuropsychol*, 2008. 25(4): p. 528–58.

30. Heiser, M., et al., "The essential role of Broca's area in imitation." *Eur J Neurosci*, 2003. 17(5): p. 1123-8.

31. Sarampalis, A., et al., "Objective measures of listening effort: Effects of background noise and noise reduction." *J Speech Lang Hear Res*, 2009.

32. Knoch, D., P. Brugger, and M. Regard, "Suppressing versus releasing a habit: frequency-dependent effects of prefrontal transcranial magnetic stimulation." *Cereb Cortex*, 2005. 15(7): p. 885–7.

33. Eisenstat, R.A., et al., "The uncompromising leader." *Harv Bus Rev*, 2008. 86(7–8): p. 50–7, 157.

34. Spronk, D., et al., "Long-term effects of left frontal rTMS on EEG and ERPs in patients with depression." *Clin EEG Neurosci*, 2008. 39(3): p. 118–24.

CHAPTER 6

어떻게 하면 행동하려는
마음이 행동이 될까

앞장에서 우리는 신경과학적 관점에서 변화의 걸림돌과 행동 지향성에 대해 살펴보았다. 이 장에서는 조직 개발 컨설턴트 이며, 매니저이며, 리더이며, 코치인 당신이 신경과학을 토대로 행동 의 변화를 돕는 데 필요한 방법을 살펴볼 것이다. 효과적인 코칭은 행동이 변화하고 그 변화가 유지되는 것이다.

의도와 계획과 궁극적인 행동을 연결해 주는 뇌 덕분에 우리는 행동할 수 있다.[1] 뇌에 이러한 연결고리가 없다면, 우리는 계획을 행동으로 옮길 수 없다. 이제 코치인 우리 앞에는 변화와 변혁이라는 과제가 놓여 있다. 이 장에서는 변화에 영향을 주는 중요한 요소들을 살펴볼 것이다.

변화를 연구하는 사람이라면 누구나 다 변화 의도와 실제 변화는 전혀 다르다고 생각할 것이다. 대부분의 사람에게 낯익은 것은 안전한 것이고, 변화는 위험한 것이다. 결과적으로 변화를 갈망하고 계획하고 증진하고 유지하는 것은 매우 어렵고도 시간이 걸리는 일이다.

변화를 위한 맥락으로서의 조직

조직 내 개인의 변화 혹은 조직의 변화는 그림 6.1과 같은 문제 해결 맥락에서 일어난다.

경영자 개발 담당자는 대체로 변화를 통해 조직의 문제를 해결하기 위해 고용된 사람들이다. 조직의 변화를 위해 개인, 조직 및 집단에

| 그림 6.1 | 의사결정 과정에서 변화가 일어나는 지점

최대한 이득이 되도록 사고방식을 바꾸어야 한다. 변화는 다양한 수준에서 일어날 수 있다. 변화가 정말로 효과적이려면, 그리고 근본적인 변화를 원한다면 유기적으로 연결된 조직의 모든 수준에서 변화가 일어나야 한다. 예를 들어, 회사가 잠재시장이 커지는 것을 보고 시장 분절 단위를 변경하려고 한다면, 마케팅부, 물류부, 판매부를 포함한 모든 수준에서의 변화가 필요하다.

비즈니스에서 인수합병, 민영화도 변화이며 구조조정, 부서 변경과 같은 조직 개편이 필요한 위기도 변화에 속한다.[2] 세계화되고 경쟁이 치열한 오늘날의 시장에서 가변적이며 수요에 기반을 둔 제품만이 살아남는다. 제품의 순환주기가 짧아지고 시장의 요구가 변화무쌍할 때는 특히 그러하다.[3] 중간 관리자는 종종 노조와 대화를 해야 하며 변화를 주도하는 사람들로부터 도전을 받기도 한다.[4]

피상적인 변화는 용이하다(전략을 짜는 단계에서 많은 노력을 기울였으나 헛수고였다면, 근본적인 변화 없이 피상적인 변화만 일어난다.). 진실하고 영향력 있으며 오래 가는 변화가 깊은 수준에서 일어나야 한다.

제6장 어떻게 하면 행동하려는 마음이 행동이 될까

뇌과학적 관점에서 변화에 대한 이해

조직은 결정을 내리는 사람과 결정의 중요한 매개체인 뇌로 구성된다 (그림 6.2 참조). 이 사실을 고려하면 조직의 문제 해결에 신경과학이 얼마나 중요한지 알 수 있을 것이다. 변화에 개방적인 자세를 취하는 것이 중요하지만, 조직의 어떤 부분은 바뀌는 데 한계가 있음을 이해해야 한다. 또한 모든 사람이 변화에 개방적인 것도 아니다. 그리고 뇌의 모든 부분이 혹은 마음의 모든 부분이 변화에 반응하는 것도 아니다.

조직의 변화 이전에 개인의 변화가 선행되어야 한다. 그러나 회사는 항상 조직의 변화를 전제로 자본을 투자한다. 인간의 내부에서 뇌는 변화를 중재하는 핵심이다. 뇌가 변화를 중재하는 방식을 조직에 도입하면, 조직 안에서 우리가 원하는 변화를 이끌어 낼 수 있을 것이다.

조직의 변화와 신경과학을 접목시킬 수 있는 전제조건은 조직이 살

| 그림 6.2 | 조직과 뇌의 관계

아 숨 쉬는 사람과 그들이 사용하는 도구로 구성된 살아 숨 쉬는 유기체라는 점이다. 최근에 연구자들은 조직을 좀 더 깊이 이해하기 위해 인지신경과학을 조직에 적용하고 있다.[5,6] 이런 지식은 그 자체만으로도 흥미진진하고 혁신적일지라도, 이 분야는 급성장하고 있으며 이론이 계속 수정되고 있음을 기억해야 한다.

뇌의 변화와 뉴런의 관계

인간의 뇌는 '뉴런(neuron)'이라고 하는 뇌세포로 구성되어 있다. 뉴런은 축삭(axon)과 세포체(cell body)로 구성되어 있다. 세포체에는 영양소를 공급하여 세포의 생존을 돕는 여러 가지 세포조직과 핵이 들어있다. 세포체에서 뻗어 나온 무수히 많은 수상돌기(dendrite)에서 이웃세포와 연결된다. 이러한 무수히 많은 연결을 '시냅스(synapse)'라고 하

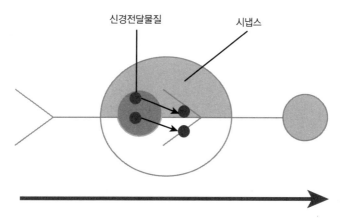

| 그림 6.3 | 시냅스의 대략적인 모습

며 여기에서 많은 변화가 일어난다.

성인기에도 뇌가 변화하는 증거

뇌의 가소성(혹은 신경 가소성)은 뇌의 구조와 기능을 바꾸는 뇌의 능력을 말한다. 그동안 연구자들은 뇌의 모든 변화는 어린 시절에 이루어진다고 생각했었다. 그러나 오늘날에는 뇌 영상 연구를 통하여 성인기에도 변화할 수 있다는 사실이 밝혀졌다.[7] 경험이 뇌 가소성의 주된 자극제이다. 이제 경험에 의해 뇌에 안정적인 다양한 변화가 일어난다는 사실이 명확해졌다. 경험에 의해 뇌는 다음과 같이 변화한다.[8]

- 수상돌기의 길이가 길어진다(수상돌기는 세포체에서 뻗어 나온 가지이다.).
- 수상돌기 가시의 밀도가 증가(혹은 감소)한다.
- 시냅스가 형성된다(시냅스는 세포와 세포가 만나는 곳이다.).
- 교세포의 활동이 증가한다(교세포는 뉴런과 뉴런 사이에서 뉴런을 지탱하는 세포이다.).
- 신진대사의 활성도가 변화한다.

뇌의 변화에 대한 증거는 다음과 같은 다양한 연구에서 나온다.

- 사후 시신 연구
- 뇌 영상(특히 fMRI : 기능성 자기공명영상술) 연구
- EEG 연구(뇌파 연구)

- 동물 연구

뇌가 변화한다 할지라도, 뇌의 모든 부분이 똑같이 쉽게 변화하는 것은 아니며 모든 생각이나 모든 경험이 오래 가는 변화를 만들어 낼 정도로 충분히 강력한 것도 아니다. 신경과학 덕분에 우리는 변화와 변화의 방향에 영향을 주는 미묘한 것뿐만 아니라, 변화에 대응하는 뇌의 반응까지도 알게 되었다.

이 장에서 우리는 변화에 영향을 주는 다음과 같은 네 가지에 초점을 맞출 것이다.

- 업무 전환의 신경생리학
- 변화에 영향을 주는 기억의 신경생리학
- 변화에 영향을 주는 행동의 신경생리학
- 변화에 영향을 주는 정서의 신경생리학

업무 전환과 뇌의 관계

개념 : 조직의 생산성은 행동에 달려 있다. 조직의 가장 큰 손실 중 하나는 의도가 행동으로 옮겨지지 않는 것이다. 변화를 꾀하고 있는 모든 사람이 만족하려면 변화하려는 의도가 행동으로 옮겨져야 한다는 이야기가 많은 회의에서 종종 거론된다. 의도가 행동으로 옮겨지는 것은 변화가 시작되고 유지되는 것과는 다르다. 의도와 행동의 불일치는 이해하기 어렵다. 그러나 뇌 연구자들은 의도와 행동이 불일치

할 때 발생하는 저변의 과정을 해리(dissociation)[1]라 하였고, 우리는 이 해리 과정을 좀 더 생산적으로 이해할 수 있게 되었다.

이미 40년 전에 의도와 행동의 해리는 전두엽 손상과 관련이 있다고 보고되었다. 전두엽이 손상된 사람은 의도와 행동의 해리를 인식하기는 하지만, 아무런 조치를 취하지 못한다.[9~11] 건강한 사람에게 이 현상이 나타날 때 이를 '목표 무시(goal-neglect)'라고 한다.[12] 뇌는 우리가 우리의 의도를 알아차리기 한참 전부터 '발화'하기 시작한다.[13] 이러한 암묵적 의도[2]는 행동센터로 전송된다. 뇌의 내비게이션인 후방 두정 피질(posterior parietal cortex, PPC)은 의도를 행동으로 전환하기 위해 전두엽과 교신한다.[14]

변화에 대한 한 가지 가능한 모형이 그림 6.4에 제시되어 있다.

과제 전환(task switching)은 변화의 중요한 요소로, 인지 통제를 연구할 때 많이 사용된다.[15] 사람이 바뀐다면 생각과 행동이 효율적으로 바뀔 것이다. 변화는 새로운 관점이 생기고 그 관점에서 탐색할 새로

| 그림 6.4 | 변화의 모형

---

1) 해리는 뇌 안의 연결고리가 끊어지는 현상으로, 해리가 발생하면 생각과 감정, 생각과 말, 행동과 의도, 의식과 무의식, 몸과 마음 등이 단절되거나 조화롭게 협력하지 못한다. -옮긴이
2) 무의식적 의도-옮긴이

과학적인 리더십 _뇌 기반 CEO 코칭

운 영역이 생기는 것이다. 단순히 상황 A에서 상황 B로 이동한다 해도 업무를 바꾸려는 의지와 바꿀 수 있는 능력이 있어야 한다. 업무 전환은 겉보기와는 달리 그렇게 간단하지 않다. 대부분의 사람은 새로운 업무를 시작한 이후에도 예전의 업무로 후퇴하는 경향이 있다.

우리가 어떤 의도를 가지고 있을 때 처음에는 그 의도를 의식할 수 없다.[16] 그리고 이런 무의식적 의도는 다양한 동기요인 덕분에 의도로 떠오른다. 그 후에 의도를 의식할 수 있다. 그러나 그 의도는 과거, 현재, 미래의 영향력과 경쟁해야 하며, 뇌(대체로 측두엽과 두정엽)가 그 의도를 해독해야 한다.[17] 의도와 행동이 뇌에서 항상 같이 활성화되어야 행동이 성공한다. 예를 들어, 좀 더 차분하고 공감하는 목소리로 노조와 대화를 하려고 마음먹었다면 이 의도는 당신(그리고 당신의 뇌)의 일부로서 항상 행동으로 이어져야 한다. 의도와 짝지어진 자발적인 행동(다른 사람이 없을 때에도 차분하고 공감한다.)과 단서에 의해 촉발된 행동(다른 사람이 있을 때만 차분하고 공감한다.)은 뇌의 다른 영역을 사용한다.[18] 그러므로 자기 주도적으로 변화하려면 뇌 안에서 의도와 행동이 짝지어져야 한다.

전환 비용(switch-cost) : 업무를 전환하면 같은 업무를 반복할 때보다 수행력이 떨어지거나 대가를 치러야 한다.[19] 이것이 많은 사람이 변화에 저항하는 이유이다. 변화에 뒤따르는 여러 가지 비용(시간 지연, 친숙하지 않은 것에 대한 두려움, 방향 감각의 상실, 부정확) 때문에 회사는 종종 즉각적인 변화를 금하기도 한다. 전환 비용은 다른 업무로 이동할 때 발생한다. 수행력의 변화를 바라기만 한다면 전환 비용은 발생하지 않는다.[15] 이것이 사람들이 행동의 단계로 나아가지 않고 마음 먹은 단계에 (의식적 · 무의식적으로) 머무르는 이유이다. 또한 이것은 사람들이 '행동' 보다는 '열망' 의 단계를 선호하는 이유이기도 하다. 전환 비용이 발생하지 않기 때문에 열망은 생물학적 수준에서 항상 유쾌하다. 그러나 새로운 것을 배워야 하고 실제로 전환 비용이 발생하기 때문에 열망을 행동으로 옮기는 것은 유쾌하지 않다. 처음에는 기능을 학습해야 하지만 나중에는 학습한 것을 반복하면 된다. 우리는 이러한 정복감(sense of mastery)의 즐거움 때문에 기능을 배운다. 업무를 바꾸면 이전에 누렸던 정복감을 누릴 수 없다. 업무를 바꿔야 하는 사람이 업무 전환을 새로운 정복의 기회로 여긴다면 업무 전환은 순조롭게 이루어질 것이다. 이런 관점을 길러 주기 위해 회사는 숙련된 예전의 솜씨보다 새로운 학습에 보상을 주어야 한다. 이런 변화는 회사의 근간에 영향을 줄 것이다.

프로젝트 매니저인 존 X는 예전에 연이어 사업에 실패했던 기업가였다. 그는 종종 아이디어가 떠오르면 제품을 만들었다. 그리고 제품을 만든 다음에는 대체로 제품에 대한 흥미를 잃었다. 뇌는 의도와 행동의 일치를 요구하므로 의도를 실행에 옮기면 전환 비용이 발생한다. 그러므로 존 X의 경우에는 뇌가 전환 비용을 치르지 않기 위해 자신이 개발한 제품에 흥미를 잃은 것이다.

뇌와 전환 비용 : 전환 비용의 뇌과학적 근거는 '역행 억제(backward

inhibition)'이다.[20] 즉, 새로운 과제로 이동(변화)하기 위해 이전 과제에 대한 주의를 억제해야 한다. 다시 말해, 과제 전환은 단지 새로운 과제에 주의를 기울이는 것이 아니라, 뇌가 접수한 많은 과제 중에서 어떤 것을 선택하고 나머지는 억제하는 것이다(뒤에서 이러한 억제가 어떻게 일어나는지 살펴볼 것이다.).

연구자들은 특정 자극에 반응하는 뇌파인 유발 전위(event-related potentials, ERPs)를 사용하여 과제 전환 시 다르게 반응하는 독특한 두 영역을 발견하였다.[21] 이 연구는 주의력을 담당하는 전두엽과 두정엽이 과제 전환에 참여한다는 사실을 발견하였다. 전두엽은 전환 비용이 발생하는 과제를 수행할 때 특히 중요하였다. 전두엽과 두정엽의 뇌파는 과제를 전환할 때 패턴이 서로 달랐다.

이것은 희소식이다. 왜냐하면 인간이 전두엽에 대한 놀라운 통제력을 갖고 있으며 전두엽 기능을 훈련한다면 전환 비용에 대한 적응력을 높일 수 있기 때문이다. 실제로 한 연구는 과제를 전환하기 전에 인지적 통제력을 연습하는 것이 가능하며, 인지적 통제력이나 전두엽 기능을 훈련함으로써 피험자들은 새로운 과제도 그전의 과제처럼 효율적으로 수행할 수 있다는 사실을 발견하였다.[15] 이러한 통제력은 전두엽과 두정엽을 반복적으로 사용함으로써 길러졌다.[22] DLPFC처럼 작업기억(단기기억)에 참여하는 후방 두정엽도 제한된 개수의 정보만 처리하므로, 작은 단위로 분할한 점진적 변화는 후방 두정엽(뇌의 내비게이션)을 돕는 것이다.[23]

훈련이 각기 다른 뇌 영역에 각기 다른 영향을 주는 것은 주목할 만하다. 일차 운동 영역과 일차 감각 영역은 잘 바뀌지 않는다. 그러므로 '일차' 영역(어떤 기능의 최종 집행을 책임지는 영역)을 훈련하는 것은 뇌의 변화 혹은 가소성으로 이어질 가능성이 작다. 그 대신에 여러 정보를 동시에 처리하는 연합 영역 혹은 다중 감각 영역(뇌의 르네상스 영역)은 가소성이 크다.[24] 또한 사람들이 변화를 밖에서 주입한 것이 아닌 '자신이 선택한 일'로 여길 때 변화가 더 빨라진다. 이것은 변화의 중요한 요소 중 하나이다. 최근의 한 연구에서 사람들은 자신을 독특한 사람으로 구분할 때 자기상을 더 빠르게 처리하였다. 이런 효과는 우측 중간 전두이랑의 활성화와 상관이 있었다.[25]

적용 : 존 X처럼 쓸데없는 일로 바쁜 사람을 코칭할 때 코치는 이들의 뇌에서 어떤 일이 일어나는지 뇌과학적으로 설명해 주어야 한다. 예를 들어, 코치는 존의 뇌가 행동을 바꾸고 유지하는 데 필요한 '전환 비용'을 지불하지 않으려고 한다고 설명할 수 있다. 존은 새로운 행동을 시작했으나 의도한 대로 행동을 밀고 나가는 능력이 부족했다. 뇌과학 차원에서 코치는 다음과 같은 가능성을 탐색해야 한다. (1) 존의 여러 가지 무의식적 의도가 서로 경쟁하고 있는가? (2) 어떤 시점에 존이 내비게이션에 너무 많은 정보를 투입하여 이곳이 제대로 작동하지 않거나 이곳이 행동센터와 교류하지 않는가? (3) 존은 스스로 행동하지 않고 자기 관찰만 했기 때문에 너무 느리고 자신에게 싫증난 것이 아닌가? (4) 의도를 행동으로 옮기는 전두엽과 두정엽이 다른 일로 바쁜 것이 아닌가? 존의 의도가 '깊게' 충분히 전두엽과 두정엽을 자

극하였는가?

전환 비용 패러다임을 코칭에 적용하기 위해 무엇을 고려해야 할까? 코치는 내담자에게 새로운 변화의 중요성을 강조하면서 동시에 이전의 방식을 버려야 하는 이유를 설명해야 한다. 이렇게 하면 업무 전환에 필요한 역행 억제가 향상된다. 어떤 행동이 쓸데없는 행동인지 그래프를 이용하여 설명하고, 내담자가 그 분야 사람들과 접촉하도록 격려하라. 예를 들어, 병원은 약품 도매상과 약에 대해 길게 이야기하려고 문을 열어 놓고 기다리지 않는다. 이 사실을 간과한다면, 마케팅 매니저는 길거리에서 시간을 허비하거나 방문했던 곳만 매달릴 것이다.

그러나 그 방법도 병원관계자와 접촉할 수 없다면 아무 소용이 없다. 병원의 골칫거리를 해결해 주는 새로운 방법을 가지고 그들과 접촉할 수 있다. 이해관계가 얽혀 있는 의사나 병원관계자의 편집증을 자극하기보다는 동맹관계를 맺는 쪽으로 변화를 시도해야 한다. 병원의 업무 수행에 도움이 되는 장치를 고안하는 것도 좋은 방법이다. 낡은 방법으로 변화를 시도한다면 구시대적 변화는 구시대적 결과만 가져오며 원하는 결과를 얻을 수 없다고 말하면서 사람들이 실질적인 문제를 이해할 수 있도록 도와야 한다. 또한 이들이 새로운 업무를 연마하도록 격려해야 한다. 새로운 업무를 수행할 때 필요한 핵심요소를 점검하도록 도와라. 새로운 업무를 훈련하면 전두엽 기능과 새로운 과제에 필요한 기술이 향상될 것이다. 또한 새로운 길에서 만난 걸림돌은 변화의 조짐임을 강조하라. 변화의 걸림돌은 일종의 전환 비용이다. 걸림돌이 없는 변화는 전환 비용이 없는 것이며, 진정한 의미의 행동적 변화가 아니다. 마지막으로 변화의 주체에게 처음부터 자신이 변화를 통제할 수 있다는 생각을 심어 주려고 노력해야 한다. 통제감은 전두엽 기능을 증진한다. 변화를 지시하는 것은 변화를 이끌어 내는 최악의 방법이다. 사람들이 변화가 고통스럽다는 것을 이해할 수 있도록 도와라. 변화가 고통스럽지 않다면, 변화할 수 없다. 그러나 사람들은 그런 고통을 견디지 못할 만큼 나약하지 않다. 변화의 주체는 사람이며, 이들이 느끼는 고통이란 변화가 전두엽을 자극한 신호일 뿐이다. 코치는 뇌의 다중 감각 영역이 일차 영역보다 더 유연하다는 것을 기억해야 한다. 이런 사실은 보상을 제공할 때 중요하다. 보상을 준다면 하나의 영역이 아닌 뇌의 여러 영역에 주어야 한다. 이것이 대학교수의 책상 위에 초콜릿 통이 있고 구글이 직원에게 무료식사를 제공하는 이유이다. 뉴욕에 있는 그레머시 박 호텔은 미국에 있는 호텔 중 선두주자격인 호텔이다. 이곳의 로비에 들어서면 이곳의 징표인 향기가 난다. 이 호텔에 들어서면 항상 같은 것이 보이고 같은 향기가 난다. 이 호텔에 들어서는 사람들의 뇌는 이 호텔에 더 빨리 적응할 것이다. 코치는 리더에게 다음과 같은 말을 할 수 있다. "고통이 없으면 얻는 것이 없다는 것이 뇌의 기본 원칙이다. 우리가 변화를 원할 때 뇌는 회로와 연결망을 바꾸기 위해 더 많은 일을 해야 한다. 또한, 뇌는 익숙했던 길로 회귀하는 것을 억제해야 한다."

다음은 편의를 위해 전환 비용에 관한 뇌의 원리를 요약한 것이다.

- 전환 비용은 변화 때문에 발생한다.

- 변화는 역행 억제(과거의 방식을 억제하는 것)의 산물이다.

- 전두엽의 통제력이 증가하면 변화가 일어나기 시작한다. 변화의 초기에 인지적 통제력을 기르면 효과적으로 변화할 수 있다.

- 뇌의 다중 감각 영역은 가소성이 많다(즉, 동시에 여러 감각을 자극할 때 변화가 일어난다.).

- 자기 주도적으로 변화하면 뇌의 정보 처리 능력이 향상된다.

기억과 뇌의 관계

개념 : 변화하려면 변화에 필요한 세부사항을 기억해야 한다. 그러므로 변화는 적절한 기억력을 필요로 한다. 기억은 단기 · 중기 · 장기기억이 있다. 단기기억을 작업기억(working memory)이라고도 하며, 뇌의 여러 영역이 네트워크를 형성하여 단기기억을 담당한다. 이 네트워크 중에 DLPFC가 중요한 영역이다. 중기기억과 장기기억에 대한 전통적인 관점은 새로 익힌 정보가 신피질(뇌의 바깥층)로 가서 응고되어 장기기억이 되기 전까지 해마가 정보를 보관한다. 그러나 이것은 매우 낙후한 관점이다. 최근의 연구에 의하면, 처음부터 기억은 해마에 저장되고 해마의 기억은 맥락 의존적이다. 이 기억은 시간이 흐르면서 해마와는 독립적인 도식적 기억으로 변형되고, 그 다음에 신피질에서 기억이 수정된다.[26] 기억은 기억 창고에 갇혀 있는 것이 아니라, 풀려나서 도식적 기억으로 (압축파일처럼) 변형되고 뇌에서 이것이

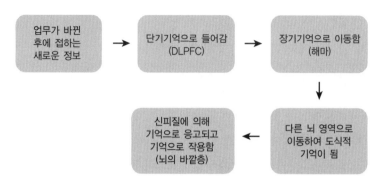

| 그림 6.5 | 기억의 응고 과정

기억으로 작용한다.

　그림 6.5의 모형은 기억이 형성되는 과정과 해부학적 위치를 간략하게 설명한 것이다.

　뇌는 수고스럽게 정보를 학습하고 그 후에 그 정보는 '접근하기 쉬운' 형태로 전환된다. 그 결과, 우리는 기억을 만들 때보다 힘을 덜 들이고 기억 속의 정보를 사용할 수 있다.

적용 : 인출이 용이한 형태로 저장된 장기기억은 쉽게 떠오르지만, 접근하기 어려운 단기기억은 변화단계에서 활용하기 어렵다. 그렇기 때문에 사람들은 과거의 실수를 반복하기 쉽다. 매니저나 코치는 다음과 같이 말할 수 있다. "우리는 장기기억을 펼쳐 보는 탐색단계에서 많은 시간을 보내야 한다. 그렇게 하지 않으면 이전의 행동이 계속 나타나 당신을 괴롭힐 것이다."

역설적 과정이론

개념 : 역설적 과정이론(ironic process theory)은 잘 검증된 흥미로운 이론이다. 사람들은 종종 머릿속이 복잡하거나 스트레스가 많을 때 하고 싶지 않은 행동을 해버린다.[27] 역설적 과정이론은 이 현상을 설명한다. 정신적 스트레스를 받고 있거나 주의를 다른 곳으로 돌릴 수 없을 때 뭔가를 잊으려고 노력하면 할수록 더 떠오를 수 있다. 잊으려고 노력하면 DLPFC의 활동이 증가하고 해마의 활동은 감소한다.[28] 망각은 에너지가 필요한데, 스트레스가 에너지를 독차지하면 잊고 싶은 것을 억제할 수 없다. 떠오른 이런 기억들은 행동을 간섭할 수 있다. 앞에서 살펴보았듯이, 스트레스는 목표 지향적 행동을 가로막고 습관적인 행동으로 돌아가게 만든다.[29]

적용 : 코치가 내담자와 함께 행동을 계획할 때 과거에 대한 기억이나 과거와 관련된 행동을 이해하는 것이 중요하다. 그 이유는 스트레스를 받거나 정서적으로 과부하가 걸렸을 때 재출현하는 것을 확인해야 하기 때문이다. 뇌에 과부하가 걸리면 우리가 잊고 싶어 하는 행동 패턴이 재출현한다. 스포츠 코치들은 이 현상을 많이 보았을 것이다. 예전에 메이저리그의 야구선수였던 척 노블럭, 스티브 블래스, 릭 앤키엘은 가끔씩 나타나는 악 피칭으로 유명하다. 앤키엘은 자신의 거친 볼을 '그 짓(The Creature)'이라고 불렀다. 골프선수에게 공을 너무 높게 치지 말라고 하면 정신적으로 과부하 상태일 때 오히려 높게 친다. 이러한 오류를 '입스(yips)'라고 한다. 경영 현장에서 관리자들은 입스를

조심해야 한다. 내담자가 시간에 쫓기거나 정신적으로 과부하가 걸려 있으면, 코치는 정신적인 짐을 덜어 주는 코칭을 해야 한다(능력의 한 부분이기도 한 입스는 뇌가 의도한 행동보다 방어적인 반작용이 더 빠르기 때문에 나타난다.).[30] 코치는 다음과 같이 말할 수 있다. "실수를 하지 않으려고 안간힘을 쓸 때 우리는 피하려고 하던 바로 그 실수를 하고야 만다. 이것은 뇌가 스트레스를 받으면 원치 않는 기억을 억제할 에너지가 부족하기 때문에 원치 않는 기억들이 범람하듯 떠오른다."

다음은 기억을 강화하는(신피질의 기능을 증진하는) 행동 전략이다.

- 달콤한 낮잠[31~33] : 잠깐 동안(15~30분)의 달콤한 낮잠은 뇌에 휴식을 준다. 짧은 낮잠은 뇌에 기운을 북돋아 주어 기억의 등록과 응고를 돕는다.

- 정서 : 새로운 것을 학습한 후 30분 이내에 발생한 (긍정적 혹은 부정적인) 정서적 각성은 정서적 기억이 되고, 45분이 지나면 정서적 기억이 될 수 없다.[34] 어느 정도 시간이 경과한 다음에 가장 잘 떠오르는 기억은 정서적 기억이다.[35] 이런 효과는 부분적이긴 하지만 해마 때문이다. 순간적인 스트레스는 기억해야 할 장소나 시간과 같은 정보와 짝지어질 때 기억을 강화한다.[36]

- 보상에 대한 기대 : 보상이 불안요인으로 작용한다면 보상에 대한 기대는 학습에 긍정적인 영향을 줄 수도 있고, 부정적인 영향을 줄 수도 있다. 회상과 불안은 역상관관계이다. 즉, 불안하다면

보상에 대한 기대와 상관없이 회상력은 떨어진다. 다시 말해, 불안한 사람에게 보상을 주는 것은 새로운 것을 기억하는 데 도움이 되지 않는다. 변연계의 도파민센터[3]와 해마와 편도체가 활성화될 때 회상력이 향상되고 불안은 줄어든다. 반면에, ACC와 중간 전두이랑이 활성화되면 회상력이 떨어지고 불안이 증가한다. ACC는 불안에 관여하는 영역이고, 중간 전두이랑은 분배된 주의[4]에 관여하는 영역이다. 여기에서 연결회로를 분석해 보면, 변연계의 도파민센터와 해마와 편도체의 연결은 기억력에 긍정적인 영향을 주고, ACC와 편도체의 연결은 부정적인 영향을 준다. 이것은 지나친 불안이 주의력과 기억 응고를 방해하는 것을 의미한다.[37]

적용(기억) : 변화를 시도할 때 너무 불안하면 기억력이 떨어진다. 당신이 불안한 직원과 같이 일을 한다면 그들이 많은 것을 기억할 것으로 기대하면 안 된다. 스트레스가 지나치지만 않다면 정서적 각성은 새로운 학습을 증진하고 정보의 통합에도 도움이 된다. 너무 많은 스트레스는 주의와 기억 둘 다를 방해한다. 코치는 다음과 같이 말하면 된다. "당신이 원하는 변화는 가능하다. 그러나 뇌가 원하는 행동을 만들어 내려면 결정적인 순간에 기억 시스템이 행동을 기억해 내야 한다. 정서는 주의와 기억에 U자 모양으로 영향을 준다.……"

----

3) 도파민을 신경전달물질로 사용하는 보상센터를 말한다. ─옮긴이
4) 동시에 여러 과제를 수행할 때 각 과제에 정신에너지를 분배하는 것이다. ─옮긴이

그렇다면 이러한 연구에서 나온 기억에 관한 지식을 코칭에 어떻게 적용할 수 있을까?

- 변화를 위해 새로운 정보를 학습해야 한다. 이전의 정보와 새로운 정보의 충돌을 줄여야 새로운 정보가 잘 기억된다. 그러므로 코치는 리더가 새로운 변화에 뒤따라 올 충돌을 꼼꼼하게 파악하도록 도와야 한다. 이렇게 하면 리더는 무의식적 갈등을 의식적으로 해결할 수 있을 것이다.

- 변화는 에너지 소모가 많은 다음과 같은 과정을 거치기 때문에 어렵다. 즉, 편도체, 기저신경절(보상센터), ACC(갈등탐지기)의 방해공작에도 불구하고 DLPFC(단기기억센터)가 받아들인 새로운 정보는 해마로 이동하고 그 다음에 신피질로 가서 기억이 응고되는 동안 다른 한편에서는 상징적 형태로 변형된다. 이와 같이 변화는 신피질에 응고된 오래된 습관을 불러내는 것과는 상반된 과정이다. 이 과정을 회피하는 사람은 낡은 습관을 반복해야 한다. 여기에 나온 뇌 영역들을 기억할 필요는 없다. 그러나 새로운 것을 배우려면 많은 에너지가 필요하고 뇌의 다양한 영역이 참여해야 한다는 사실은 반드시 기억해야 한다.

- 뇌의 에너지를 잘 활용하면 새로운 학습과 변화가 촉진된다. 그러므로 더 빠르고 더 효율적인 새로운 학습을 위해 충분한 밤잠과 달콤한 낮잠과 적절한 정서적 각성이 중요하다.

- 매우 불안한 사람에게 보상을 주는 것은 기억력 향상에 도움이

되지 않는다. 먼저 불안을 낮춘 다음에 보상을 투입해야 한다. 리더는 새로운 변화가 직원들을 불안하게 만드는 것은 아닌지 정확하게 파악해야 한다(불안 수준이 높으면 편도체가 활성화되고 즉각적인 과제에 주의를 기울이는 ACC가 불활성 상태가 된다.).

- 정서를 자극하면서 변화를 유도하라. 정서는 기억 응고와 학습 효과를 높인다.
- 가상적인 상황보다는 실무 중심의 현장 학습이 기억 응고와 변화를 촉진한다.

변화와 기억의 신경과학적 원리는 다음과 같다.

- 변화가 일어나려면 새로운 것을 기억해야 한다.
- 기억은 단계적으로 이루어진다. 첫 번째는 단기기억이고, 그 다음은 중기기억이며, 마지막으로 그보다 더 긴 장기기억이다. 이전의 업무와 충돌을 줄여야 새로운 과제를 기억할 수 있다. 이러한 충돌을 발견하려고 노력하라.
- 뇌는 정서적 맥락에서 강화받은 것을 기억하는 경향이 있다. 그러므로 성공적으로 변화하고 뇌의 다양한 부위에 기억을 응고시키려면 정서를 활용해야 한다. 심상, 체험 혹은 실례를 사용할 때 정서가 촉발된다. 음악이나 시청각(예 : 그림)자료를 이용하면 학습이 촉진된다.
- 매우 불안하면 변화에 보상을 주어도 뇌는 보상을 인식하지 못

한다.

- 오래된 습관은 에너지 소비가 적다. 새로운 습관은 더 많은 뇌와 더 많은 에너지를 필요로 한다.

행동과 뇌의 관계

개념 : 대부분의 코치나 리더는 변화가 자발적이거나 안에서 시작된 것이 아니라면 매우 험난한 과정임을 잘 알고 있다. 변화가 너무 고통스럽기 때문이다. 예전에 과학자들은 뇌의 하드웨어가 어린 시절에 만들어지기 때문에 변화는 어렵고 고통스러우며 성인에게 변화를 요구할 수 없다고 생각했었다. 그러나 최근에 뇌가 그렇지 않다는 많은 증거가 나왔다. 대부분의 회로는 이미 형성되었지만, 적절한 연습을 투입하면 뇌의 배선이 수정된다. 이를 위해 효과적인 훈련이 필요하며 생각과 정서 둘 다 바뀌어야 한다.

연구에 의하면, 이 상황에서 저 상황으로 이동해야 할 때 사람들은 이전의 것을 부정적으로 보고 새로운 것을 긍정적으로 보는 식으로 태도가 변화한다.[38, 39] 이에 대해 하몬−존스 등(Harmon-Jones et al., 2008)은 다음과 같은 사례를 들어 설명하였다.

"…… 두 회사에서 일자리를 제안받은 '리온'이 있다고 가정하자. 한 회사가 제안한 자리는 지적 자극이 많을 것 같고, 다른 회사는 같이 일할 사람들이 다정해 보였다. 한 회사는 쾌적한 환경이 조성된 도시에 있고, 다른 회사는 생활비가 적게 드는 도시에 있다. 두 자리는

과학적인 리더십_뇌 기반 CEO 코칭

전혀 달랐지만, 리온에게 둘 다 비슷하게 좋아 보인다. 그러나 그는 둘 중 하나를 선택해야 한다. 결정을 하면 리온은 그 결정을 따르기 위해 행동을 취해야 한다. 그는 회사를 옮겨 새로운 규칙을 익히고 그 규칙에 따라 행동할 것이다. 어느 한 회사를 선택한 다음에도 둘 다 계속 비슷하게 좋아 보인다면, 그는 자신의 선택을 몹시 후회할 것이다. 그리고 후회는 결정의 실행을 방해할 것이다. 그러나 마음의 갈등을 줄일 수 있다면, 선택한 자리는 더 긍정적으로, 거절한 자리는 더 부정적으로 보일 것이다. 이렇게 되면 그는 선택한 직무를 잘 수행할 것이며 만족할 것이다. 인지 부조화 모형은 부조화를 불합리한 역기능으로 보는 반면에, 행동에 기반을 둔 모형은 적응 과정으로 본다.……"[40]

그러므로 인지 부조화(생각과 행동의 부조화)가 어떤 상황에서는 변화의 핵심이다. 인지 부조화는 사람들이 새로운 문을 열 때 다른 문을 닫는 것과 같다. 모든 문을 붙잡고 있으면 변화할 수 없다.

새로운 결정을 갈등 없이 실행하려면 결정을 내린 다음에 새로운 생각과 새로운 목표에 접근하고 싶은 동기가 유발되어야 한다. 또한 새로운 결정을 내린 그 사람은 새로운 목표를 달성하는 데 필요한 새로운 태도를 취해야 한다. 방금 언급했듯이, 새로운 결정에 수반되는 인지 부조화가 변화에 필요한 새로운 행동을 이끌어 낼 것이다. 변화는 불편하다. 변화는 더 많은 에너지를 필요로 하고, 뇌는 더 많이 일해야 하며 전환 비용이 든다. 이것이 변화가 불편한 이유이다.

갈등탐지기의 활성화와 인지 부조화 : 피부 전도 반응을 살펴보면 인지 부조화는 교감신경계의 활성화와 상관이 있다.[41, 42] 인지 부조화 상태일 때 생각의 모순과 오류를 탐지하는 ACC가 활성화될 것이다.[43] 최근에 나온 중요한 연구에서 행동이 자아개념과 불일치할 때 ACC가 강하게 작동한다는 결과가 나왔다.[44] 부조화가 증가하거나 ACC가 갈등을 탐지하면, 뇌는 이 갈등을 줄일 계획을 세우면서 앞으로 나간다.

변화를 위해 좌측 전두엽이 활성화되어야 한다 : 앞에서 언급했듯이, 뇌파(EEG)를 사용한 최근 연구에서 뉴로피드백으로 동기 유발에 관여하는 좌측 전두엽의 발화율을 낮추었더니 부조화를 해소하려는 뇌의 노력이 줄어들었다. 즉, 좌측 전두엽 발화율이 감소하면 새로운 결정을 긍정적 관점에서 바라보기 어렵다. 후속 실험에서 결정 이후의 행동 지향성을 촉진한 결과, 좌측 전두엽의 발화율이 증가하고 뇌는 부조화를 줄이려고 노력하였다. 이 두 실험에 따르면, 결정에 뒤따른 부조화 해소 과정은, 좌측 전두엽의 높은 발화율을 보면 알 수 있듯이, 행동 지향성 때문에 나타난다.[45]

행동이 유발되려면 정서가 뒷받침되어야 한다 : '행동'을 연구하는 뇌과학적 방법 중 하나는 자극을 주고 이 자극에 반응한 일차 운동 영역을 조사하거나, 동작에 선행된 정서를 조사하는 것이다. 연구자들은 우회적으로 운동 영역에 전달된 자극이 동작(일차 운동 피질의 활성화와 상관이 있다.)을 만들어 낼 수 있다는 증거를 발견하였다. 특히 흥

과학적인 리더십 _ 뇌 기반 CEO 코칭

미로운 한 가지 발견은 정서가 변연계에서 만들어지고 그 다음에 이 것이 보조 운동 영역(supplementary motor area, SAM)을 거쳐 최종적으로 일 차 운동 영역으로 들어간다는 것이다.[46] 이것은 이 회로가 방해를 받 지 않는다면 정서가 행동이 될 수 있음을 의미한다. 그러나 이 회로 중 어느 한 곳이라도 차단되면 최종적인 행동은 일어나지 않을 것이 다. 또한 앞에서 언급했듯이 다중 감각적 정보를 수신하는 SAM은 일차 운동 영역보다 변화에 민감하게 반응한다. 그러므로 행동의 변 화를 원한다면 일차 운동 영역보다 SAM에 영향을 주려고 노력해야 한다.

이를 요약하면 다음과 같다.

- 현재의 불편한 느낌이 변화를 자극한다.
- 불편한 느낌은 생각과 행동을 자극한다.
- 행동(생각은 아니다.)하는 것이 동기와 목표 지향성을 자극(생각 만으로는 자극할 수 없다.)하는 가장 좋은 방법이다.
- 불편함을 ACC가 탐지하고 이를 좌측 전두엽에 전달하면 전두엽 은 행동을 자극한다.
- 행동을 담당하는 일차 운동 영역보다 연합 영역에 개입하면 새 로운 행동이 나타날 가능성이 커진다.

적용 : 뇌과학적 연구를 통해 알게 된 행동에 관한 정보를 코칭에 적용 하는 방법은 다음과 같다.

- 변화에 관한 지식을 업무 전환이나 기억에 활용할 수 있다. 기억 과 업무 전환의 차원에서 변화 비용을 검토하라.

- 행동은 처음에 인지 부조화를 필요로 한다. 인지 부조화를 예상 하고, 즉 ACC(갈등탐지기)가 부조화에 관한 정보를 변화센터[5] 에 전송해야 변화가 일어난다. 코치는 인지 부조화의 필요성을 내담자에게 교육해야 한다.

- 새로운 행동을 생각만 하면 변화에 필수적인 전두엽을 거의 자 극하지 못한다. 반면에, 행동은 좌측 전두엽을 자극하는 강력한 힘이 있다.

- 필요한 행동보다 그 행동과 연결된 다른 뇌 영역을 자극할 때 행 동의 가능성이 커진다. 행동과 연합된 정서를 떠올리면 일차 운 동 영역이 활성화된다. 연합 영역을 자극하는 것은 행동을 만들 어 내는 일차 운동 영역을 자극하는 것과 같다.

변화를 방해하는 주된 걸림돌은 변화와 상반된 방향으로 인지 부조 화를 해결하는 것이다. 앞으로 나아가는 길이 불편한 과정임을 내담 자에게 가르쳐야 한다. 코치는 내담자가 과거의 부정성을 늘리고 미 래의 긍정성을 늘려 미래에 대한 두려움을 극복하면서 앞으로 나아 가도록 안내해야 한다. 부조화를 해결하는 과정이 꼭 인지적일 필요 는 없다. 정서적인 과정일 수도 있다. 코미트먼트는 인지적이면서 정 서적이어야 한다.

---

5) 행동센터 — 옮긴이

코치는 다음과 같이 말할 수 있다. "당신의 뇌가 제로섬(zero-sum)게임을 하고 있기 때문에 지금 당장 당신이 원하는 쪽으로 변화할 수 없다. 뇌의 갈등탐지기가 경고신호를 보내고 이 신호만큼 계산기로 들어가려는 보상센터의 메시지를 차감한다. 이렇게 되면 계산기는 혼란스러워서 행동센터에 명령을 내리지 못한다. 당신의 뇌가 행동에 시동을 걸 수 있으려면 계산기에 행동의 우선순위를 다시 정해 주어야 한다."

행동적 변화를 촉진하는 신경생리학적 원리는 다음과 같다.

- 당신이 상상한다면 추상적인 것이 아닌 실무 차원에서 꼭 이루고 싶은 것을 적극적으로 상상하라.
- 행동은 새로운 과제를 위한 동기를 높여 준다(좌측 전두엽의 활성화가 증진된다.).
- 이전의 업무 때문에 인지 부조화(그리고 ACC가 활성화된다.)가 발생할 것을 예상해야 한다.
- 수행하기 어려운 행동은 그 행동과 연관된 다른 행동을 공략하면 행동할 가능성이 커진다. 예를 들어, 당신이 매출을 늘리기 위해 여기저기 전화해야 하는 직원을 독려하기 위해 코칭한다면, 전화 걸 때 느끼는 정서적 이득을 발견하고, 처음에 전화 걸 때 주저하게 하는 불안을 조절하도록 도와라. 코치가 보는 앞에서 전화를 걸라고 하고 그 경험을 코치에게 말해 보라고 하라. 그리고 코치의 목표가 내담자를 돕는 것임을 확인시켜라. 만일 내담자가 전화를 거는 것에 관심이 없다면 전화 거는 목적을 이해할 수

있도록 무비판적 자세로 도와라. 그리고 행동을 바꿀 때 발생하는 인지 부조화를 이해할 수 있도록 도와라. 비즈니스와 인지 부조화의 관계를 설명하기에 앞서 변화에 비용이 발생함을 이해할 수 있도록 도와라.

정서와 뇌의 관계

오래전부터 정서는 조직이나 경영과 무관한 '소프트한 기술'로 분류되었다. 지금까지 살펴보았듯이, 다음과 같은 방식으로 이는 사실이 아니다.

- 뇌의 정서계는 행동계와 직접적으로 연결되어 있다.
- 뇌의 정서계는 효과적인 의사결정을 위해 뇌의 계산기와 함께 득실을 저울질한다.
- 뇌의 정서계는 주의에 영향을 준다(스트레스는 ACC 발화율을 높인다.).
- 뇌의 정서계는 기억과 학습에 영향을 준다(스트레스는 기억력과 DLPFC 활동을 억제한다.).

행동, 주의, 기억, 의사결정은 조직과 인간의 기능에 매우 중요하다. 특히 정서는 영향력이 크다. 그러므로 내담자를 코칭할 때 정서를 잘 이해해야 한다.

2009년 2월에 비즈니스 전문가들 ― 존 맥케이(홀푸드 CEO), 마리

사 메이어(구글의 검색 서비스 부사장), 레니 맨돈카(맥킨지의 공동대표), 비네 나바(HCL 기술고문) ─ 이 미래 지향적인 경영을 위한 선결 과제를 논의하기 위해 모였다. 이때 만든 25개의 권고사항 중 일부를 소개하면 다음과 같다.[47]

- 경영 시스템은 지역사회와 시민의 아이디어를 충분히 반영해야 한다. 기업은 상호의존적인 모든 주주의 의견을 반영하는 절차를 마련해야 한다.

- 두려움을 줄이고 신뢰감을 높여라. 불신과 두려움은 혁신과 화합에 독이 되므로 미래의 경영 시스템은 두려움을 줄이고 신뢰감을 높여야 한다.

- 과거의 영향력을 최대한 줄여야 한다. 기존의 경영방식은 알게 모르게 현상 유지를 부채질한다. 미래는 혁신과 변화를 추구해야 한다.

- 앞서 가는 자를 우대하고 뒤쫓아 가는 자를 홀대하라. 경영자는 과거보다 미래에 정서적으로 투자하는 임직원에게 더 많은 권한을 주어야 한다.

- 열성적인 커뮤니티를 조성하라. 임직원의 화합을 증진하기 위해 경영 시스템은 열성적이면서 자발적인 커뮤니티를 장려해야 한다.

- 인간의 상상력에 제약을 가하지 마라. 인간의 창의성을 촉진하는 많은 요인이 밝혀졌다. 경영 시스템을 설계할 때 창의성에 관

한 정보를 활용해야 한다.

정서는 변화에 중요한 영향을 준다. 또한 신뢰, 공감, 낙관주의는 행동을 촉진한다. 이러한 개념들에 대해 다음의 장들을 보면 도움이 될 것이다.

- 신뢰의 신경과학에 대한 좀 더 상세한 내용은 제3장 '효과적인 관계를 위한 사회적 지능'을 참조하라.
- 공감과 사회적 지능은 제3장을 참조하라.
- 낙관주의의 신경과학에 대한 좀 더 상세한 내용은 제2장 '긍정적 사고는 비즈니스에 어떤 영향을 줄까'를 참조하라.

적용 : 우리는 여러 장에 걸쳐 정서 관리에 대한 신경과학적 접근을 개괄하였다. 코치는 리더에게 다음과 같이 말할 수 있다. "정서는 행동센터에 행동할 것인지 말 것인지를 명령하는 계산기로 전송되는 중요한 정보이다. 어려운 상황에서도 정서를 조절할 수 있는 방법을 배운다면 변화를 이끌어 내는 데 도움이 될 것이다." 표 6.1은 변화와 관련된 신경과학적 원리를 비즈니스 장면에 적용하는 방법들을 요약한 것이다.

| 표 6.1 | 행동과 관련된 개념

심리학적	모형	신경과학	코칭 기법
변화는 가능하다.	코칭이 실제 뇌세포와 뇌의 회로를 바꿀 수 있다.	변화 가능성을 이해하는 데 신경 가소성 개념이 유용하다.	내담자에게 뇌의 변화를 설명하기 위해 신경 가소성 개념을 사용하라.

(계속)

| 표 6.1 | 행동과 관련된 개념(계속)

심리학적	모형	신경과학	코칭 기법
수고하지 않으면 소득도 없다.	변화를 선택하면 뇌는 전환 비용을 지불해야 한다. 그리고 전환 비용 때문에 변화는 고통스럽다.	전환 비용 때문에 변화가 고통스럽다는 것을 내담자에게 설명해야 한다.	가능한 한 여러 감각을 동시에 자극할 수 있는 개입과 질문을 사용하라.
변화를 위해 변화에 필요한 것들을 기억하고, 이를 떠올려야 한다. 즉, 필요한 기억은 떠올리고 쓸모없는 기억을 억제해야 한다.	뇌에서 단기기억은 행동센터와 직접 연결되어 있다. 그러나 뇌에 압축파일 형태로 저장되어 있어 쉽게 떠오르는 습관적 기억에 비하면 단기기억은 꺼내 쓰기가 어렵다.	내담자와 함께 행동을 계획할 때 코치는 스트레스 상황에서 혹은 정신적으로 힘들 때 간간이 출현하는 내담자의 행동이나 기억이 과거의 영향을 받은 것은 아닌지 탐색해야 한다. 코치는 뇌에 과부하가 걸리면 잊고 싶은 기억들이 다시 떠오른다고 설명해 주어야 한다.	때로는 우리가 실수를 피하려고 노력할 때 피하려던 바로 그 행동을 해버리는 경우가 있다. 이것은 뇌가 정신적 스트레스를 받을 때 억제에 사용할 에너지가 부족하여 원치 않는 기억들이 봇물 터지듯 떠오르기 때문이다.
행동은 인지 부조화 해소를 필요로 한다.	뇌가 부조화를 줄이려고 노력할 때 좌측 전두엽이 활성화되며, 이에 비례하여 행동하려는 경향성이 증가한다.	내담자가 인지적·정서적 차원에서 부조화를 줄이려고 노력하는 것을 격려하라.	당신의 뇌가 제로섬 게임을 하고 있기 때문에 지금 당장 당신이 원하는 쪽으로 변화할 수 없다. 뇌의 갈등탐지기가 경고신호를 울리고, 이 신호만큼 계산기로 들어가려는 보상센터의 메시지가 차감된다. 이렇게 되면 계산기는 혼란스러워서 행동센터에 명령을 내리지 못한다. 당신의 뇌가 행동에 시동을 걸 수 있으려면 계산기에게 행동의 우선순위를 다시 정해 주어야 한다.

(계속)

| 표 6.1 | 행동과 관련된 개념(계속)

심리학적	모형	신경과학	코칭 기법
과정을 신뢰하라.	신뢰하면 편도체 발화율이 낮아져서 생각 자원이 증가한다.	신뢰와 두려움의 관계를 이해할 수 있도록 격려하라.	신뢰와 두려움은 길항적 관계로, 뇌에 상반된 영향을 준다. 두려움은 편도체를 자극하고 신뢰는 그 반대이다. 동기를 촉진하는 안전한 직무 환경만큼이나 신뢰할 만한 직무 환경도 중요하다. 신뢰하면 생각하는 뇌는 생각 자원을 갈등을 해결하는 데 사용하지 않고 관련 쟁점을 생각하는 데 사용할 수 있다.
공감은 조직의 생존에 매우 중요하다.	뇌는 거울신경을 갖고 있어 자동으로 다른 사람의 의도와 정서, 행동을 포착한다.	코치가 진정성을 갖고 있다면 내담자는 코치의 희망과 낙관주의를 받아들일 것이다.	임직원들이 회사의 핵심 가치를 공유한다면 거울신경은 갈등탐지기를 자극하지 않을 것이다.
희망과 낙관주의는 인간의 뇌에 중요하다.	낙관주의는 편도체의 훼방을 줄이고 주의력을 높이며, 주관적 고통을 줄인다.	미래가 불투명할 때 낙관적인 상상을 하고 낙관적인 가설을 세워라.	심상이나 가설을 낙관적으로 생각하라. 낙관적 심상을 자주 떠올리면 생각 회로가 감정적인 뇌의 간섭으로부터 자유로워진다.

결론

많은 회사가 안고 있는 어려운 문제 중 하나는 생각을 '행동으로 옮기는 것'이다. 행동할 때 뇌가 어떻게 작동해야 하는지 이해한다면, 우리는 결실을 거두지 못하고 아이디어만 가지고 만지작거리는 일을 중단하고, 생산성 향상을 위해 전진할 수 있는 유리한 위치에 서 있는 것이다.

| 참고문헌 |

1. Haggard, P., S. Clark, and J. Kalogeras, "Voluntary action and conscious awareness." *Nat Neurosci,* 2002. 5(4): p. 382–5.

2. Siriopoulos, C. and P. Tziogkidis, "How do Greek banking institutions react after significant events?—A DEA approach." *Omega* (Westport), 2010. 38(5): p. 294.

3. Lou, P., S. Ong, and A. Nee, "Agent-based distributed scheduling for virtual job shops." *International Journal of Production Research,* 2010. 48(13): p. 3889.

4. Wallis, S., "Appreciating the Unpredictable: A Case Study on Questions." *Organization Development Journal,* 2010. 28(2): p. 73–78.

5. Butler, M.J. and C. Senior, "Toward an organizational cognitive neuroscience." *Ann N Y Acad Sci,* 2007. 1118: p. 1–17.

6. Butler, M.J. and C. Senior, "Research possibilities for organizational cognitive neuroscience." *Ann N Y Acad Sci,* 2007. 1118: p. 206–10.

7. Bower, A.J., "Plasticity in the adult and neonatal central nervous system." *Br J Neurosurg,* 1990. 4(4): p. 253–64.

8. Kolb, B. and I.Q. Whishaw, "Brain plasticity and behavior." *Annu Rev Psychol,* 1998. 49: p. 43–64.

9. Luria, A.R., *Higher Cortical Functions in Man, Second Edition* (B. Haigh, Trans.), 1966, New York: Basic Books, Inc.

10. Milner, B., "Effects of different brain lesions on card sorting." *Arch. Neurol.,* 1963: p. 100–110.

11. Sandson, J. and M.L. Albert, "Varieties of perseveration." *Neuropsychologia,* 1984. 22(6): p. 715–32.

12. Duncan, J., et al., "Intelligence and the frontal lobe: the organization of goal-directed behavior." *Cognit Psychol,* 1996. 30(3): p. 257–303.

13. Carota, F., et al., "Neural Dynamics of the Intention to Speak." *Cereb Cortex,*

2009.

14. Andersen, R.A. and H. Cui, "Intention, action planning, and decision making in parietal-frontal circuits." *Neuron,* 2009. 63(5): p. 568–83.

15. Astle, D.E., G.M. Jackson, and R. Swainson, "Fractionating the Cognitive Control Required to Bring About a Change in Task: A Dense-sensor Event-related Potential Study." *J Cogn Neurosci,* 2008. 20(2): p. 255–267.

16. Uretzky, S. and A. Gilboa, "Knowing Your Lines but Missing Your Cue: Rostral Prefrontal Lesions Impair Prospective Memory Cue Detection, but Not Action-intention Superiority." *J Cogn Neurosci.* 2010 (e-pub: ahead of publication date)

17. Ortigue, S., et al., "Spatio-temporal dynamics of human intention understanding in temporo-parietal cortex: a combined EEG/fMRI repetition suppression paradigm." *PLoS One,* 2009. 4(9): p. e6962.

18. Gilbert, S.J., et al., "Separable brain systems supporting cued versus self-initiated realization of delayed intentions." *J Exp Psychol Learn Mem Cogn,* 2009. 35(4): p. 905–15.

19. Rogers, R.D. and S. Monsell, "The costs of a predictable switch between simple cognitive tasks." *J. Exp. Psychol. Gen.,* 1995. 124(2): p. 207–231.

20. Mayr, U. and S.W. Keele, "Changing internal constraints on action: the role of backward inhibition." *J Exp Psychol Gen,* 2000. 129(1): p. 4–26.

21. Astle, D.E., G.M. Jackson, and R. Swainson, "Dissociating neural indices of dynamic cognitive control in advance task-set preparation: an ERP study of task switching." *Brain Res,* 2006. 1125(1): p. 94–103.

22. Staines, W.R., M. Padilla, and R.T. Knight, "Frontal-parietal event-related potential changes associated with practising a novel visuomotor task." *Brain Res Cogn Brain Res,* 2002. 13(2): p. 195–202.

23. Mitchell, D.J. and R. Cusack, "Flexible, Capacity-Limited Activity of Posterior Parietal Cortex in Perceptual as well as Visual Short-Term Memory Tasks." *Cereb Cortex,* 2007.

24. Landau, S.M., et al., "Regional specificity and practice: dynamic changes in object and spatial working memory." *Brain Res,* 2007. 1180: p. 78–89.

25. Sui, J. and S. Han, "Self-construal priming modulates neural substrates of self-awareness." *Psychol Sci,* 2007. 18(10): p. 861–6.

26. Winocur, G., M. Moscovitch, and M. Sekeres, "Memory consolidation or transformation: context manipulation and hippocampal representations of memory." *Nat Neurosci,* 2007. 10(5): p. 555–7.

27. Wegner, D.M., "How to think, say, or do precisely the worst thing for any occasion." *Science,* 2009. 325(5936): p. 48–50.

28. Anderson, M.C., et al., "Neural systems underlying the suppression of unwanted memories." *Science,* 2004. 303(5655): p. 232–5.

29. Schwabe, L. and O.T. Wolf, "Stress prompts habit behavior in humans." *J Neurosci*, 2009. 29(22): p. 7191–8.

30. Welchman, A.E., et al., "The quick and the dead: when reaction beats intention." *Proc Biol Sci.* 277(1688): p. 1667–74.

31. Backhaus, J. and K. Junghanns, "Daytime naps improve procedural motor memory." *Sleep Med,* 2006. 7(6): p. 508–12.

32. Lahl, O., et al., "An ultra short episode of sleep is sufficient to promote declarative memory performance." *J Sleep Res,* 2008. 17(1): p. 3–10.

33. Nishida, M. and M.P. Walker, "Daytime naps, motor memory consolidation and regionally specific sleep spindles." *PLoS One,* 2007. 2(4): p. e341.

34. Nielson, K.A. and M. Powless, "Positive and negative sources of emotional arousal enhance long-term word-list retention when induced as long as 30 min after learning." *Neurobiol Learn Mem,* 2007. 88(1): p. 40–7.

35. Sharot, T., M. Verfaellie, and A.P. Yonelinas, "How emotion strengthens the recollective experience: a time-dependent hippocampal process." *PLoS One,* 2007. 2(10): p. e1068.

36. Smeets, T., et al., "Context-dependent enhancement of declarative memory performance following acute psychosocial stress." *Biol Psychol,* 2007. 76(1–2): p. 116–23.

37. Callan, D.E. and N. Schweighofer, "Positive and negative modulation of word learning by reward anticipation." *Hum Brain Mapp,* 2008. 29(2): p. 237–49.

38. Harmon-Jones, E. and J. Mills, *Cognitive dissonance: Progress on a pivotal theory in social psychology.* 1999, Washington, DC: American Psychological Association.

39. Wicklund, R.A. and J.W. Brehm, *Perspectives on Cognitive Dissonance.* 1976, Hillsdale, NJ: Erlbaum.

40. Aronson, E., *The Theory of Cognitive Dissonance: A Current Perspective. Advances in Experimental Social Psychology, Ed.* (L. Berkowitz.) Vol. 4., 1969, New York: Academic Press. p. 1–34.

41. Croyle, R.T. and J. Cooper, "Dissonance arousal: physiological evidence." *J Pers Soc Psychol,* 1983. 45(4): p. 782–91.

42. Elkin, R.A. and M.R. Leippe, "Physiological arousal, dissonance, and attitude change: evidence for a dissonance-arousal link and a 'don't remind me' effect." *J Pers Soc Psychol,* 1986. 51(1): p. 55–65.

43. Carter, C.S., et al., "Anterior cingulate cortex, error detection, and the online monitoring of performance." *Science,* 1998. 280(5364): p. 747–9.

44. Amodio, D.M., et al., "Neural signals for the detection of unintentional race bias." *Psychol Sci,* 2004. 15(2): p. 88–93.

45. Harmon-Jones, E., et al., "Left frontal cortical activation and spreading of alter-

natives: tests of the action-based model of dissonance." *J Pers Soc Psychol*, 2008. 94(1): p. 1–15.

46. Oliveri, M., et al., "Influence of the supplementary motor area on primary motor cortex excitability during movements triggered by neutral or emotionally unpleasant visual cues." *Exp Brain Res*, 2003. 149(2): p. 214–21.

47. Hamel, G., "Moon shots for management." *Harv Bus Rev*, 2009. 87(2): p. 91–8.

CHAPTER 7

뇌의 영역별 코칭

지금까지 이 책에서 코치이거나 조직개발자인 당신이 리더와 소통할 때 사용할 수 있는 중요한 개념들을 살펴보았다. 코칭을 하고 있는 저자의 경험에 의하면 신경과학적 틀이 '정서적인' 틀이나 '조직심리학적' 틀보다 이해가 잘 되고 구체적이기 때문에 리더든 누구든 코치의 개입을 잘 받아들인다. 효과적인 코칭이란 다양한 접근법을 통합하고 리더를 안내하는 데 필요한 다양한 코칭 도구를 사용하는 것이다.

우리는 뇌과학적 개념을 리더십의 다양한 단계와 다양한 측면에 적용해 왔다. 그러나 한 가지 질문이 남아 있다. 즉, 우리가 뇌과학적 정보를 체계적인 접근 혹은 체계적인 방식으로 (그리고 구체적으로) 사용할 수 있을까? 이 질문에 대한 답은 간단하지 않다. 원리는 다음과 같다. (1) 특수한 현상에 대한 개념을 이해하고 신경과학적 관점에서 필요한 개입을 할 것이다. (2) 뇌의 각 영역은 기본적으로 사람에 상관없이 같은 일(우리가 변화에 대한 이야기를 하든 의사결정에 대한 이야기를 하든 ACC는 갈등 탐지와 주의력에 관여하고, 우리가 긍정심리학에 대해 이야기하든 심상에 대해 이야기하든 복내측 전전두엽은 사실적·정서적인 이득과 손실을 저울질한다.)을 하기 때문에 코치가 뇌의 특정 부위를 자극하기 위해 투입할 행위는 기본적으로 비슷하다. 그러나 코치는 목적에 맞게 뇌과학적 개념을 적용해야 한다. 저자는 군더더기 같아서 각 장에서 뇌의 영역별 코칭 기법을 다루지 않았다. (3) 뇌의 각 영역은 동시에 여러 가지 일을 한다. 다른 경로를 경유하여 목적지에 도달하는 방법을 저자는 '뒷길(backroading)' 혹은 '대안 탐침(alternative brain probing, ABP)'이라는 개념을 사용할 것이다. 예를 들어, 누군가 일에 집중할 수 없다고 불평을 늘어놓았다면 코치는 '전두-두정' 개입(주의력 증진), 'ACC' 개입(갈등을 줄이고 그런 다음에 주의분산을 줄인다.), '편도체' 개입(주의집중을 방해하는 정서를 줄인다.)과 같은 다양한 개입을 사용할 수 있다. 일반적으로 뇌의 연결관계를 모를 때에는 일차적인 문제에 초점을 맞추겠지만, 연결관계를 알 때에는 뇌의 동일한 영역을 자극하기 위해 대안(즉, ABP)이나 뒷길을 이용할 수 있다.

이 장은 크게 두 부분으로 나뉜다. (1) 뇌의 각 영역과 기본적 기능을 검토하고 (2) 뇌의 각 영역에 개입하는 방법을 살펴볼 것이다. 우리가 주의할 것은 편의상 뇌를 영역별로 구분하지만, 각 영역이 독립적으로 기능하지 않는다는 점이다. 좀 더 정확하게 말하자면 뇌의 각 영역은 네트워크로 작동한다. 뇌의 영역에 대한 개입은 행동의 원인을 직접 치료하는 것이 아니라는 점에서 증상 치료에 가깝다. 증상에 접근함으로써 우리는 임직원의 지적·정서적 기능을 개선할 뿐만 아니라, 이들을 편안하게 해 줄 것이다.

뇌과학적 코칭이 뇌에 어떤 영향을 주는지를 규명한 자료가 아직 나와 있지 않다. 이런 자료를 구할 수 있다면, 우리가 가지고 있는 어마어마한 지식에 이를 추가할 것이다.

뇌의 영역과 기본적인 기능에 대한 검토

생각하는 뇌

리더의 성공은 행동에 달려 있다. 그림 7.1을 보면 알 수 있듯이, 행동은 결정에서 출발하고 결정은 이득과 손실에 대한 평가에서 출발한다.

| 그림 7.1 | 의사결정의 과정

생각하는 뇌는 대뇌 피질이다. 대뇌 피질은 뇌의 바깥층이며, 때로는 '신피질' 이라고도 한다. 뇌의 바깥층은 몇 개의 엽(lobe), 즉 전두엽, 측두엽, 두정엽, 후두엽으로 구분된다(그림 7.2 참조).

의사결정에 참여하는 사고 과정의 상당 부분은 전두엽 그리고 전두엽과 연결된 영역이 담당한다.

전두엽은 여러 가지 일을 한다. 우리는 전두엽의 세 부분에 초점을 맞출 것이다. 처음 두 부분은 전두엽의 앞부분(뇌의 전방)으로, 전전두엽(그림 7.3 참조)이라고 한다.

- 등외측 전전두엽(DLPFC)은 그림 7.3에서 뇌의 가장자리이다.
- 복내측 전전두엽(vmPFC)은 그림 7.3에서 뇌의 가운데이다.

이 영역들의 주된 기능은 다음과 같다.

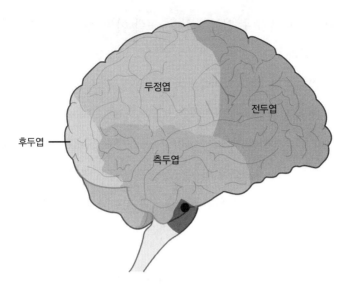

| 그림 7.2 | 뇌의 엽

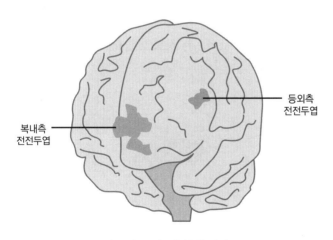

| 그림 7.3 | 전전두엽 피질

- **DLPFC는 단기기억을 담당한다.** 이 영역은 최근 기억을 유지하

고 조작하는 일을 한다. 우리는 의사결정을 위해 최근에 있었던

사건을 떠올릴 수 있어야 한다. 또한 이 영역은 자기 통제에도 관여한다.[1]

- **vmPFC는 뇌의 계산기이다.** 이 영역은 정서적인 뇌와 전두엽의 다른 영역과 같은 다양한 영역으로부터 정보를 받아들여 리스크와 이득을 분석한다. 우리는 온전한 vmPFC를 가지고 있어야 하며, 뇌가 이득과 리스크에 민감한 것을 당연하게 여기면 안 된다. 건강한 계산기 덕택에 우리는 사람들과 원활하게 소통하고 만날 수 있다.

요구나 스트레스가 있는 조건에서 vmPFC는 제대로 기능할 수 없다. 리더의 뇌에 있는 계산기가 정상적으로 작동한다면 선택의 위험성, 지연, 모호함, 가치와 같은 요소를 정확하게 평가할 것이다.[2] vmPFC는 뇌의 다양한 영역에서 들어오는 정보를 필요로 하고, 이를 받아들이

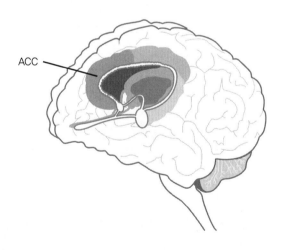

| 그림 7.4 | ACC(전대상이랑)

기 좋은 곳에 자리 잡고 있다.

우리가 세 번째로 살펴볼 전두엽은 그림 7.4와 같은 전대상이랑 (ACC)이다.

ACC는 뇌 안의 정보의 충돌을 탐지하며 주의 시스템의 중요한 부분이기도 하다. 저자는 이 영역을 생각하는 뇌로 분류한다. 그러나 ACC의 등쪽은 전두엽과 연결되었고 배쪽(복측)은 편도체, 섬엽, 보상센터와 연결되어 있다. 그런 의미에서 ACC는 생각하는 뇌와 느끼는 뇌의 연결고리이다.

느끼는 뇌

느끼는 뇌를 이해하기 위해 다른 뇌를 삭제하고 이것만 간단하게 그려보면, 뇌의 깊숙한 곳에 자리 잡고 있음을 알 수 있다. 느끼는 뇌의 주된 영역은 우리가 초점을 맞추려고 하는 편도체와 해마이다(그림 7.5 참조).

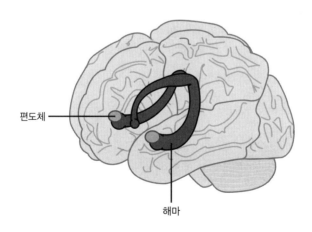

| 그림 7.5 | 편도체와 해마의 위치

해마는 주로 장기기억을 담당한다. 어떤 사람은 해마가 느끼지 못한다고 주장한다. 그러나 기억은 정서적 색채를 띠고 있기 때문에 해마가 느낌에 영향을 준다.

편도체는 중요한 순으로 다양한 정서를 처리한다. 공포가 가장 강력한 감정이기 때문에 편도체는 공포를 가장 먼저 처리한다. 정서는 애착의 중요한 결정인이기 때문에 편도체는 리더로 하여금 뭔가에 너무 많이 혹은 너무 적게 애착을 느끼게 만들어 애착을 왜곡시킬 수 있다.

뇌의 보상계

리더가 결정을 내릴 때 리더의 뇌는 이득과 리스크를 판단해야 한다. 보상계의 중요한 부분은 측좌핵(nucleus accumbens, NA)을 포함하는 복측 줄무늬체이다. 측좌핵은 기쁨과 보상을 등록하고 긍정적 피드백을 통한 학습과 동기에도 관여한다. 그림 7.6은 보상센터의 모습이다.

뇌의 행동계

동작과 행동은 대체로 전두엽의 뒷부분에 있는 운동 피질이 담당한다. 벤치마킹은 바로 이 영역을 발달시키기 위한 것이므로, 이 영역은 리더에게 매우 중요하다. 행동이 목적을 달성하려면 행동의 선행 과정이 제대로 작동해야 한다. '행동' 센터의 위치는 그림 7.7과 같다.

잘 알려져 있듯이 좌측 전두엽에 언어와 관련된 동작을 담당하는 영역[1]이 있다. 리더의 행동을 이끌어 내려면 코치는 이 언어 영역을

------

1) 브로카 영역－옮긴이

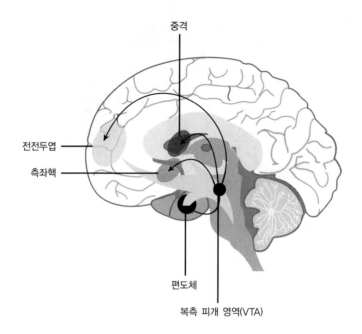

중격

전전두엽

측좌핵

편도체

복측 피개 영역(VTA)

| 그림 7.6 | 보상센터의 연결망

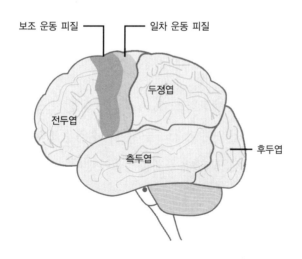

보조 운동 피질

일차 운동 피질

두정엽

전두엽

측두엽

후두엽

| 그림 7.7 | 뇌의 '행동' 센터

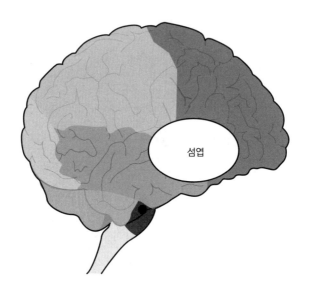

| 그림 7.8 | 섬엽

어떻게 자극할 것인지 염두에 두어야 한다(좀 더 상세한 내용은 제6장 '어떻게 하면 행동하려는 마음이 행동이 될까' 참조).

섬엽

그림 7.8의 섬엽에는 내장의 느낌(gut feelings)에 대한 지도가 있으며, 섬엽의 반응은 해석을 위해 피질로 들어간다. 섬엽은 또한 혐오스런 자극에 반응하여 역겨움과 같은 느낌을 만들어 낸다.

요약

지금까지 앞에서 살펴보았듯이, 그림 7.9와 같은 신경의 경로를 만들

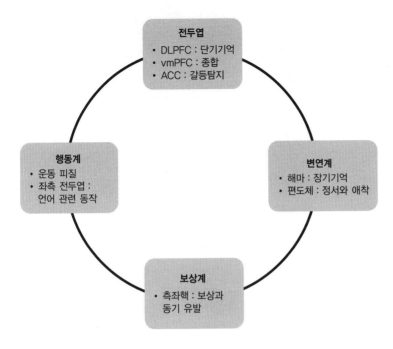

| 그림 7.9 | 코칭 가능한 뇌의 영역에 대한 개관

기 위해 뇌의 다양한 영역은 연결되어 있다. 코치는 뇌의 영역에 개입할 때 신경의 경로를 활용할 수 있다.

그림 7.10은 뇌 전반적인 영역을 요약한 모형이다. 코치라면 코칭할 때 이 모형을 떠올리고 잘 활용해야 한다.

코치는 우선 다양한 뇌의 기능을 알아야 하며, 그 다음에 내담자와 대화할 때 혹은 생각할 때 이 지식을 창의적으로 활용해야 한다. 이제 뇌과학적 지식을 코칭에 어떻게 적용하는지 좀 더 자세히 살펴보자.

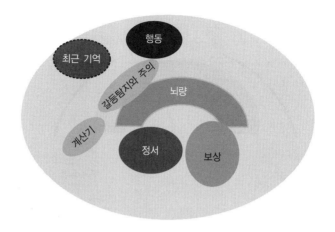

| 그림 7.10 | 코칭의 표적이 되는 뇌의 영역

＊리더가 왜 뇌의 연결관계를 알아야 하는가

리더가 신경 가소성의 원리, 즉 뇌의 연결관계를 수정하는 뇌의 능력을 이해하고 있다면 의사결정과 자기 계발에 도움이 될 것이다. 「CEO와 인지 부조화」라는 논문에서 제프 스티벨은 다음과 같이 말하였다. "홈 디팟(Home Depot), 시티(Citi), 에이아이지(AIG), 메릴(Merrill), 와코비아(Wachovia), 브엠웨어(VMware), 루스 크리스(Ruth's Chris), 스타벅스(Starbucks), 에이디엠(AMD), 포티스(Fortis), 에이치엔알 블록(H&R Block)은 계속 성장하는 회사이지만, 2008년에 CEO를 해고하였다. 챌린저, 그레이 및 크리스마스는 지난달에만 125명 이상의 CEO가 직장을 잃었다고 보고하였다. 이제 공공기관 CEO의 평균 재직 기간은 30개월 정도이며, 많은 CEO는 채 1년을 넘기기 못한다(http://blogs. harvard-business.org/stibel/2008/07/ceos-and-cognitive-dissonance.html.)."

리더는 실직에 대한 면역성이 없다. 또한 리더는 자신의 역할을 유지하기 위해 직무 요구에 순응해야 한다. 뇌과학은 우리에게 이러한 변화가 어떻게 일어나는지를 설명해 줄 것이다.

더욱이 매니저는 근로자를 관리하는 위치에 있다. 그러나 이 '관리'가 실제로는 근로자의 뇌를 관리하는 것이다. 당신이 관리하는 사람들의 뇌를 이해한다면 당신은 그들의 행동을 관리할 수 있을 것이다. 많은 상황에서 뇌를 관리하지 않고 행동을 관리하는 것은 뇌에 복종을 강요하는 것이다. 그러므로 뇌가 어떻게 작동하는지를 이해한다면 당신은 근로자에게 새로운 방식으로 접근할 수 있다.

뇌의 영역별 개입

이제 우리는 리더의 뇌에서 특정 영역이 잘 작동하지 않는 것을 발견했을 때 그곳에 개입하는 구체적인 전략을 살펴볼 것이다.

생각하는 뇌

단기기억센터(DLPFC)

단기기억은 해야 할 일을 기억해야 한다는 간단한 이유 때문에 비즈니스 상황에서 매우 중요하다. 리더는 종종 자신이 쓸데없는 일을 끊임없이 반복하고 있음을 발견한다. 리더가 단기기억과 DLPFC를 증진하는 방법을 알고 있다면, 자신이 관리하는 사람들의 수행력을 향상시킬 수 있을 것이다.

간혹 리더는 앞날을 내다보면 덜컥 겁이 나고 가까운 시일에 끝내야 하는 많은 일에 압도되기도 한다. 이런 경우에 단기기억을 가다듬어 현재에 초점을 맞추면 장기 목표에 대한 불안을 줄일 수 있다.

최근 들어 회사의 이익과 실적이 하락하고 있다면, 리더로서 이를 지켜보는 것은 매우 고통스러울 것이다. 이럴 때 회사가 걸어온 역사에 초점을 맞추면 기분이 나아지고 예전의 위치를 회복할 수 있다는 희망을 가질 수 있다. 먼 옛날에 머물러 있는 리더를 그대로 두지 말고 그의 단기기억을 증진함으로써 최근에 일어난 일에 초점을 맞추도록 도와야 한다. 경력자들은 '내가 ……이었을 때는' 혹은 '내가 잘 나가던 시절에는……' 라며 과거에 머물러 있다. 단기기억 개입을 적용하면 이들은 최근 사건에 주의를 돌릴 수 있다.

상황이 통제를 벗어난 것처럼 보일 때 리더는 회사를 벼랑 끝으로 몰고 가는 힘에 대항할 수 있는 통제력을 길러야 한다. 단기기억 개입은 최근 사건에 초점을 맞추고 마음속의 혼돈을 진정시킨다.

다음은 당신도 시도해 볼 수 있는 단기기억 개입이다.

- **소음 제거** – 제5장 '어떻게 하면 아이디어가 행동하려는 마음이 될 수 있을까'에서 언급했듯이 뇌의 소음을 줄이면 DLPFC의 기능이 개선된다.[3] 소음은 내적인 것일 수도 있고 외적인 것일 수도 있다. 외적 소음은 정보의 등록을 방해하여 새로운 정보가 뇌로 들어가는 것을 방해한다. 뇌가 정보를 접수하지 않으면 그 정보는 기억되지 않는다. 예를 들어, 영업부 회의에서 부장이 새로운 판매 전략을 설명하는데 옆 방에서 드릴 소리가 난다면 설명을 듣고 있는 사람들의 뇌는 새로운 정보를 접수하지 못한다. 건설 현장이나 공장처럼 직무 환경의 특성상 시끄러운 곳이라면 어디에서든 이런 일이 발생한다. 회의 장소를 시끄러운 곳에서 조용한 곳으로 옮긴다면 직원들은 부장이 말한 것을 기억할 것이다.

- **단기기억 훈련** – 최근 사건에 대한 기억을 돕기 위해 최근 사건에 초점을 맞추고 질문하고 최근 사건의 상세한 부분을 회상해 보라고 하면 된다.[4] 질문할 때 답을 택할 시간대를 정해 주면 듣는 사람이 현재에 초점을 맞출 수 있다. "소비자들은 무엇을 원하는

가?"보다는 "지난 6개월 동안 당신이 지켜본 바에 따르면 고객들은 무엇을 사고 싶어 했는가?" 혹은 "오늘 고객들이 무슨 물건을 사러 왔었는가?"라고 묻는 것이 더 낫다. 진부해 보일지라도 이렇게 질문하면 듣는 사람은 고객에게 초점을 맞추고 답을 찾을 시간대를 정할 수 있다. 이 방법은 물건을 사고 싶지만 과거에 안 좋은 경험을 했던 소비자를 어떻게 대할지 몰라 당황하는 영업사원에게도 도움이 될 것이다. 한 고객이 "맥(Mac)을 하나 더 살 생각인데 지난번에 이것을 샀다가 엄청 고생했거든요."라고 말하였다. 이 경우에 영업사원은 "그때는 문제가 있었어요, 그런데 그 문제를 시정해서 새로운 상품이 나왔어요."라고 말하면 고객은 오래전의 경험에서 빠져나와 단기기억에 초점을 맞출 것이다. 이런 대화는 장기적 관점을 벗어나 단기기억을 사용하게 만든다.

- **식습관의 변화**—콩 단백질을 먹으면 인간의 작업기억이 증진되고[5,6] 야생 블루베리를 먹은 동물은 단기기억이 향상되었다는[7] 연구가 있었다. 실제로 콩과 야생 블루베리가 함유된 아이스크림에 대한 연구가 진행 중이다.[8] 더욱이 어떤 연구에서 껌(향기와 맛이 가미되지 않은 껌)을 씹는 행위가 과제를 푸는 동안과 푼 다음에 DLPFC를 비롯한 단기기억망을 활성화하여 단기기억을 높인다는 결과가 나왔다.[9] 코치나 리더의 본업이 내담자의 식습관을 고쳐 주는 것은 아니지만 가볍게 말을 건넬 수 있기 때문에 저자는 종종 식습관을 코칭에 포함시킨다. 예를 들어, 부장이 잘 잊

어버리는 잭에게 "당신이 잭인 건 알아? 건망증에 껌을 씹으면 좋대."라고 유쾌하게 말을 거는 것도 좋은 방법이다.

뇌 안의 계산기(vmPFC)

이곳은 뇌의 곳곳에서 정보를 수집하고 이를 검토하여 행동센터에 '대차대조표'를 내밀기 때문에 가장 중요한 영역 중 하나이다. 계산 기로 들어오는 정보는 이득과 손실에 관한 정보이다. 계산기에 이득 과 손실에 관한 정보가 접수되지 않으면, 결정은 달라질 수 있다. 아 이를 갖고 싶은 마음에 혐오스런 남편과 오랫동안 살아온 한 여성이 40세가 되어서야 자신의 선택이 잘못되었음을 깨달았다. 놀랍게도 이 런 일은 일상에서 종종 볼 수 있다. 이 경우에 그녀의 계산기는 관계 의 이득을 계산하였지만, 아이를 갖지 못할 때의 손실을 계산하지 못 하였다.

또한 사람들은 기본적으로 다닐 수 없는 직장에 너무 오랫동안 다 니기도 한다. 이는 직장이 너무 많은 스트레스를 주고 자신의 신체 적·정신적 건강이 악화된 현실보다 직업의 필요성에만 초점을 맞추 기 때문이다. 이 경우에도 위험성을 계산하지 않았다.

불안할 때 사람들은 손실에만 초점을 맞추고 이득을 충분히 고려하 지 못한다. 이 경우에 손실이 '사실'일지라도 손실의 비중을 '너무 크 게' 잡기 때문에 문제가 될 수 있다.

외로운 사람의 뇌는 보상에 둔감하다. 그러므로 외로움을 느끼는 사람들은 분명한 이득에 별 반응을 보이지 않는다. 외로움을 느끼는 사람은 월급이 올라도 실제로 보상받은 기분이 들지 않을 수 있다. 또한 많은 리더는 외롭다. 그러므로 이들은 승리할 때조차도 승리의 기쁨을 전혀 느끼지 못하거나 느껴도 오래가지 않는다.

사람들은 자신이 리스크를 항상 적극적으로 고려한다고 생각한다. 그러나 모험을 즐기는 사람의 뇌는 리스크에 둔감하다. 그러므로 리스크에 대한 민감성을 상담할 때 그들이 어떤 뇌를 가지고 있는지 알아야 한다. 뇌에 따라서 코치는 리더가 새로운 기술을 배우거나 자신이 처리하기 어려운 일을 대신할 누군가를 고용하도록 도울 수 있다. 충동적인 사장은 충동적인 뇌가 어떻게 작동하는지 잘 아는 침착한 중간 관리자를 두면 도움이 될 것이다.

다음은 뇌의 계산기에 개입할 때 유용한 코칭 기법이다.

● **시간의 틀을 바꿔라.**　한 중요한 연구에서 위험이 임박할 때 vmPFC(계산기)에서 중뇌수로 주변 회백질(PAG, 급성 불안 증상을 담당하는 영역)로 뇌의 활성화 영역이 바뀐다는 결과가 나왔다. PAG가 활성화(위기가 임박한 아슬아슬한 순간의 반응을 만들어 냄)되면 가능한 한 빨리 시간의 틀을 변경하고 예상 시간대를 늦추어 불안을 줄여야 한다. 예를 들어, 위기가 직원들을 불안하게 만든다는 것을 알았다면 리더는 위기가 닥쳐오는 시간대를 늦춤으로써 PAG의 격렬한 반응을 예방할 수 있다. 이를 위해 장기적 관점을 도입하여 그 순간의 열기를 식혀야 한다.[10]

예를 들어, 몇 번의 구조조정에서 살아남은 직원들이 매우 불안해하는 것을 알고는 리더가 더 이상의 해고는 없다고 선언해도 직원들의 PAG가 과활성화되어 생산성이 떨어진다. 리더는 (DLPFC 개입과는 반대로) 현재에서 미래로 초점의 이동을 도와야 한다. 즉, 내년의 전망에 관한 대화를 나눌 수도 있고, 리더가 관리하는 사람들이 좀 더 미래에 집중하도록 도와야 한다. 임박한 위협에서 다른 것으로 주의를 돌리면 숨이 넘어갈 듯한 PAG 반응은 금방 수그러들 것이다.

- **잠정적인 손실을 평가할 때 신중을 기하라.** 위기 상황에서 vmPFC는 작동하지 않기 때문에 이득과 손실에 대한 평가가 잘못될 수 있다.[11] 그러므로 리더의 vmPFC가 활성화되었을 때 리더에게는 결정의 잠정적인 리스크에 대해 조언해 줄 사람이 필요하다. 고집스런 결정은 보상계의 민감성과 관련이 있다.

  사람들은 어떤 길에 들어서면 종종 그 길에 '중독되고' 자초하는 손실을 인지하지 못한다. 예를 들어, 미디어는 외형을 강조하는 비즈니스를 조장한다. 이런 영향을 받은 비즈니스는 시장 조사 결과를 반영하지 않고 계속 질보다는 양에 치중하고, 미디어를 통해 홍보하려는 어리석음 때문에 홍보부는 리스크를 고려하지 않고 겉치레에 돈을 투자한다. 코치는 리더의 보상계가 활성화(미디어에 나왔기 때문에)되었을지라도 리스크와 투자 수익률(ROI)을 고려하지 않은 것을 주목해야 한다. vmPFC에 개입하려면 코치는 홍보부가 투자 수익률이나 리스크를 분명히 인식할 수 있도록 구체적으로 질문해야 한다.

과학적인 리더십 _ 뇌 기반 CEO 코칭

- **위험을 택할 때 의견을 수렴하라.** vmPFC는 완벽하게 리스크를 평가하지 못한다. 그러므로 리더는 놓친 리스크를 파악하기 위해 결정적 이슈에 대해 설문조사를 실시해야 한다.[12-14]

  누구나 다 리스크에 좌초당하는 것을 원치 않기 때문에 리스크에 대한 조사는 민감한 사안이다. 코치는 이 일을 리스크관리자에게 위임하고 그가 정보를 취합한 다음에 CEO에게 필요한 정보만 보고하라고 조언할 수 있다. 이 방법은 최적화된 뇌를 모방한 것이다. 즉, 리더의 뇌는 리스크보다 이득을 생각하기 때문에 외부의 또 다른 뇌가 리스크 평가를 도와주어야 한다. 평가자는 리더에게 쓸데없는 정보를 제공하지 말고 중요한 리스크 정보를 지혜롭게 전달해야 한다.

ACC(갈등탐지와 주의)

ACC(전대상이랑)는 수많은 비즈니스 상황에 관여한다. 비즈니스가 있는 곳이라면 항상 여러 가지 갈등이 있기 마련이며, 갈등이 있는 곳에서는 ACC가 활성화된다. ACC는 일을 바로잡기 위해 존재한다. ACC가 뇌 내의 갈등을 탐지하면 뇌의 다른 영역에 자신과 보조를 맞추라고 신호를 보낸다. 많은 전문가는 ACC를 무의식과 의식을 연결하는 고리로 본다. ACC는 무의식적 뇌가 보내는 신호를 포착하고 이를 의식적인 뇌에 전달한다. 그러므로 ACC는 갈등만 탐지하는 것이 아니다. 갈등을 포착하기 위해 ACC는 내적·외적 환경을 스캔한다. 그러므로 ACC는 주의 시스템의 핵심이기도 하다.

비즈니스에 임하는 임직원들의 마음속에서 둘 이상의 아이디어가 충돌할 때 ACC가 중요한 역할을 한다. ACC가 활성화되면 문제에 초점을 맞출 수 없다. 사람들의 내면에는 거의 언제나 갈등이 있기 때문에 문제에 초점을 맞추는 것은 어려운 일이다. '30분 정도 야근을 해야 할지, 마감일이 오늘일지라도 오늘은 그냥 집에 가고 못한 일을 내일 해야 할지……' 와 같이 단순한 갈등도 ACC를 자극한다. ACC 갈등이 일을 마치기 어렵게 만들기 때문에 ACC가 활성화되면 30분이면 될 일이 3시간씩 걸릴 수 있다. 내적 갈등이 해소되지 않으면 ACC는 계속 발화한다. 이런 상황에서 코치가 ACC에 개입하여 내적 갈등이 해소되면 뇌는 필요한 일에 집중할 수 있다.

비즈니스 상황에는 항상 외적 갈등이 있다. 임금 인상을 위해 협상할 때 혹은 상대하고 싶지 않은 사람과 같이 일을 할 때, ACC는 갈등이 해소될 때까지 계속 갈등을 포착한다. 협상할 때 당신은 상대방의 ACC가 가능한 한 작동하지 않기를 바랄 것이다. 예를 들어, 당신이 임금 인상을 원한다면 "이제 저의 임금이 오를 때가 되었다고 생각합니다!"라고 말하지는 않을 것이다. 이런 말은 다음과 같은 여러 가지 이유로 즉각 상대방의 ACC를 자극할 것이다. (1) 무례하고 공격적으로 들릴 수 있다. (2) 즉각 인상을 요구하는 것처럼 들릴 수 있다. (3) 사업이 손실을 보고 있는 상황에서는 임금 인상이 불가능한 요구로 들릴 수 있다. 그렇다면 다음과 같이 말하는 것이 더 낫다. "저는 직장에서 저의 온 마음과 영혼을 바쳐 일하고 있습니다. 임금 인상의 합리적인 시기에 대해 의견을 나누고 싶습니다. 그리고 임금 인상은 앞이 막

막한 저에게 용기를 줄 것입니다." 이와 같이 열을 올리지 않으면서 요구사항을 말한다면, 상대방의 ACC를 자극하기는 하겠지만 임금인상의 시기를 제한하지 않았고 임금이 인상되어야 하는 상황을 잘 설명했기 때문에 ACC가 그렇게 많이 활성화되지 않을 것이다.

ACC는 무의식적 두려움에 반응하는 편도체와 연결되어 있다. 그러므로 편도체가 활성화되면 ACC는 갈등탐지만 하고 불안이 가라앉을 때까지 계속 갈등탐지 모드를 유지한다. 당신이 세무감사를 받는 중이라면 한 달 전부터 불안했겠지만, 다가오는 세무감사가 불안의 원인인 것을 모를 수 있다. ACC가 편도체의 무의식적 불안을 포착하면, 코치가 개입하여 불안을 가라앉힐 때까지 ACC는 계속 발화한다. 여기서 중요한 것은 무의식적 불안을 알아차리기 어렵다는 것이다. 그러므로 편도체 발화율을 낮추는 것은 매우 어렵다. 그러나 ACC에 접근하는 것은 가능하다. 다음에 소개될 방법들을 보면 ACC에 어떻게 접근하는지 이해할 수 있을 것이다.

ACC는 미묘하거나 분명한 갈등을 포착하면 갈등이 해소될 때까지 계속 발화한다. 예를 들어, 외부의 새로운 CEO가 회사를 맡으면 그의 ACC는 발화하고 그는 회사의 운영방식을 비판하면서 회사에 합류할 것이다. 새로운 고용주는 회사의 긍정적 측면을 지지하고 추천하기보다는 자신의 독특한 위용을 드러내고 싶어 한다. 이런 식으로 새로운 CEO가 회사를 '인수인계' 하면 이전의 CEO가 방침을 '바꿀 때'보다 직원들은 더 많이 투덜거린다. 직원들의 ACC가 활성화될 것이며 이렇게 되면 중간 관리자들은 직원들의 ACC를 진정시키면서 일을 해야 한다.

CEO는 해결(resolve), 재평가(reassess), 초점의 재조정(refocus), 화합(reengage), 틀의 교체(reframe) 중 하나를 선택함으로써 갈등탐지기를 조정할 수 있다(기억하기 좋게 **Slove, Assess, Focus, Engage, Frame**의 첫 자를 따면 **SAFE-Frame**이 된다.).

기본적으로 갈등이 있을 때 이렇게 접근하면 갈등탐지기가 '안정'되어 비즈니스에 집중할 수 있다.

해결 : 우선순위의 충돌을 줄여라

ACC는 믿음이나 선호도 같은 것이 우선순위를 놓고 충돌할 때 활성화된다.[15] 이런 경우에 내적 · 외적 갈등을 해결하는 데 초점을 맞추면 ACC가 본연의 힘을 되찾는 데 도움이 될 것이다.[16,17]

직원들이 불만을 마음속에 품고 있으면 생산성이 떨어지므로 불만을 해소하도록 도와주어야 한다. 이를 위해 직원들에게 불만을 털어놓을 기회를 마련해 주는 것이 중요하다.

또한 대부분의 비즈니스는 비즈니스 행동이 개인의 신념이나 선호도와 충돌할 때 이를 간과한다. 리더가 결정을 신속하게 집행하려고 할 때 신념과 행동이 충돌하는지 살펴보고, 충돌한다면 이를 해결해야 한다. 대부분의 근로자는 자신의 신념에 무관심하다. 저자는 최근에 은행 고객들에게 리스크를 조언해 주는 직원들을 관리하는 리더를 코칭한 적이 있다. 코칭을 받은 후 리더는 직원들에게 신념이 무엇인지 물어보았다. 어떤 직원은 주식시장이 불안정하여 통제할 수 없다는 것을 알고는 고객들에게 자신도 못 믿을 말을 조언해 주고 있었다. 리더가 주식시장이 불안정한 시기에도 어떤 사람은 계획을 세워 이득을 남기고 어떤 사람은 그렇지 않다고 지적하였다. 직원들은 리더의 말에 공감하고 좋은 방법을 생각하기 시작하였다. 이렇게 하여 직원들의 신념과 행동의 충돌이 해소되었고, 이로써 직원의 생산성도 높아지고 고객의 만족도도 증가하였다.

필요한 것만 선택적으로 주의하면 ACC가 처리할 자극이 줄어 단기기억이 증진된다. 이렇게 함으로써 뇌는 위기를 해결하는 데 생생한 정보를 사용할 수 있다.[18] 즉, 갈등이 큰 문제가 될 때 수많은 장애물보다 단기기억과 끝내야 하는 일에 초점을 맞추면 갈등과 ACC 발화를 줄일 수 있다.

초점의 재조정 : 긍정성에 초점을 맞추어라

고통에 대한 연구에서 사람들이 느끼는 주관적 고통은 고통 그 자체보다 고통에 집중하는 정도에 달려 있다는 결과가 나왔다.[19, 20] 과거에 상처를 입었던 사람들은 그때의 고통(예 : 실직)을 현재 상황에 투사한다. 심지어 현재는 그런 고통이나 위협이 존재하지 않을지라도 그렇게 한다.[21, 22] 그러므로 리더는 긍정적인 측면에 초점을 맞춤으로써 ACC의 스트레스를 제거하고 ACC의 초점을 긍정적인 측면으로 돌려주어야 한다.

리더가 직원들을 교육할 때 이유를 설명하지 않고 긍정적 측면을 보라고 하면 수긍하지 않을 것이다. 사람들은 직장에 와서도 삶의 비극이나 부정적인 측면에 초점을 맞출 수 있다. 리더는 이런 사람들에게 사실 그대로의 고통에 초점을 맞추면, 뇌는 더 많은 고통을 만들어낸다고 말하면 도움이 될 것이다.

이것은 어려운 뭔가에 대해 두 사람의 의견이 불일치할 때 그 상황을 이해하는 좋은 틀이다. 어떤 사람은 일의 고통스러운 측면에 초점을 맞추고 어떤 사람은 그렇지 않다. 힘든 고통에 초점을 맞추면 그의 ACC는 과활성화된다. 그러나 일이 끝났을 때의 이득이나 일을 하는 과정에 초점을 맞추면 (그리고 스스로 초점을 변경하는 훈련을 하면) 도움이 될 것이다. 판매원은 호객 행위나 방문판매를 더 늘리라고 독촉받을 것이다. 이때 이들은 거절당할 때의 고통을 즉각 떠올릴 수 있다. 대부분은 고객들에게 거절당할지라도 좌절당하는 순간보다 판매 과정에 초점을 맞춘다면, 판매원으로서 더 유리한 위치를 차지할 것이다. 이렇게 하면 뇌의 두 영역을 돕는 것이다. 즉, 이들이 판매 과정에 초점을 맞추고 과정을 신뢰하면 불안센터(편도체)의 발화가 감소하고 그럼으로써 생각하는 뇌가 편도체로부터 자유로워진다(약간의 불안은 동기를 촉진하고 너무 불안하면 생각을 방해한다.). 또한 초점을 판매 과정에 맞추면 고통에 반응하는 ACC의 발화도 줄어든다. 이렇게 함으로써 뇌 안에 존재하는 혼돈을 줄일 수 있다.

화합 : 직급에 상관없이 회사의 모든 사람을 논의에 포함시켜라

사회적 배제(social exclusion)가 ACC를 자극한다는 연구 결과가 있다.[23] 회사가 더 많은 직원을 포용할수록 직원들의 ACC의 스트레스와 '사회적 고통'이 줄어들 것이다. 편도체의 훼방을 줄이는 한 가지 방법은 모든 사람의 알 권리를 충족시키는 것이다. 회사가 투명하면 예기 불안과 갈등이 줄어들기 때문에 ACC의 발화도 줄어든다.

최근에 저자는 회사에서 일어나는 일을 혼자만 모르는 것 같다고 호소하는 CEO를 코칭한 일이 있다. 그는 일을 위임하는 일에는 탁월하였다. 그러나 자신은 무엇을 해야 할지 몰라 허둥대며, 사무실에서 혼자 있을 때 일에 집중하지 못하였다. 사회적 배제 때문에 그의 ACC가 활성화된 것이다. 그는 회사의 수장이었지만 자신의 뇌에서 일어나는 혼란을 효과적으로 관리하지 못하였다. 그는 집중할 수 없어 안절부절못하였다. 놀랍게도 그는 직원들과 함께 어울리며 더 많은 일을 할 때 일에 대한 집중력이 높아졌다. 이것은 많은 사람에게 실제로 일어나는 일이다. 이 사실을 안다면 리더는 사람들이 비즈니스 환경에서 서로 어울리며 일을 하도록 도와야 한다.

재평가 : 파국으로 보지 마라

상황을 파국으로 정의하면 위기로 인한 고통이 증폭된다.[24] 상황을 나쁘게 볼수록 고통과 혼란이 증가하기 때문에 상황이 나쁘더라도 다른 각도에서 보려고 노력해야 한다.

특히 '전쟁터' 같은 현대는 삶이 종종 파멸의 연속처럼 보인다. 뉴욕 증권가의 대폭락이 잠잠해지면 바다에서 기름 유출 사건이 발생하고, 중소기업에 도저히 감당할 수 없는 세금폭탄이 날아온다. 가능성을 평가하는 것과 전체 상황을 평가하는 것은 전혀 다르다. 판매가 부진한데 세금이 증가하면 리더는 치명타를 입어 파산이 임박했다고 판단할 수 있다(최근에 저자는 작은 은행이 비즈니스 비용의 증가로 위협을 느끼기 시작하자 비슷한 상황이 벌어지는 것을 보았다.). 파국이 사실일지라도 파국을 파국으로 인식하면 '뇌의 고통'이 증가하고 ACC가 활성화되어 뇌는 '파국' 모드로 머무른다. 이와 달리, 리더는 절박한 위기를 어떤 행동을 하라는 신호로 받아들이고 신호를 알아차린 것에 감사할 수도 있다. 또는 비용 절감에 초점을 맞추거나 아니면 위기를 난공불락의 벽으로 보기보다는 정복 가능한 산으로 볼 수도 있다.

위기는 안전을 위협하는 비상사태와 같다. 당신이 위기를 위험신호로 보았다면 혹은 위험을 확인한 신호로 보았다면 당신은 이제 안전한 것이다.

틀의 교체

ACC는 상황을 정의하는 일에 관여한다.[25] 한 연구에 의하면, 정서적인 영화와 사람의 얼굴을 짝지어 제시했을 때 사람들은 얼굴로 영화의 성격을 추정하였다. ACC와 편도체는 정서적 꼬리표를 붙이는 일에 관여한다.[26] 어떤 상황에서 사람들은 자신의 부정적인 느낌을 현실과 연관 지어 실제로 일어나고 있는 일을 곡해한다. 리더는 직원들의 말을 들어 보고 실제로 일어나는 일과 그들의 부정적인 느낌을 구분해 주어야 한다. 이렇게 하면 그들은 자신의 상태에 대해 부정적으로 해석하지 않고, 발생하고 있는 일을 다른 각도에서 바라볼 수 있다.

틀의 교체는 앞에 나온 개념들을 포괄하는 개념이다. 어떤 사람들은 틀의 교체를 타이타닉호의 갑판 위에 있는 의자를 교체하는 것에 비유하였다. 타이타닉호의 갑판에 부드러운 천을 깔았다면 틀을 교체한 것이다. '빨간 딱지'가 붙은 비상사태에서 좋은 방법은 위험이 없는 척하는 것이 아니라, 안전한 것을 찾는 것이다. 다른 틀을 도입하면 편도체의 짐을 덜어 줄 수 있다.

은행이 부실 담보대출로 위기(신용의 위기는 아님)를 맞으면, 은행원들은 헤드라이트에 노출된 사슴처럼 얼어붙기 때문에 은행은 몇 달 동안 거의 마비되다시피 할 것이며, 편도체와 ACC의 과활성화를 통제하기 어려울 것이다. 그러나 은행원들이 비용 절감을 위해 회사를 재정비해야 한다는 것을 깨닫고 미래를 향해 나아갈 때 이들은 지출을 줄일 수 있을 것이다. 상황은 변한 것이 없고 틀만 바뀌었을 뿐이다. 상황에 압도되어 뇌가 마비되었을 때 틀을 바꾸어라.

느끼는 뇌

편도체

리더든 동료직원이든 사람은 매우 불안하면 편도체가 과활성화된다. 여기서 중요한 것은 편도체가 의식적 혹은 무의식적 두려움에 의해 활성화된다는 것이다. 신속하게 총매출액을 결산해야 하는 회계 담당자는 편도체가 활성화된 상태에서 일을 하고 있을 것이다.

비즈니스 상황이 전략을 집행하기에는 걸림돌이 있거나 전략이 비효율적일 때 무의식적으로 불안이 유발될(그리고 편도체가 활성화될)

것이다. 불안이 명백하게 느껴질 때 편도체가 과활성화된 것이다. 이것은 '사고'와 '행동'에 악영향을 줄 수 있다. 코치가 내담자의 편도체 발화를 낮출 수 있다면, 그들에게 명료하게 생각하는 길을 안내할 수 있다. 저자가 코칭한 한 임원은 자신의 인생이 길을 잃은 것 같아 매우 불안해하고 있었다. 그녀는 일에 있어서는 상당히 존경받았지만, 날마다 더 이상 올라갈 곳이 없다고 생각하였다. 그녀는 이런 기분이 들면 수행력이 떨어지고 아무리 노력해도 일에 집중할 수 없었다. 저자는 그녀와 불안이 일을 방해하고 있을 가능성에 대한 이야기를 나누었다. 그러자 그녀는 곧바로 불안을 줄일 계획을 세웠다. 이런 식의 위기 개입으로 그녀의 생각은 불안으로부터 자유로워졌고 그녀는 최정상에 오를 수 있었다. 지나친 불안과 스트레스는 습관적 사고를 부추긴다. 침체 국면일 때 낡은 생각을 새롭게 바꾸어야 하는데, 과활성화된 편도체는 이를 방해한다.

비즈니스가 비생산적일 때 업무에 압도된 직원들의 편도체가 행동에 제동을 걸거나 회사의 발전 속도를 늦출 수 있다. 한 임원이 자신의 꿈을 찾아 회사를 떠나겠다고 선언하자, 리더는 깜짝 놀라 자신이 하고 싶은 것이 무엇인지 혼란스러웠다. 그는 비즈니스 컨설팅을 받고 싶었다. 그러나 그는 전처럼 비즈니스를 시작할 수도 없었고 비즈니스 스쿨에 가고 싶지도 않았다. 결국 그의 편도체가 그를 마비시켜 그는 더 이상 앞으로 나아갈 수 없었다. 저자는 그를 코칭하면서 어떤 능력이 남다른지 물었다. 그러자 그는 즉각 다른 식으로 생각하기 시작하였고, 자신의 아이디어와 지적 재산권을 등록하기로 결심하였다. 이 행동은 그의 불안과 편도체 발화를 낮추었다.

다음은 편도체에 개입하는 방법이다.

- **위기에 대한 계획을 세워라.** 편도체는 그 순간 가장 중요한 감정을 처리하기 때문에 리더는 미리 위기에 대처할 수 있는 대책을 세워야 한다. 위기가 예상되는 집단은 어떠한 위기가 발생해도 대처할 수 있다는 확신을 주기 위해 '피난 계획'을 갖고 있어야 한다. 물론 피난 계획만으로 불안을 줄이는 것은 역부족이지만, 위험한 상황에서 대피할 수 있다고 생각하면 사람들은 확실히 더 침착해지고 편도체 발화율이 줄며 리더의 편도체도 마찬가지이다.

  저자는 어느 회사의 경영진을 코칭하면서 회사가 침체되면 경과를 조사하고 한 달 이익이 일정 수준 이하로 떨어지면 급여를 조정하기로 의견을 모았다. 이 계획은 첫 번째 단계가 직원들의 해고라는 걱정을 덜어 주었다.

- **전 직원이 행동 계획을 공유하라.** 회사의 전 직원이 행동 계획을 공유하면, 결국에는 침착한 직원에게까지 확산되는 편도체의 잔물결 효과(ripple effect)를 예방할 수 있다. 다시 말해, 정서는 전염되므로 불안과 두려움이 확산될 때 회사의 집단적인 편도체가 과활성화되어 행동을 가로막는다. 그러나 전 직원이 행동 계획을 공유하면 나눔이 느껴져서 '차분'해지기(그리고 편도체 발화가 감소하기) 때문에 잔물결 효과도 줄어든다.

- **낙관적으로 상황에 접근하라.** 뇌 영상 연구에 의하면, 낙관이 진심이라면 낙관할 때 편도체는 처리할 감정을 두려움에서 낙관으로 교체하고[27] 이것이 ACC에도 영향을 준다.[28] 낙관주의는 상황을 부정하는 것이 아니다. 낙관주의는 문제보다는 해결에 초점을 맞추려고 노력하는 것이다. 문제보다는 해결에 초점을 맞추는 직장 분위기가 형성되면 직장은 서로를 진정시켜 주는 커뮤니티가 될 것이다.

  현재의 재정 상태에서 코치가 낙관주의를 처방하면 사람들의 표정이 굳어진다. 상황이 나아진 것은 없는데 상황을 낙관한다면 사람들은 정신이 나갔다고 할 것이다. 그러므로 코치는 낙관주의를 처방할 때 심각한 문제가 존재할지라도 해결에 초점을 맞추는 것이 낙관주의라고 설명하는 것이 중요하다. 문제 모드에 계속 머물러 있으면 편도체가 활성화되어 상황이 악화된다. 그러나 낙관한다면(해결에 초점을 맞춘다면) 사람을 무기력하게 만드는 두려움에 반응하던 편도체는 이제 낙관에 반응할 것이다.

- **관점을 수정하라.** 일반적으로 위기는 리더와 직원들의 주의를 사로잡는다. 위기가 발생하면 리더는 위협과 패닉에서 벗어나 자신과 직원들을 진정시키기 위해 상황을 다른 관점에서 바라보아야 한다. 리더는 직원들의 고통을 두 가지 방식으로 느껴 볼 수 있다. (1) 리더는 고통스러워하는 직원을 상상해 볼 수 있고 (2) 직원의 입장이 되어 고통스러워하는 자신을 상상해 볼 수 있다. 여기서 선택이 매우 중요하다. 다른 사람의 고통을 지나치게 공

감하면 편도체 발화가 증가한다.[24] 따라서 리더는 자신과 타인을 구분하고 자신과 무관한 타인을 공감하는 자세를 취해야 한다. 공감이 편도체를 과활성화시키기 때문에 때로는 동정(sympathy)이 공감(empathy)보다 더 효과적이다. 비즈니스 상황에서 공감할 때를 선별하는 것이 매우 중요하다. 동병상련이며 리더가 하늘이 무너진 듯 고통스러워하는 사람을 공감하는 데 모든 시간을 투자한다면 리더도 같은 기분을 느끼기 시작할 것이다.

해마

해마에 개입할 때 코치는 문제가 발생한 맥락에 대해 질문해야 한다. 즉, 문제에 역사를 첨가하면 시야가 넓어진다.

리더든 신입사원이든 사람들은 종종 자신의 역사가 담긴 첫 출발점을 망각한다. 역사를 아는 것은 장기기억을 들여다보는 것이다. 회사의 해마는 회사 뇌의 일부이므로 어떤 상황에서는 회사의 역사를 아는 것이 중요하다. 성공한 CEO가 새로운 회사를 인수하였다. 그녀는 회사에 도착하자마자 다른 직원들에게 자문을 구하지도 않고 갑자기 많은 것을 바꾸었다. 얼마 안 가서 회사의 터줏대감들이 떠나기 시작하였다. 오랫동안 정체된 회사를 구하기 위해 인상적인 추진력이 필요하다고 생각한 CEO는 공감하며 이해해 주는 CEO가 경영하던 회사에 동기를 부여하는 것이 너무 어렵다는 것을 깨달았다. 전임 CEO는 공감을 잘하였지만, 비효율적이었다. 전임 CEO는 공감을 잘했지만 이미 자리 잡은 효과적인 전략을 집행하는 기술이 부족했다. 신임

CEO는 회사의 해마를 조사하지 않고 회사에 대해 추측했다. 신임 CEO가 회사의 역사를 조사했더라면 어떤 변화가 필요한지 알 수 있었을 것이다.

다음은 해마에 개입하는 코칭법이다.

- **역사를 검토하라.** 리더가 현재의 쟁점을 회사의 역사적 맥락에서 이해하도록 도와라. 이렇게 하면 장기기억이 활성화될 것이다. 또한 선례를 살펴보면 현재의 문제가 선례와 어떤 관계인지 알 수 있을 것이다.
- **선행 기술을 검토하라.** 리더에게 전에는 어떻게 했는지 물어보아라. 이렇게 하면 무엇이 효과적이고 무엇이 비효과적인지를 구분할 수 있을 것이다.
- **정서적 걸림돌을 확인하라.** 리더 혹은 직원들이 정서적으로 어떤 상태인지를 파악하라. 리더의 사적인 혹은 전문적 역사를 검토하면 그가 과거에 어떤 증거를 채택했고, 어떤 증거를 기각했는지 알 수 있을 것이다. 장기기억이 사실 그 이상임을 기억하라. 장기기억은 정서적이기도 하다.

　현재는 정서적 기억으로부터 많은 영향을 받는다. 리더는 사실적 기억을 회상할 때 언제나 정서가 같이 떠오르는 것이 아님을 알아야 한다. "지난번에 이 일이 일어났을 때 우리가 무엇을 했는지 생각나는가?"라고 동료에게 물어보는 것은 그가 그때의 힘든 감정을 기억하지 않으려는 경향이 있다면 기억을 회상하는 데 도움이 되지 않을 것이다.

변화에 대해 부정적인 기억이 있는 사람에게 그동안 겪었던 변화에 대해 물어보면 그의 현재 모습을 다른 각도에서 바라볼 수 있다. 탁월한 비즈니스 재능이 있는 한 리더가 무의식 중에 자신은 시작은 좋은데 끝이 나쁜 사람으로 생각하고 있었다. 그러다 보니 사업을 시행하는 중간쯤에서 항상 문제가 터졌다. 그는 중간쯤 가면 언제든지 문제를 자초하는 방식으로 행동하였다. 그러나 그는 정서적 기억이 뇌 안에서 그렇게 행동하도록 만들었다는 것을 깨닫지 못하였다. 예를 들어, 그는 마케팅에 지속적으로 노력을 기울이지 않아 결과적으로 처음에는 잘 팔리다가 나중에는 판매량이 저조해졌다. 그의 정서적 기억이 실패하기 위해 계획을 세웠던 것이다. 그는 맥락(경험을 토대로 기대한다.)을 이해하고 나서야 새로운 열정으로 새로운 일에 몰두할 수 있었다.

보상의 뇌(복측 줄무늬체)

어떤 의미에서 사람들이 직장에 다니고 회사가 성장할 수 있는 것은 보상 때문이다. 보상의 뇌는 이득을 접수한다. 비즈니스 상황에서 이 뇌를 자극하면 수행력이 향상된다.

불안하거나 외로울 때 뇌는 보상을 접수하지 못한다. 코치는 내담자의 뇌를 보상을 접수하는 뇌로 다시 만들기 위해 이 사실을 내담자에게 설명해 주어야 한다. 또한 직무 동기가 떨어져 있을 때에도 보상의 뇌를 자극해야 한다. 이때 새로운 보상을 계획하는 것도 직무 동기를 자극하는 좋은 방법이다.

보상은 전략을 빨리 집행하게 만든다. 보상의 뇌를 자극하면 일의 효율성이 높아진다. 행동에 변화를 주고 싶다면 원하는 행동이 나타날 때마다 보상의 뇌를 자극하라. 예를 들어, 모험하는 사람을 원한다면 위험을 택할 때마다 혹은 실수할 때마다 보상을 주면 된다. 좀 더 혁신적인 사람을 원한다면 혹은 자기 주도적인 선구자를 원한다면 마찬가지로 그런 행동에 보상을 주면 된다.

다음은 보상의 뇌에 개입하는 방법들이다.

- **금전적 보상을 사용하라.** 열심히 일한 만큼 금전적으로 보상하는 확실한 계획을 세워라. 그리고 초과근무에 대해서도 같은 방법을 사용하라. 금전적 보상은 복측 줄무늬체를 자극하고 이것이 ACC의 발화율을 수정할 것이다.

- **사회적 보상을 사용하라.** 사회적 보상에 대한 계획을 세워라. 어떤 회사는 '미래 인재상'을 수여한다. 이러한 사회적 보상은 편도체 발화를 억제한다. 그렇지만 이 방법은 종종 식상해지기도 한다. 커뮤니티 내의 모든 사람을 진솔한 마음으로 관찰하고 공헌도를 구체적으로 파악해야 한다. 이렇게 하면 보상받은 사람은 정말로 보상받는 기분을 느낄 것이다. 리더는 또한 직원의 커뮤니티에도 보상을 줄 수 있다. 예를 들어, 보상의 대상(그리고 줄무늬체가 활성화되는 대상)을 확대하여 근로자 가족에게 식사비

를 후원할 수 있다. 이렇게 하면 근로자의 ACC가 진정될 것이다.

- **목표를 작은 단위로 나누어라.** 목표를 작은 단위로 나누고 단위마다 보상을 주면 보상받은 느낌이 더 커진다. 궁극적인 결과는 너무 먼 미래이므로 때로는 과제 완수를 위한 동기가 유발되기 어렵다. 과제를 작은 단위로 나누어 단계별로 보상의 뇌를 자극하면, 단계별로 성취감을 느끼고 그럼으로써 동기를 자극할 수 있다.

행동센터(운동 영역과 전 운동 영역)

좋은 전략은 비즈니스 솔루션의 일부일 뿐이다. 좋은 전략을 적절한 시점에 집행하는 것이 더 중요하다. 행동하는 뇌는 다른 뇌로부터 행동하라는 지시를 받아야 한다. 그렇지 않으면 행동은 중지된다. 훌륭한 전략도 시행하지 않으면 비즈니스에 도움이 되지 않는다.

전략이 준비되었지만 아직 시행 전이라면 급하게 시행될 수 있기 때문에 조심스럽게 행동센터로 주의를 돌려야 한다. 많은 비즈니스는 아이디어와 일치하는 행동을 하지 않았기 때문에 실패한다.

미적거림이 행동하려는 노력을 가로막을 때, 행동하는 뇌는 미적거림의 방해공작을 피하기 위해 작은 행동으로 기회를 노려야 한다. 예를 들어, 지방 점포의 매니저가 그 지역의 농산물을 팔아야 할 필요성을 인식했지만 딱 맞는 농부를 찾지 못해 실행에 옮기지 못하고 있었다. 그러나 그가 그런 농부를 수소문하자마자 곧바로 찾을 수 있었고 그는 많은 농산물을 팔 수 있었다. 사람들이 긴 줄을 서서 기다리지 않았기 때문에 큰 체인점과도 효과적으로 경쟁할 수 있었다.

정서적으로 침체되어 있을 때 먼저 행동을 하면 정서가 따라가는 경향이 있다. 비즈니스 전략을 실행하기에 딱 맞는 정서 상태를 기다리기보다는 목표 지향적인 행동을 하면 때로는 정서가 호전된다. 사람들은 전략을 시행하기 전에 좋은 느낌을 가져야 한다고 생각하지만, 전략의 시행 그 자체가 '좋은 느낌'을 만든다.

다음은 행동하는 뇌에 개입하는 방법들이다.

- **가설을 가지고 행동하라.** 결정된 목표를 향해 나아가다가 적절한 시점에 결과를 점검하라. 앞에서 언급한 기업가는 자신이 세운 가설을 시행하기보다 성공의 결정적 신호를 기다렸다. 사람들은 행동하기 위해 우선 '알아야' 한다고 생각하지만, 행동을 하다 보면 알 기회가 생긴다. 코치는 불확실한 상황에서 행동을 꺼려하는 사람을 코칭할 때 이 점을 염두에 두어야 한다. 당신은 당신의 셔츠가 잘 팔릴지 어떻게 아는가? 가능한 한 많은 시장을 분석해 보면 될 것이다. 그 다음은 분석한 것을 실천할 시점이다. 그러면 시장을 더 깊이 분석할 수 있는 정보를 얻을 것이다.

- **작은 단계로 나누어 행동하라.** 작은 단위로 나누어 행동하면 목표에 덜 압도된다. 또한 각각의 작은 행동은 목표 코미트먼트를 높인다. 우리의 뇌는 너무 큰 과제에 잘 반응하지 않는다. 목표가 너무 크면 뇌가 목표에 압도되거나 마비되기 때문에, 뇌의 행동센터를 자극하기 위해 목표를 작은 단위로 나누어야 한다. 작은 과제일지라도 생산성이 고민이라면 더 작은 단위로 나누어야 한다.

- **계산기의 판단 근거를 다시 점검하라.** 행동을 하지 않고 있는 것이 정당한지를 확인하기 위해 모든 단계를 점검하라. 행동센터는 계산기로부터 행동하지 말라는 지시를 받았을 것이다. 물론 계산기도 다른 영역으로부터 정보를 받아서 그렇게 했을 것이다. 계산기를 움직이기 위해 코치는 편도체(두려움과 같은 정서), ACC(너무 많은 갈등), 보상센터(보상이 접수되지 않음)를 포함하여 행동센터로 들어가는 모든 정보를 점검해야 한다.

섬엽

섬엽이 내장에서 올라오는 느낌을 생각하는 뇌에 전달하고 다시 생각하는 뇌가 행동을 만들기 때문에, 뭔가에 대해 직감적인 느낌은 있지만 그것을 가지고 무엇을 해야 할지 알 수 없을 때 섬엽을 자극하는 것이 중요한 과제이다.

세상의 모든 의식적 판단이 비즈니스에 도움이 되는 것은 아니다. 당신이 일 때문에 온종일 직원들을 보지 못한 채 다른 곳에 있었지만, 당신의 직감은 당신에게 그들이 더 잘할 것이라고 말한다. 섬엽을 자극하면 계획을 행동으로 옮기는 데 도움이 된다.

당신은 어떤 전략이 좋을 것 같은 직감이 있지만, 직감을 증명하기는 어렵다. 직감을 간과하지 않고 이해하는 것이 성공의 열쇠이다.

저자가 코칭한 한 기업가는 CEO 행사에 초대를 받았다. 그는 행사 자체에는 관심이 없었고 그곳에 있는 사람들을 상상하였다. 그런데 그는 그곳에서 뭔가 중요한 일이 일어날 것 같은 직감을 느꼈다. 그는 자신의 직감을 주목하고 그 행사장에 가기로 결심하였다. 그곳에서 그는 지금까지 만났던 사람 중에서 가장 중요한 몇 사람을 만났다. 그 만남의 결과로 그의 사업은 기하급수적으로 성장하였다.

사람을 고용하고 해고하는 결정은 무의식 깊은 곳에서 이루어지는 직관적 결정일 것이다. 직관을 무시하기보다 직관에 집중하면, 그 직관을 행동으로 옮겨야 할지 말지를 알 수 있을 것이다.

섬엽의 발화를 높이기 위해 우리는 전방 섬엽의 기능에 개입해야 한다. 섬엽의 주된 기능 중 하나는 '내장의 감각'을 '의미가 통하는' 이야기(narratives)로 번역하는 것이다. 종종 직원들은 원인을 알 수 없는 불편감을 느낀다. 코치는 그들에게 그러한 직감적인 느낌을 완전한 문장으로 써 보라고 격려하라. 그러면 그 이야기는 섬엽의 지도로 발전할 수 있다. 직관을 지지하기 위해 우리가 계발할 수 있는 회고적 이성(retrospective rationalization)을 지칭하기 위해 저자는 **섬엽의 맵핑**(insula mapping)이라는 용어를 사용한다. 회고적 이성은 '이상적' 사고(rational thinking)와 같다. 대부분의 이성은 어떤 식으로든 순간적인 정서로부터 영향을 받는다. 다만 우리는 그것을 알지 못할 뿐이다. 섬엽의 지도를 그린 다음에 리더는 이 지도가 말해 주는 '진실'을 어떻게 결정에 반영할지 코치와 함께 생각해 보고, 그런 다음에 '직감적 본능'을 토대로 가설을 세우고 이를 검증해야 한다.

예를 들어, 회사의 리더는 증거는 없지만 직감적으로 결국 생산성이 떨어질 것 같은 사람을 해고한다. 그렇다면 리더는 다음과 같은 절차를 거쳐야 한다.

과학적인 리더십 _ 뇌 기반 CEO 코칭

1. 가설로서의 직감을 인정하라.

2. '지난날을 뒤돌아 보며(retrospective) 합리적인 근거(rational reason)'를 찾아라(RRR). 다음의 시나리오에서 몇 가지 근거를 찾을 수 있을 것이다.

   - 해고는 다른 직원에게 불안을 유발하여 생산성을 떨어뜨릴 것이다.
   - 해고는 지역사회의 원망의 소지가 되어 판매가 감소할 것이다.
   - 해고 때문에 스트레스를 받은 다른 직원들의 근무태만으로 비용이 증가할 것이다.

3. 확률을 평가하라. 다음은 전 단계에서 발견한 근거가 발생할 확률을 예를 들어 설명한 것이다.

   - 해고는 다른 직원에게 불안을 유발하여 생산성을 떨어뜨릴 것이다 : 75%.
   - 해고는 지역사회의 원망의 소지가 되어 판매가 감소할 것이다 : 35%.
   - 해고 때문에 스트레스를 받은 다른 직원들의 근무태만으로 비용이 증가할 것이다 : 55%.

4. 가설을 검증하라. 다음은 가설을 검증할 때 염두에 두어야 할 사항이다.

   - 가장 확률이 높은 것부터 검증하라. 설문지를 이용하는 것도 고려하라.
   - 직원들을 만나 해결책에 대해 논의하고, 대안을 물어보라.

- 대안이 효과적인 혹은 비효과적인 이유를 점검하라.
- 당신이 대화를 나눈 집단에 대해 당신의 '거울신경'이 알아차린 것을 논의하라.

5. 섬엽의 지도를 만들어 보라. 새로운 정보를 고려하여 가설이 발생할 확률을 다시 계산하라. 얼마나 많은 직원이 불안해할까? 해고할 수 밖에 없는 불가피한 요인은 무엇인가? 어떻게 하면 해고를 막을 수 있을까? 해고하지 않으면 비용은 어느 정도 손실을 보는가? 해고해서 사람을 잃는 비용과 해고시키지 않아 발생한 비용을 비교하면 어떻게 될까?

이런 절차를 거친다면 당신은 자신의 직관을 신뢰할 수 있고 직관은 피질에 더 빨리 도착할 것이다. 이렇게 하면 리더는 '자신이 의식하기 전부터 뭔가를 알아차리는' 직관을 계발할 수 있을 것이다.

섬엽은 심장박동, 소화기관과 같은 신체 감각적 느낌과 연결되어 있다. 그러므로 리더는 요가나 필라테스 혹은 체육시설을 회사에 도입하는 것을 고려해야 한다. 운동은 직원들이 섬엽을 자극하고 직관을 '알아차리는' 기회가 될 것이다.

결론

이 장에서 구체적으로 뇌의 영역에 개입하는 방법을 살펴보았다. 리더 혹은 코치는 이 장에서 놓친 부분은 없는지 기억을 더듬어 볼 필요가 있다. 모든 리더나 코치가 뇌과학을 소통의 주된 도구로 사용하지는 않을 것이다. 전형적인 코칭이 주가 되고 뇌과학적 코칭은 부가적으로 사용해야 한다. 어쨌든 코치들은 간단한 심리학적 방법이 합리적인 것처럼 보였기 때문에 오랫동안 사용해 왔다. 예를 들어, SWOT 분석²⁾은 널리 사용되었다. 그러나 많은 연구자는 이 방법이 비효과적이라고 주장한다. 마찬가지로 뇌과학도 합리적인 것처럼 보인다. 그러나 뇌의 각 영역에 대한 개입은 다른 코칭 기법과 통합할 때 효과적인 기법이 될 수 있다. 이 장에서 논의한 방법들은 비즈니스 전략을 세우고 시행하는 과정에 생각을 담을 수 있는 또 하나의 새로운 틀이다. 우리가 뇌에 질문한다면 뇌에서 답을 얻어야 한다. 이렇게 하면 우리는 이제 완전히 다른 관점에서 비즈니스 문제에 접근할 수 있을 것이다.

| 참고문헌 |

1. Hare, T.A., C.F. Camerer, and A. Rangel, "Self-control in decision-making involves modulation of the vmPFC valuation system." *Science,* 2009. 324(5927): p. 646–8.

2. Burdick, W.P., P.S. Morahan, and J.J. Norcini, "Slowing the brain drain: FAIMER education programs." *Med Teach,* 2006. 28(7): p. 631–4.

3. Sarampalis, A., et al., "Objective measures of listening effort: Effects of background noise and noise reduction." *J Speech Lang Hear Res,* 2009.

2) S는 강점(strength), W는 약점(weakness), O는 기회(opportunity), T는 위협(threat)으로 S와 W는 내부 환경요인이고, O와 P는 외부 환경요인이다. 개인과 기업의 내적 · 외적 강점과 약점을 분석하는 기법이다. ─옮긴이

4. Li, S.C., et al., "Working memory plasticity in old age: practice gain, transfer, and maintenance." *Psychol Aging*, 2008. 23(4): p. 731–42.

5. Islam, F., et al., "Short-term changes in endogenous estrogen levels and consumption of soy isoflavones affect working and verbal memory in young adult females." *Nutr Neurosci*, 2008. 11(6): p. 251–62.

6. Thorp, A.A., et al., "Soya isoflavone supplementation enhances spatial working memory in men." *Br J Nutr*, 2009: p. 1–7.

7. Papandreou, M.A., et al., "Effect of a polyphenol-rich wild blueberry extract on cognitive performance of mice, brain antioxidant markers and acetylcholinesterase activity." *Behav Brain Res*, 2009. 198(2): p. 352–8.

8. Ringel, Y., et al., "Effect of abuse history on pain reports and brain responses to aversive visceral stimulation: an FMRI study." *Gastroenterology*, 2008. 134(2): p. 396–404.

9. Hirano, Y., et al., "Effects of chewing in working memory processing." *Neurosci Lett*, 2008. 436(2): p. 189–92.

10. Mobbs, D., et al., "When fear is near: threat imminence elicits prefrontal-periaqueductal gray shifts in humans." *Science*, 2007. 317(5841): p. 1079–83.

11. Venkatraman, V., et al., "Separate neural mechanisms underlie choices and strategic preferences in risky decision making." *Neuron*, 2009. 62(4): p. 593–602.

12. Lawrence, N.S., et al., "Distinct roles of prefrontal cortical subregions in the Iowa Gambling Task." *Cereb Cortex*, 2009. 19(5): p. 1134–43.

13. Glascher, J., A.N. Hampton, and J.P. O'Doherty, "Determining a role for ventromedial prefrontal cortex in encoding action-based value signals during reward-related decision making." *Cereb Cortex*, 2009. 19(2): p. 483–95.

14. Clark, L., et al., "Differential effects of insular and ventromedial prefrontal cortex lesions on risky decision-making." *Brain*, 2008. 131(Pt 5): p. 1311–22.

15. Pochon, J.B., et al., "Functional imaging of decision conflict." *J Neurosci*, 2008. 28(13): p. 3468–73.

16. Wittfoth, M., et al., "How the brain resolves high conflict situations: double conflict involvement of dorsolateral prefrontal cortex." *Neuroimage*, 2009. 44(3): p. 1201–9.

17. Correa, A., A. Rao, and A.C. Nobre, "Anticipating conflict facilitates controlled stimulus-response selection." *J Cogn Neurosci*, 2009. 21(8): p. 1461–72.

18. Sreenivasan, K.K. and A.P. Jha, "Selective attention supports working memory maintenance by modulating perceptual processing of distractors." *J Cogn Neurosci*, 2007. 19(1): p. 32–41.

19. Hofbauer, R.K., et al., "Cortical representation of the sensory dimension of pain." *J Neurophysiol*, 2001. 86(1): p. 402–11.

20. Rainville, P., et al., "Pain affect encoded in human anterior cingulate but not somatosensory cortex." *Science,* 1997. 277(5328): p. 968–71.

21. Kramer, H.H., et al., "Illusion of pain: pre-existing knowledge determines brain activation of 'imagined allodynia.'" *J Pain,* 2008. 9(6): p. 543–51.

22. Ogino, Y., et al., "Inner experience of pain: imagination of pain while viewing images showing painful events forms subjective pain representation in human brain." *Cereb Cortex,* 2007. 17(5): p. 1139–46.

23. Krill, A. and S.M. Platek, "In-group and out-group membership mediates anterior cingulate activation to social exclusion." *Front Evol Neurosci,* 2009. 1: p. 1.

24. Gracely, R.H., et al., "Pain catastrophizing and neural responses to pain among persons with fibromyalgia." *Brain,* 2004. 127(Pt 4): p. 835–43.

25. Deppe, M., et al., "Anterior cingulate reflects susceptibility to framing during attractiveness evaluation." *Neuroreport,* 2007. 18(11): p. 1119–23.

26. Mobbs, D., et al., "The Kuleshov Effect: the influence of contextual framing on emotional attributions." *Soc Cogn Affect Neurosci,* 2006. 1(2): p. 95–106.

27. Morton, D.L., et al., "Reproducibility of placebo analgesia: Effect of dispositional optimism." *Pain,* 2009.

28. Sharot, T., et al., "Neural mechanisms mediating optimism bias." *Nature,* 2007. 450(7166): p. 102–5.

CHAPTER 8

뇌의 과정에 대한 코칭

지금까지 이 책을 잘 따라왔다면 뇌의 과정(processes)에 대한 코칭도 배울 준비가 된 것이다. 이 장에서는 뇌의 다양한 과정을 살펴본 다음에 비즈니스 환경에서 효과적인 변화를 유도하는 데 필요한 코칭법을 살펴볼 것이다. 아직 우리는 문제의 신경망을 정교하게 바꾸는 수준에 도달하지는 못하였으나, 뇌과학적 지식을 토대로 비즈니스 세계에 필요한 변화를 이끌어 낼 수는 있다. 또한 앞에서 언급한 뇌의 정보 처리 과정을 이해함으로써 우리는 복잡하게 얽혀 있는 비즈니스 뇌에 다각적으로 접근할 수 있게 되었다. 예를 들어, 전두엽 신경망보다는 거울신경과 같은 통합적인 신경망에 개입할 수 있다. 이를 위해 거울신경을 비즈니스 문제와 연관 지어 생각해 보아야 한다. 물론 거울신경에 관한 정보를 비즈니스에 적용하여 필요한 변화를 이끌어 내는 것도 중요하지만, 거울신경을 비즈니스에 참여하는 뇌로 바라보는 것이 더 중요하다. 거울신경은 코치든 리더든 누구에게나 중요하다. 인사 개발 담당자가 거울신경을 이해하고 활용한다면 풍성한 결실을 거둘 것이다.

다시 말하자면, 뇌과학적 코칭은 전통적인 코칭에 새로운 틀을 부여하고 새로운 통찰력을 제공한다. 리더가 구태의연한 개념에 싫증 낼 때 그리고 이를 거부할 때 이 같은 새로운 틀은 경영자 코칭 혹은 리더십 코칭의 적절한 대안이 될 수 있다.

거울신경 개입

우리의 뇌는 다른 사람의 의도와 행동과 정서를 자동으로 포착하는 거울신경계를 갖고 있다(정서 반사는 매우 복잡한 신경계인 거울신경계의 다양한 기능 중 하나이다.). 우리의 뇌가 다른 사람의 정서를 반사한다면 끊임없이 주고받는 거울반사가 가능하다. 이 경우에 가장 강력한 거울이 '이긴다.' 그러나 여기서 이긴다는 것이 항상 '이기는 것'을 의미하지는 않는다. 너무 공감적인 뇌는 모든 사람의 정서를 공감해야 하기 때문에 자신의 일을 수행할 때 주의가 분산되어 집중하기 어렵다. 비즈니스 환경에서 언제 거울신경에 개입해야 할까?

경기가 후퇴하는 위협적인 시기에 흔히 예상되는 문제는 사기저하이다. 사기저하는 들불처럼 번진다. 위협을 느끼고 있는 사람에게 부정적인 말을 삼가는 것은 별로 도움이 되지 않는다. 또한 확신을 주는 것도 도움이 되지 않는다. 뇌가 다른 뇌를 비추면 반응한 뇌의 신경회로에 변화가 일어난다. 즉, 뇌가 다른 뇌의 의도와 정서를 그대로 따라가는 '병렬 과정'이 시작된다. 당신이 행복할 때 불안한 사람을 보면 당신의 뇌가 불안을 받아들여 당신 자신이 불안하다고 착각할 수 있다.

사기저하(또한 불안, 안절부절못함, 우울)가 확산된 사례는 무수히 많다. 부정적 사건을 과장하는 대중매체를 자주 접해도 이런 일이 일어나며, 회사에 대한 원망의 감정도 이런 식으로 증폭될 수 있다. 이런 일은 회사에서 직원의 직급에 상관없이 일어난다.

거울신경은 투자심리를 이해할 때 유용하다. 「월스트리트」에 주식시장의 대폭락 가능성에 관한 부정적인 기사가 실렸고 그것을 본 한 사람이 제약회사 주식을 매도하기로 결정했다면, 처음의 그 기사가 사실이 아닐지라도 부정적인 전망과 공포는 확산된다. 사실상 주식시장은 거울신경이 장난을 치는 전형적인 곳이다.

또한 사람들이 팀이 되어 일을 할 때에도 거울신경을 고려해야 한다. 팀의 리더는 통제를 벗어난 거울신경을 알아차려야 한다. 거울신경은 회사에 최대한 이득이 되는 감정보다는 집단의 강한 감정에 반응하기 때문에 팀의 결정을 이끌고 가는 것이 '통제를 벗어난 거울신경' 일 수 있다.

다음은 당신이 사용할 수 있는 거울신경 개입이다.

- **지리적 통제**—모든 사람이 같은 방에 모이지 않는 한 거울반사를 멈추기 어렵다. 리더의 뇌의 새로운 패턴은 직원들에게 전파되고 직원들이 서로 강화할 수 있기 때문에, 전 직원을 한자리에 모으면 리더가 자신의 생각을 효율적으로 전파할 수 있다. 리더가 대량 이메일을 보내거나 다수의 사람에게 메시지를 전달할 때 파장의 힘은 강력해진다. 리더는 이렇게 함으로써 완전히 새로운 이념을 창출할 수 있다.

  예를 들어, 크리스 B는 아주 큰 회사의 영업 관련 부사장이다. 그는 부장들이 영업부를 잘 이끌지 못해 직원들이 불평불만이 많은 것을 알았다. 그는 부장들을 개인적으로 만나 이야기하면서 부장 중 일부만이 영업부원의 동기를 자극할 수 있음을 알았다. 그는 거울신경 메커니즘을 배우고 나서 자신이 할 수 있는 일이 많다는 것을 깨달았다. 그래서 그는 모든 부장을 한 방에 불러 모아 전략회의를 열었다. 그 결과, 집단이 하나가 되어 동기가 유발되어 새로운 영업 전략을 도입할 수 있었다. 이들은 영업사원을 몇 개의 팀으로 나누어 서로 경쟁시키고 월말에 판매왕을 뽑았다. 이렇게 하여 팀 정신이 확산되었고, 특히 주 단위로 판매 실적을 점검했기 때문에 경쟁심은 전염성이 강한 동력으로 작용하였다. 가장 많이 판매한 팀이 승리하였다. 팀 간의 경쟁심은 전염력이 강하므로, 거울신경을 이용하여 동기를 자극하는 것은 매우 효과적이다.

리더는 다음과 같이 질문할 수 있다. 즉각 제거해야 할 집단 정서는 무엇일까? 널리 퍼뜨리고 싶은 정서는 무엇일까? 어떤 방법(이메일, 개인적 접촉, 서신)을 사용할까? 이 정서를 계속 유지하려면 어떻게 해야 할까? 계속 유지하고 싶은 정서가 사라진다면 계속 퍼뜨리기 위해 어떻게 다시 그 정서를 만들어 낼 수 있을까?

몇 명의 핵심 인물을 집중적으로 관리하면, 당신은 회사 전체에 새로운 정서를 효율적으로 퍼뜨릴 수 있을 것이다.

● **사방에서 보내는 피드백을 활용하라** ― 사방에서 피드백(근로자와 상호작용하는 모든 사람이 보내는 피드백)을 보내는 거울신경을 이용할 수 있다. 저자가 코칭한 한 특수목적투자자는 특수투자

팀의 정보를 일반투자팀에 충분히 상세하게 피드백하지 않았다고 비난을 받았다. 일반투자팀은 특수목적투자팀이 사용한 모형에 대한 정보가 부족하다며 불만을 제기하였다. 그들은 또한 특수목적투자자가 일반투자팀을 좀 더 자주 방문하여 생각을 나누어야 한다고 주장하였다. 특수목적투자자는 이 말을 듣고 더 많은 모형을 만들고 의사소통을 늘렸으나, 일반투자팀은 그가 너무 고압적이며 쓸데없는 짓을 했다며 화를 냈다. 나중에는 윗선에서 그의 행동을 알고는 더욱 화를 냈고, 회사의 분노는 계속 증폭되었다. 이와 같은 계속된 '분노의 교환'이 처음에는 합리적인 감정처럼 보였지만, 나중에는 거울신경의 작용에 의해 통제할 수 없을 정도로 확산되었다. 불안정한 주식시장에서 불안은 서로 상승작용을 일으킨다. 주식시장의 이런 불안정성은 사람들의 기분을 불안정하게 만들고, 결국에는 사람들끼리 서로 대립하게 한다. 그들의 주장이 합리적인 것처럼 보일지라도 실제로는 불안한 뇌가 만들어 낸 합리적인 주장이다. 연구에 의하면, 불안이 극심한 상황에서 사람들은 위협을 편파적으로 주목한다. 그러므로 불안하지 않을 때보다 불안할 때 사람들은 상대방을 위협적인 존재로 지각하고 거울신경을 통하여 불안을 '공유'한다. 이런 사실을 안다면 리더는 적절하게 개입하여 360° 어디서든 작동하는 불안한 거울에서 벗어나 서로 차분해지도록 조치를 취해야 한다.

- **역거울**(counter-mirror) **훈련** — 인간의 뇌가 훌륭한 것은 다른 행동을

다시 배울 수 있다는 것이다. 그러나 혼돈이 발생할 때까지 기다리는 것은 뇌에 최선의 길은 아니다. 리더가 지금 거울신경 훈련을 시작한다면 유리한 위치를 선점할 것이다. 그렇다면 어떻게 거울신경을 훈련할 수 있을까?

최근의 한 연구에서 '역거울' 훈련을 통해 관찰자의 뇌에서 일어나는 자동적인 거울 반응을 바꾸어 놓을 수 있었다.[1] 이것은 사람이 훈련을 받으면 밖에서 일어나는 혼돈에 거울반응을 하지 않을 수 있음을 시사한다.

다음은 역거울 반응을 사용하는 기본 지침이다.

1. 당신이 느끼고 있는 것을 확인하라.   당신이 불안하거나 두렵거나 슬프거나 화가 난다면 다음과 같이 자문하라. "일상적으로 교류하는 사람 중에서 나와 비슷하게 느끼는 다른 사람이 있는가?" 그런 사람이 있다면 2단계로 넘어가라.

2. 다음 가설을 세워라.   "내가 이렇게 느끼는 것은 집에서 혹은 직장에서 타인의 영향을 받았기 때문인가? 그들이 불안하고 두렵고 슬프고 화나기 때문에 나도 그런 식으로 느끼는가? 나의 뇌는 그들이 느끼는 것을 거울처럼 반사하고 있는가?"

3. 모든 공격과 불평을 즉각 중지하라.   당신이 말하는 것이 전부 당신이 느끼는 것이 아닐 수 있음을 인식하라. 당신이 말하는 것은 당신의 뇌에 비친 타인의 감정의 합일 수 있다.

4. 거울 반응을 하면서 소통할 때 한발 물러서서 다음과 같이 질문해 보

라. "보완할 감정이나 행동은 무엇인가(거울신경은 다른 사람을 모방하기 위해 발달한 시스템이기도 하지만, 자신의 행동과 감정을 보완하기 위해 발달한 것이기도 하다.[2])?"

예를 들어, 앞에서 살펴보았던 특수목적투자자는 역거울 반응을 사용하였다. 그는 다음과 같이 말하였다.

1. 나는 불안하고 공격받는 느낌이 든다.
2. 일반투자팀도 불안하고 공격받은 느낌이 들었을 것이다.
3. 우리가 왜 같은 기분을 느끼는지 생각해 보자. 아하! 주식시장이 불안정하고 우리의 불안 이면에 주식시장이 있으며, 우리는 그 불안을 설명할 '근거'를 찾고 있다.
4. 내가 보완해야 할 행동은 마음을 진정하고 나의 감정에 정서적 거울신경이 모방한 다른 사람의 감정이 포함되어 있음을 깨닫는 것이다. 우리는 우리에게 공통적인 불안을 해소할 방법을 찾을 수 있다.

리더는 이러한 논란을 중재할 수 있어야 한다. 표 8.1은 역거울 반응이 없을 때와 있을 때의 차이점이다.

사전에 역거울 반응을 훈련한다면 사람들은 외적 혼돈에 자동으로 '침착'하게 반응할 수 있다. 거울신경은 생득적이거나 불변하는 것이 아니라, 사회적 상호작용과 사회적 학습의 산물이라는 연구 결과[3]가 많이 보고되고 있다. 그러므로 역거울 반응은 자동적인 모방을 신중

| 표 8.1 | 역거울 반응이 있을 때와 없을 때의 차이점

역거울 반응이 없을 때 (자동적인 뇌에 파워를 줌)	역거울 반응이 있을 때 (자동적인 뇌의 파워를 분배함)
당신은 불안하고 화를 낸다.	당신은 자신이 불안하고 화내고 있는 것을 관찰한다.
당신은 자신을 스스로 방어한다.	당신은 '공격자'가 느끼는 것을 생각해 보고 당신과 공격자의 느낌이 비슷한 것을 확인하며 그렇게 된 원인을 찾는다.
당신은 공격을 되받아쳐 공격자를 더 분노하게 한다.	당신은 공격하지 않고 한발 물러서 있다.
당신은 자동으로 분노를 교환하고 있다.	당신은 진정하고 당신과 공격자의 관심사에 대한 새로운 해법을 찾는다.

한 반응으로 바꾸어 주는 장치이다. 처음에 타인을 공감하기보다는 동정하면 역거울 반응이 촉진된다(내가 끔찍함을 느끼는 것과 그것이 끔찍한 것은 다르다.).

거울 반응이 통제를 벗어나면 조직 전체에 불안이 확산된다. 역거울 반응을 사용하면 모방하고 있는 타인의 감정보다 진짜 자신의 감정을 가지고 기능할 수 있다.

인지적 조망 접근

공감의 두 가지 측면이 비즈니스와 관련 있다.[4] 하나는 타인이 느끼는 것을 자신도 '느끼는' 것이다(거울신경이 활성화되어 느낌을 공유하는 상태). 다른 하나는 타인이 느끼는 것을 '생각'해 보는 것이다. 후자를 '인지적 조망(cognitive perspective taking)'이라고 한다. 최근의 한 연구에서 정서적 공감은 거울신경계(하전두이랑)가 관여하고, 인지적 조망은 뇌의 계산기(vmPFC)가 관여한다는 결과가 나왔다.[5] 그러므로 타인의 감정을 인지적으로 이해하고 싶다면 vmPFC에 개입해야 한다. 이런 개입이 비즈니스 환경에 왜 필요할까?

3개의 연구에서 협상할 때 인지적 조망이 공감보다 이점이 많다는 결과가 나왔다. 협상 테이블에서 인지적 조망을 사용한 결과, 저변에 숨어 있는 합의 가능성을 찾아내거나 이의를 제기하는 능력이 향상되었다. 실제로 맞교환하거나 개인적 이득을 취해야 할 때 공감은 방해가 되었다. 이런 결과는 초기에 접점을 찾지 못하거나 하나를 주고 하나를 챙겨야 하는 협상에서 사실이었다.[6]

이제 몇 가지 인지적 조망 개입을 살펴보자. 어려운 대화를 할 때 뇌과학에 토대를 둔 인지적 조망 능력은 어떤 이점이 있을까? 표 8.2는 타인의 뇌 안에서 일어나는 일을 체계적으로 점검해 보는 접근법이다. 이것은 어려운 대화를 체계적으로 계획하거나 자신의 영향력을 높이고 싶을 때 유용한 탐색 도구이다. 이 표를 이용하여 자신을 점검하면, 타인의 뇌에 대한 통찰력을 높일 수 있다. 이 표는 어려운 대화를 계획할 때 매우 유용하며, 반복해서 사용하고 연습하면 즉흥적인 대화에서 거의 자동으로 활용할 수 있을 것이다(예를 들어, 나의 ACC와 편도체를 가라앉히고 단기기억은 과부하가 걸리지 않아야 하며, 상대방이 느끼는 것을 내가 자동으로 느끼기보다는 그가 느끼는 것을 이해하려고 노력해야 한다.).

| 표 8.2 | 인지적 조망 능력 계발을 위한 체크리스트

뇌의 영역	자기 코칭 체크리스트	해석
갈등탐지	☐ 쌍방의 이득에 초점을 맞춘다. ☐ 불협화음이 있을 수 있음을 인정한다. ☐ 문제 해결의 중요한 열쇠를 쥐고 있는 상대방에게 대화의 의지와 관심을 표현한다. ☐ 모순된 생각을 하지 않는다. ☐ 잠정적인 갈등과 갈등의 필요성을 언급한다.	낮은 점수(0~3) : 추측을 줄일 필요가 있다. 높은 점수(4~5) : 사려 깊다.
계산	☐ 이득과 손실을 모두 고려한다. ☐ 판단 기준(즉, 가치관)이 분명하다. ☐ 단기적 비용과 장기적 이득의 관계를 이해한다. ☐ 리스크(예 : 시간 손실)를 줄이는 방안을 제시한다. ☐ 주장할 때 근거자료를 가능한 한 많이 제시한다.	낮은 점수(0~3) : 객관성을 높여야 한다. 높은 점수(4~5) : 객관적 사실을 잘 포착한다.
단기기억	☐ 자료로 상대방의 단기기억에 과부하가 걸리지 않도록 한다. ☐ 자료를 시각적으로 제시한다. ☐ 체계적 관점을 요약하여 제시하고 영향을 받은 시스템을 보여 준다. ☐ 새로운 사실을 잘 기억할 수 있도록 정서(예 : 유머)를 이용한다. ☐ 핵심적인 사실을 반복한다.	낮은 점수(0~3) : 핵심에 대한 깊은 지식이 필요하다. 높은 점수(4~5) : 핵심을 잘 포착한다.
경보	☐ 미래의 목표를 보여 준다. ☐ 상대방이 직면할 장애물을 예상하고 해결책을 제안한다. ☐ 문제에 대한 해결책이 아직 없음을 인정하면서 상대방에게 문제가 해결될 수 있다는 확신을 준다. ☐ 생각할 시간을 주기 위해 상대방에게 정보를 미리 제공한다. ☐ '문제'에서 해결로 주의를 돌린다.	낮은 점수(0~3) : 상대방을 자극하지 않아야 한다. 높은 점수(4~5) : 상대방을 진정시킨다.

(계속)

| 표 8.2 | 인지적 조망 능력 계발을 위한 체크리스트(계속)

뇌의 영역	자기 코칭 체크리스트	해석
장기기억	☐ 과거에 사용했던 방법 중에서 효과적인 것을 알고 있다. ☐ 과거에 사용했던 방법 중에서 쓸모없는 것을 알고 있다. ☐ 미래의 목표를 보여 주고 과거에 목표를 달성하지 못한 원인을 설명한다. ☐ 혁신과 새로움을 강조한다. ☐ 현재 목표를 달성하지 못한 이유를 설명하고 목표 달성에 필요한 것을 탐색한다.	낮은 점수(0~3) : 시대적 흐름과 습관에 민감할 필요가 있다. 높은 점수(4~5) : 시대적 흐름과 습관에 민감하다.
보상	☐ 상대방에게 보상 제도에 대해 확실하게 설명한다. ☐ 더 높은 목표를 달성하면 보상이 있음을 명시한다. ☐ 장기적 이득의 차원에서 보상이 아닌 것을 구분한다. ☐ 보상을 받은 경험이 있거나 보상 제도를 신뢰한다. ☐ 금전적 · 정서적 · 사회적 보상과 같은 다양한 보상 제도가 있음을 명시한다.	낮은 점수(0~3) : 목표 달성에 자신감을 가져야 한다. 높은 점수(4~5) : 목표 달성에 매진한다.
행동	☐ 상대방의 행동을 관찰하고 중요한 것을 확인한다. ☐ 상대방이 우리 쪽을 처음 본 소감을 들어본다. ☐ 다른 '행동'을 선례로 사용한다. ☐ 상대방의 어떤 행동(예 : 발걸음)이 어떻게 보이는지 말한다. ☐ 행동센터로 정보를 '전송하는' 모든 센터를 점검한다.	낮은 점수(0~3) : 갈등을 피하는 경향이 있다. 높은 점수(4~5) : 갈등을 수용하는 리더십을 갖고 있다.

저자는 이 표를 한 회사에서 오래 근무한 엔지니어 출신의 부장에게 사용하였다. 그의 임무는 변화에 저항하는 외부 협력자와 함께 회사에 새로운 기술을 도입하는 것이었다. 표 8.2는 원하는 결과를 얻기 위한 뇌 기반 점검표이다. 부장은 이 표를 활용하여 대화 파트너와의 갈등을 줄일 수 있었고, 서로 마음을 열고 협력할 수 있었다.

협상이나 대화가 어려울 때 일반적으로 다음과 같이 접근하면 된다.

- 대화 파트너(conversation partner, CP)의 갈등탐지기가 폭발하는 것을 예방하라. 우선순위를 공유하는 것부터 시작하라.
- CP의 편도체가 과활성화되어 CP의 뇌가 생존 모드로 이동하는 것을 예방하라. 즉, 새로운 업무를 설명한 다음에 대화의 걸림돌인 CP의 불안이 가라앉을 때까지 적극적으로 문제를 다른 각도에서 정의하고 협력하고 해결하며 평가하고 (ACC에 개입하여) 초점을 조정하라.
- 새로운 방법 대 기존의 방법을 이득과 리스크로 설명함으로써 CP의 계산기를 도와주어라.
- 자료로 CP의 단기기억이 과부하에 걸리지 않도록 하라.
- CP의 오래된 장기기억을 존중하라.
- 보상이 있음을 강조하라.
- 원하는 변화를 벤치마킹하고 함께 계획을 세워라.

부장은 표 8.2 사용법을 연습하였다. 그는 이 표가 뇌를 원하는 상태로 유도하는 데 매우 도움이 된다는 것을 발견하였다. 부장은 CP의 편도체가 과활성화되는 불신 국면을 피하면서 협력하는 관계 속에서 현실적이고 공정하게 상호 이득을 취할 수 있었다.

혁신을 위한 접근

혁신은 일직선이면서 합리적인 문제 해결방식을 넘어서는 것이며, 비즈니스의 필요성 때문에 생소한 길로 들어서는 것이다. 혁신은 신제품이나 새로운 생산 라인을 생각하는 것[7]에서부터 사업 모델을 개발하고,[8] 소비자의 불만에 대응하며[9] 새로운 점포를 개설하는 것까지 다양하다.

혁신은 이성적·정서적 재능을 창의적으로 사용하는 것이다. 리더나 코치가 직원들의 혁신적 사고를 자극할 때 창의성을 담당하는 생각하는 뇌가 전략 개발에 참여할 것이다.

제4장 '리더의 혁신, 직관, 가면증후군'에서 우리는 창의성과 혁신을 담당하는 다음의 네 가지 뇌 영역을 살펴본 바 있다.

- **설회** – 꿈을 꾸는 데 관여함
- **좌측 외측 안와피질** – 억제 해제에 관여함
- **후방 두정엽** – 시공간적 무방향감에 관여함
- **각회** – 상징의 이해와 교차 감각적 추론에 관여함

혁신의 단계를 상세히 살펴보는 것은 이 장의 범위를 벗어난다. 그

러나 이제 살펴볼 전략(리더나 근로자에게 질문하고 훈련 과제를 제시하는 것)은 창의적인 뇌를 자극하기 위한 것이다. 대체로 창의성의 효과는 U자 모양으로 나타나기 때문에 (자극이 적정 수준을 벗어나면 역효과가 나타나므로) 창의적인 뇌가 과활성화되지 않도록 혁신가의 불안 수준을 점검해야 한다. 결국 당신도 정신이 몽롱하고 자제력이 없고 너무 추상적인 사람을 가까이 두고 싶지 않을 것이다.

다음 접근은 코치이며 매니저인 당신이 혁신성을 코칭할 때 사용할 수 있는 기본 틀이다.

- **도입**−혁신적 사고를 담당하는 뇌가 손상되면 문제행동이 나타날 수 있다. 혁신이란 스키를 타다가 넘어질 수 있음에도 불구하고, 스키 타는 법을 배우는 것과 유사하다. 혁신적이려면 위험을 견딜 수 있는 수준까지 불안을 줄일 수 있어야 한다. 혁신적 정신은 항상 자기 조절의 범위에 있어야 한다. 혁신성을 코칭할 때 당신은 혁신적 기능을 연습하는 단계로 들어가기 전에 내담자의 기초 불안과 상태 불안1)을 측정해 보아야 한다.[10]
- **계발해야 할 기능**−혁신성에 필요한 기능은 꿈꾸는 능력, 불안을 통제하면서 모험하는 능력, 시공간을 초월하는 능력, 은유와 교차 감각적 추론을 사용하는 능력이다.

다음은 꿈꾸는 능력을 계발하기 위한 몇 가지 질문이다.

----

1) 기초 불안은 특정 상황과 상관이 없는 일상적인 불안이며, 상태 불안은 특정한 상황에서의 불안이다. −옮긴이

- 현실에 장해물이 없다면 당신은 이것을 어떻게 바꾸고 싶은가?
- 현실에 장해물이 없다면 당신은 어떤 단계를 거칠 것인가?
- 라이트 형제가 비행기를 발명한 방식으로 이 문제를 푼다면 당신은 무엇을 발명하고 싶은가?

다음은 불안을 통제하면서 모험하는 능력을 계발하기 위한 몇 가지 질문이다.

- 이 상황에서 당신에게 가장 위협적인 것은 무엇인가?
- 당신이 그것을 하고 있는 모습을 (처음에는 3인칭 시점을 사용하고 나중에는 1인칭 시점을 사용하여) 상상할 수 있는가?
- 당신이 이 일을 중단한다면 무엇 때문일까?
- 당신이 이 길을 한참 전에 출발했다면 지금은 어느 수준에 도달했을지 자문해 보라. 당신 생각에 당신은 어떻게 되었을까?
- 당신은 뇌를 훈련하면 주의센터가 뭔가에 '몰입' 해 있다가(표 8.2에서 ACC 체크리스트를 사용하여) 현실로 복귀할 수 있다는 사실을 알고 있는가?

다음은 시공간적 제약을 벗어나 생각하는 능력을 계발하기 위한 몇 가지 질문이다.

- 시간의 제약이 없다면 당신은 무엇을 어떻게 하고 싶은가?
- 당신이 어디에 있든 상관이 없다면 당신은 무엇을 하고 싶은가?
- 당신이 원하는 것을 할 수 있는 무한대의 공간이 있다면 당신은

무엇을 하겠는가?

다음은 은유와 교차 감각적 추론을 증진하기 위한 몇 가지 질문이다.

- 당신에게 이 동작은 무엇처럼 보이는가? 이 동작은 무엇에 견줄 수 있는가?
- 이 동작이 지진의 원인이라면 당신은 이 사실을 어떻게 설명할 것인가?
- 앞에서 나온 '키키' / '보바' 검사를 해 보라. 이 검사에 대해 설명해 보라.
- 이 동작을 냄새나 맛으로 표현한다면 어떻게 표현하겠는가?

종종 틀에서 벗어나 혁신적인 생각을 허용하는 독립적인 공간이 필요하다. 당신이 혁신적인 자세를 촉구하는 임무를 맡았다면 일터를 혁신으로 채우기 위해 당신은 무엇을 할 수 있는가? 앞에 나온 창의성에 관한 질문을 토대로 혁신성을 좀 더 깊이 탐색할 수 있을 것이다. 예를 들어, '꿈꾸는 능력'을 탐색할 때 "비현실적인 다섯 가지 특징을 지닌 제품을 생각해 보라."라고 할 수 있다. 그 제품이 전화기라면 다음과 같이 대답할 수 있을 것이다. (1) 당신이 원할 때마다 전화기가 당신에게 걸어온다. (2) 당신이 프로그램된 암호로 말을 하면 전화기 스피커가 저절로 켜진다. (3) 당신이 실수로 전화를 잘못 걸었을 때 버튼을 누르면 내장된 목소리가 필요한 메시지를 유창하게 전달한다. (4) 전화기를 탈취제로 사용할 수 있다. (5) 전화기가 전화를 건 사람의 위치를 탐지할 수 있다(아동에게 유용하다.).

이와 같이 꿈꾸는 전략을 사용하면 틀을 벗어나 생각할 수 있고 창의적인 생각들이 각회를 달콤하게 자극할 것이다. 이와 비슷한 방식으로 다른 창의적인 영역도 훈련할 수 있다.

가면증후군에 대한 접근

가면증후군은 성공한 리더 혹은 근로자가 현재 위치에 도달하기까지 모든 사실을 낱낱이 설명할 수 없기 때문에, 자신의 성공이 거짓말 같다고 느끼는 것이다.

가면증후군은 새로 리더 반열에 오른 사람이 자신의 자질을 의심할 때 나타난다. 이 증후군 자체가 위협적이기 때문에 대체로 잘 드러나지 않는다. 회사에 탁월한 누군가가 새로 들어왔을 때 암투가 벌어지는 상황을 관찰하면, 이 증후군이 존재하는 단서를 발견할 수 있다.

자신감에 문제가 생겼을 때에는 다음과 같은 뇌 기반 접근이 유용하다.

- **알 수 없는 무의식을 감내하는 방법을 배운다.** 가면증후군이 있는 사람에게 성공은 의식적 과정과 무의식적 과정에 의해 이루어진다고 설명하라. 실제로 사람들은 성공을 의식적으로 완전히

과학적인 리더십_뇌 기반 CEO 코칭

통제할 수 있다고 생각하는 경향이 있다. 그렇지만 성공의 결과를 만드는 것은 주로 무의식적인 힘이다. 이것은 성공한 사람들이 자신의 성공을 이해하려고 노력하면서도 한편으로는 자신의 성공을 미심쩍어하는 이유이다. 성공을 뒤돌아 보며 분석하는 것은 한계가 있다. 무의식적인 뇌를 이해하고 수용하는 것이 중요하다.

- **배경 정서를 확인한다.** 뇌의 다양한 시스템이 정서에 관여하기 때문에 동시에 여러 감정이 공존할 수 있다. 우리가 확인할 수 있는 감정은 하나만이 아니다. 흔히 정서는 '혼합'되어 있고 혼합된 정서가 비즈니스 목적지로 가는 길목에 영향을 줄 수 있다. 가면증후군이 있는 사람을 돕기 위해 혼합된 정서를 확인하고 정서의 우선순위를 정해야 한다. 예를 들면, 높은 곳에 도달한 '스타'는 아이디어가 많을지라도 이를 실천하는 데 관심을 기울이지 않는 경향이 있다. 그가 아이디어를 확인하고 아이디어의 가치를 인정하도록 도와주면, 그는 아이디어를 실천하는 데 관심을 보일 것이다. 이렇게 하지 않으면 스타는 자신이 훌륭한 아이디어를 실천하는 데 관심이 없다고 생각하고 자신을 별 볼 일 없는 사람으로 여길 것이다.

- **별 볼 일 없는 사람이라는 불안감을 줄인다.** 여기에서도 앞 장에서 논의한 편도체 개입 혹은 ACC 개입을 사용할 수 있다. 리더가 과거에서 벗어나도록 도와주면 파괴적인 편도체 발화를 가라앉힐 수 있다. 과거에서 벗어나려면 미래 지향성과 신선한 관점이

필요하다. 이렇게 하는 한 가지 방법은 성공을 유지하는 것에 대한 두려움이 뇌의 불안 경로를 파괴하고 결국에는 생각도 파괴한다는 사실을 상기하는 것이다. 불안의 영향을 인식하지 못한다면, 가면증후군을 해결하기 어렵다. "변연계가 음악을 연주하고 리더는 여기에 맞춰 춤을 추고 있다." 이런 일은 무의식적으로 일어난다. 코치는 이 리더에게 계속 돌아가고 있는 변연계 음악을 그대로 둘 것인가라고 질문할 수 있다. 이 리더가 선택할 수 있는 또 다른 길은 리더십을 재정비하여 더 높은 목표에 도전하는 것이다. 이렇게 하면 리더는 이전의 일을 반복해야 하는 스트레스에서 벗어날 수 있고, 주의센터는 편도체의 방해공작을 극복할 것이다.

다르게 생각하도록 리더를 격려하는 좋은 방법은 '교차로'를 보라고 하는 것이다. 여러 분야의 갈림길에서 리더는 다르게 생각하고 새로운 길을 선택할 수 있을 것이다. 신경과학은 리더를 생각에 잠기게 하는 좋은 분야이다.

예를 들어, 지난 5년간 놀라운 성과를 거둔 투자자에게 '앞으로 실패하면 어떡하지?'라는 걱정이 갑자기 엄습할 수 있다. 이 경우 코치는 편도체 활성화로 인한 가면증후군을 설명하는 데 초점을 맞추지 말고, 사회적 보상에 관한 이야기를 나누어도 좋다. 저자가 코칭한 한 투자자는 월 1회 하루 동안 시간을 내어 도시 아이들에게 투자의 기본 기술을 가르쳤다. 이것이 그의 죄책감과 두려움을 상쇄시켰고 자신에게도 새로운 보상이 되었다.

스트레스는 의식의 뇌를 끄고 무의식적 두려움을 켜기 때문에 코치는 리더의 스트레스 관리를 도와야 한다. 벽과 울타리를 구분하는 것도 좋은 방법이다. 벽을 옮기는 것은 쉽지 않지만, 울타리는 옮길 수 있다.[11] 모든 문제를 '울타리'로 본다면 스트레스를 줄일 수 있다.

가면증후군이 있는 사람을 진정시키는 또 다른 좋은 방법은 ACC 개입이다. 다음은 앞에서 논의했던 SAFE-Frame의 일부를 ACC 개입에 적용한 예이다.

- **해결**−가면증후군으로 고생하는 사람에게 이 증후군이 실제로 존재하며 잘 알려져 있다고 설명하라. 이 증후군은 눈부신 성공을 거두었지만 성공하기까지 견뎌온 인고의 과정을 망각한 사람에게 주로 발생하며, 코칭을 받으면 잊혀진 과정을 다시 복구할 수 있다고 설명하라.

- **틀의 변화**−가면증후군이 있는 사람은 새로운 위치에 오른 것을 자연스럽게 받아들이지 못한다. 그 이유는 새로운 자리가 아는 지식이 아닌 새로운 것을 배워야 하는 자리이거나 그 자리에 필요한 기술을 갖추고 있지만 추가로 새로운 사실을 익혀야 하기 때문이기도 하며, 새로운 자리는 그를 성공으로 이끈 탁월한 능력을 필요로 하지만 무의식적 능력도 필요로 하기 때문이기도 하다. 코치가 이런 사실을 설명함으로써 "나는 새로운 자리에 필요한 지식을 갖고 있지 않다."라는 내담자의 말을 "나는 내가 갖고

있을 것으로 예상되는 지식 때문에 이 자리에 고용된 것이 아니라, 과거에 나를 성공으로 이끌었던 무의식적 기술 때문에 고용된 것이다."라는 말로 바꿔 주어야 한다.

또한 자신의 성공을 진심으로 받아들이지 못하는 사람에게 다음과 같은 문제가 발생할 수 있다.

- 가면증후군이 있는 사람이 두려움에 사로잡혀 있다면, 그는 위협을 편파적으로 주목하고 갈등모드로 전환된 ACC는 결국 보상의 접수를 막을 것이다.
- 가면증후군이 있는 사람이 외로워한다면, 그의 보상센터는 긍정적인 것에 둔감하게 반응할 것이다.

이러한 것은 가면증후군이 있는 사람을 지원하기 위해 뇌생리학을 적용한 무수히 많은 방법 중 일부이다.

정서 관리를 위한 접근

저자는 종종 "정서 관리를 어떻게 생각합니까"라는 질문을 받는다. 생각이 필요한 상황을 관리하는 것은 상대적으로 용이하다. 그러나 정서를 관리하는 것은 매우 어려울 수 있다. "진정하라." 혹은 "동요하지 마라."라고 하는 것은 정서 관리에 도움이 되지 않는다. 또한 정서는 대체로 의식할 수 없기 때문에 정서를 곧 바로 알아차리기 어렵

과학적인 리더십 _ 뇌 기반 CEO 코칭

다. 그러나 정서센터가 사고센터와 연결되어 있기 때문에 이제 살펴볼 모형을 내담자의 정서 관리 프로그램에 적용할 수 있을 것이다.

대대적인 변화를 몰고 오는 리더는 대체로 정서지능이 높다. 자신과 타인의 정서에 능통한 리더는 회사를 개혁하는 유리한 위치에 있다.[12] 정서를 이해하고 조절하는 것은 효과적인 경영의 핵심이다.[13] 또한 리더십의 '소프트한 측면을 단련하는 것'이 효과적인 경영의 핵심이다. 그러나 훈련만으로 정서지능을 계발하기에는 역부족이다.[14]

정서적인 유능감(정서지능과는 구분된다.)은 비즈니스 수행력을 증진하며, 특히 스트레스를 받을 때나 상호작용을 할 때 도움이 될 것이다.[15] 높은 정서지능은 정서 노동자의 직무 수행력을 높여 주지만, 정서와 무관한 노동자의 직무 수행력에는 부정적인 영향을 준다.[16] 정서지능이 높은 것은 (IT 분야의 전문가들처럼) 갈등을 회피하기보다 수용하고 통합하는 방식을 취하는 것을 의미한다.[17]

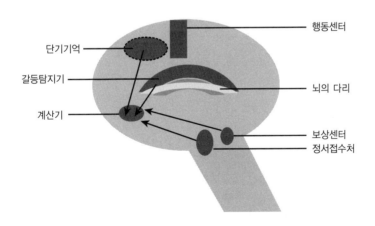

| 그림 8.1 | 정서 조절에 관여하는 뇌 영역

그러므로 정서를 이해하고 이해한 바를 갈등 해결에서부터 직무 수행에 이르기까지 잘 적용한다면, 비즈니스 생산성이 향상될 것이다. 이제 정서 관리에 개입하는 몇 가지 방법을 살펴볼 것이다. 그림 8.1은 정서 조절을 위해 개입해야 할 뇌 부위를 표시한 것이다.

DLPFC(단기기억) 개입

최근 사건을 강조하라. 감정이 압도할 때 고통이 끝이 없는 것처럼 보이기 때문에 정서적 부담을 줄이기 위해 사람을 '순간으로' 데리고 와야 한다. 저자가 코칭한 한 변호사는 여러 명의 법무보조원이 함께 일하는 큰 변호사 사무실을 운영하고 있었다. 그러나 한 직원이 출산 휴가를 떠나자 그 일이 다른 직원에게 떨어졌고, 그 직원은 격분하였다. 변호사는 일이 줄어 비용을 절약해야 했기 때문에 대체 인력을 고용할 수 없었다. 그 결과, 남의 일을 떠맡은 직원은 이전에 자신이 하던 일의 1.5배를 하게 되었다. 그녀는 석 달 동안 많은 일에 짓눌려 살 수밖에 없었다. 그러나 변호사가 그녀에게 일주일에 한 번만 업무를 점검하겠다는 확신을 주자 그녀는 조용해졌다.

vmPFC(계산기) 개입

이득과 손실을 계산하고 시간의 틀을 장기적 관점으로 바꾸어라. 계산기 개입은 단기기억 개입과는 반대이다. 사람은 불안에 압도될 때 (vmPFC에서 강렬한 전기가 PAG로 전송되어) 중뇌수로 주변 회백질 (PAG)이 활성화된다. 임박한 위협은 통제 불가능한 불안으로 이어진다. 그러므로 당신은 이런 위협을 덜 임박한 것으로 만들어야 한다. 또한 vmPFC는 공감에도 관여한다. 그러므로 불안할 때 공감 상태에서 빠져나와 인지적 조망으로 전환할 필요가 있다. 예를 들어, 인수합병전문가는 인수합병의 적절성을 탐색하기 위해 합병되는 회사와 함께 작업한다. 이때 합병되는 회사는 회사의 관행에 대해 예민하게 감정적으로 반응할 수 있다. 이런 경우에 저자는 합병되는 회사를 압박하는 완전히 새로운 방법을 제시하기보다 다음과 같이 질문하라고 인수합병전문가에게 조언하고 싶다. "이전의 방법으로 일을 할 때 어떤 점이 효율적이었고 어떤 점이 비효율적이었는가?" 이 질문은 리스크와 이득을 명확하게 구분하기 위한 것이다. 저자는 그런 다음에 그 회사의 정서를 그대로 받아들이지 말고, 이해하려고 노력하라고 조언하고 싶다. 이렇게 하면 인수합병전문가의 관점이 "너무 흥분할 필요가 없다."에서 "지금까지 사용했던 방식을 당신들이 정말로 소중하게 여기는 것을 안다. 우리는 당신들과 다른 방식으로 회사를 운영한다. 그러나 당신들에게 정말로 효과적이었던 방법은 기꺼이 받아들이고 싶다.……"로 이동할 수 있다.

이런 경우에는 소중한 것을 잃을까 봐 두려워하는 기분을 수용하는 것도 아니고 비판하는 것도 아닌 인지적 관점이 효과적이다.

SAFE-Frame을 사용한 ACC(주의센터) 개입
다음과 같은 ACC 개입으로 편도체에 접근할 수 있다.

- 갈등을 줄이면 불쑥불쑥 올라오는 감정이 줄어든다.
- 직급에 상관없이 회사의 모든 사람을 포용하라(즉, 책임을 나누어라.).
- 긍정적 측면에 (혹은 위협 이외의 다른 것에) 초점을 맞추어라. 위협에 초점을 맞추면 위협은 더 커 보인다(ACC 연구가 이를 증명한다.).
- 위급한 불을 끄면서 상황을 평가하라.
- 상황을 정의하는 다양한 기법을 사용하여 상황을 다른 각도에서 보라. 강한 불안을 유발하는 상황을 다른 관점에서 탐색하라. 예를 들어, 연구개발비가 절반으로 삭감되면서 재원 부족으로 그때까지 진행한 개혁을 중단할 수밖에 없어 안절부절못하던 CEO가 있었다. 저자는 그에게 "침체기에 어떤 새로운 문이 열려 있는가?"라고 물었다. 그는 저자를 물끄러미 쳐다보았다. 그러나 그는 잠시 생각한 후에 혼자가 아님을 깨닫고 다른 팀과 통합하여 신기술 개발비와 이윤을 공유하였다.

뇌량(뇌의 다리) 개입

뇌량은 뇌의 좌반구와 우반구를 연결한다. 뇌량이 잘 기능할 때 생각과 느낌이 적절하게 공존한다. 걱정하면 뇌량이 손상된다. 내담자가 걱정하고 있을 때 "걱정이 어떤 도움이 되는가?"라고 물어보면 된다. 종종 걱정은 특히 정당한 이유가 있을 때 더 깊은 두려움 — 실패의 두려움과 같은 — 을 회피하는 방법이 될 수 있다. 사람들은 이제 성공하지 않아도 되는 '타당한' 변명거리를 가지게 되었다. 또한 비즈니스 상황에서 근로자들은 막연하게 불안해하는 것보다 걱정할 때 (걱정할 뭔가가 있음으로써) 더 큰 통제감을 느끼기 때문에 걱정한다. 이런 걱정은 '최소한(the bottom line)'에 지나치게 관심이 많은 사람에게서 종종 나타난다. 이들은 최소한에 초점을 맞추고, 그런 다음에 그 목표를 달성하기 위해 노력하는 사람들의 감정(그리고 자신의 감정)을 무시하면서 목표에 매달리기 때문에 사람을 고통스럽게 만든다.

뇌량이 손상되면 뇌의 계산기에 정서적 정보가 늦게 도착한다. 좌·우뇌를 연결하기 위해 "그것을 생각하면 어떤 느낌이 드는가?" 혹은 "이런 기분일 때 무엇을 하면 기분이 좋아질까?"라고 질문하는 것도 좋은 방법이다.

행동센터 개입

코치는 직장에서 할 수 있는 운동이나 산책을 (의학적으로 문제가 없는 사람에게) 권할 수 있다. 움직임은 새로운 사고를 자극하기 때문에 정서 조절력을 증진한다.[18,19] 여기서 행동센터 개입을 고려하는 것은 행동센터가 '심상'과 같은 다양한 기능에 결정적인 역할을 하기 때문이다. 우리는 변화에 관한 장에서 운동센터를 자극하기 위해 스트레스에서 벗어난 모습을 1인칭 시점에서 상상하는 방법을 살펴본 바 있다. 정체를 관리하기 위해 근로자에게 목표를 향하는 모습을 상상해 보라고 할 수 있다. 이런 심상은 조절하기 힘든 정서를 잠재울 것이다.

보상센터(기저신경절) 개입

내담자의 불안이 충분히 가라앉았을 때 잠정적인 사회적·금전적 보상을 언급할 수 있다. 불안이 높으면 뇌는 보상을 접수하지 않는다. 보상을 논의하기에 앞서 보상센터에 개입하기 위해 첫 번째로 할 일은 불안을(혹은 외로움을) 낮추는 것이다. 보상이 없으면 동기가 거의 유발되지 않는다. 보상센터가 계산기(vmPFC)에 정확한 정보를 보내야 한다. 단순히 계획된 행동에 보상을 주는 것은 효과가 없다. 그보다 먼저 당신은 불안을 줄이기 위해 편도체 개입과 ACC 개입을 사용해야 한다. 또한 스트레스를 느낄 때 사람들은 보상을 떠올릴 수 없으며, 스트레스는 심상을 담당하는 뇌를 억제한다. 이런 사실을 아는 리더는 동기를 자극하기 위해 보상센터를 적절하게 활용할 것이다.

편도체 개입

불안을 낙관적 심상으로 대체하기 위해 "상황이 달라진다면 이 결과가 어떻게 달라지길 바라는가?"라고 질문할 수 있다. 낙관주의는 편도체를 차지한 불안을 몰아내고 그 자리를 차지할 것이다. 낙관주의는 힘내라고 응원하는 것이 아니라 가능성을 살려 해결책을 찾도록 뇌를 돕는 것임을 기억하라. 또한 신뢰가 깊어지면 편도체 활동이 줄어든다. 그러므로 불안과 두려움이 문제라면 신뢰를 구축하는 것도 좋은 방법이다.

그러므로 (앞 장에서 논의한) 어려운 대화에 접근할 때도 신뢰가 중요했듯이, 신뢰는 앞에서 논의한 뇌의 여러 영역에 영향을 주기 때문에 신뢰할 줄 아는 리더는 (실제로) 어려운 상황에서도 자신의 적응 기제(coping mechanism)를 가지고 잘 대응할 수 있을 것이다. 신뢰는 자신감을 증진한다. 그리고 신뢰를 통해 서로 화합할 때 리더를 포함한 모든 직원은 더 많은 힘을 부여받은 기분을 느낄 것이다.

인지적 유연성을 위한 접근

사고의 유연성은 특히 급변하는 비즈니스 세계에서 중요한 능력이다.

변화무쌍한 경제적 분위기 속에서 유연한 사고방식은 정말 중요하다. 변화에 반응하지 않고 자신의 생각에 갇힌 경직된 사람은 서비스나 제품에 대한 소비자의 요구와 같은 중요한 변화를 간과할 수 있다.[20] 급변하는 비즈니스 여건 속에서 인지적 유연성은 학습과 적응에 매우 중요하다.[21] 유연하지 않은 근로자는 정체될 것이다.

사고의 유연성은 특히 회사에 위기가 닥쳐 리스크를 관리해야 할 때 매우 중요하다.[22] 생각과 비즈니스 전략의 유연성은 여러 대륙과 여러 문화권에서 활동하는 국제적 리더의 핵심이다.[23]

그러므로 국제적 리더십만이 아니라 회사의 변화에 적응할 때에도 인지적 유연성이 필수이며 매우 중요하다.

인지적 유연성 개입을 고려한다면 코치는 사고의 유연성에 관여하는 뇌의 회로가 그림 8.2의 DLPFC와 ACC임을 기억해야 한다.

위기에 대처할 때의 핵심 요소 중 하나는 효과적인 업무 전환이다. ACC는 새로운 과제의 우선순위를 정한다. DLPFC는 리더가 새로운

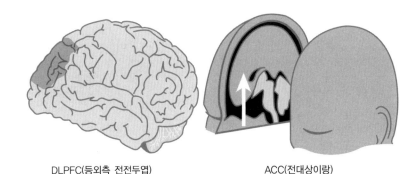

DLPFC(등외측 전전두엽)   ACC(전대상이랑)

| 그림 8.2 | DLPFC과 ACC

문제에 낡은 방법을 사용하지 않도록 예전 과제의 간섭을 차단한다.[24] 과거 방법의 간섭을 예상하고 이를 철저하게 파악하는 것은 DLPFC 를 돕는 일이다. 스트레스는 습관화된 기억을 더 강하게 만든다. 완전히 새로운 것을 사용하는 사람과 함께 일할 때 그의 스트레스 수준이 조절 가능한 수준인지 혹은 새로운 방식을 도입하면 안 되는 수준인지 확인해야 한다.

저자에게 코칭받은 한 리더는 경영에 회계감사를 강화하는 새로운 방식을 도입하였다. 이것은 회사 내부의 불안을 증폭시켰고 효율성의 극대화라는 목표를 달성하지 못하였다. 리더가 압력을 가하지 않으면서 좀 더 지혜롭게 가르쳤을 때 사람들은 좀 더 쉽게 새로운 방식으로 이동하였다. 비즈니스 세계에서 변화는 불안을 촉발한다. 이것이 변화 — 편도체는 ACC 기능을 방해하고 이렇게 되면 머릿속이 혼란스러워져서 생산성이 떨어진다 — 가 그렇게 어려운 이유이기도 하다.

인지 유연성에 관한 한 연구에서 과제 전환을 실험하였다. 피험자

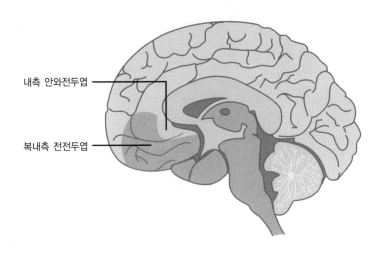

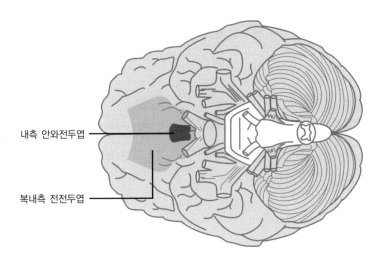

내측 안와전두엽

복내측 전전두엽

내측 안와전두엽

복내측 전전두엽

| 그림 8.3 | 인지적 유연성에 관여하는 뇌 영역

는 흰색 물건 사이에서 검은색 물건을 찾는 것을 배우고 그 다음에 반대로 하는 것을 배웠다. 그림 8.3처럼 vmPFC와 연결된 안와전두엽(OFC)은 과제 전환에 중요한 영역이다. 동물 연구에서 OFC는 과제를

습득할 때에는 불필요하지만 과제가 상대적으로 어려워지면 필요한 영역이 되었다.[25] 과제 전환에는 뇌의 다른 영역(기저신경절과 후방 두정엽)도 관여한다.[26]

vmPFC와 내측 안와전두엽(OMFC)이 손상되면 의사결정에 결함이 나타난다. 새로운 방법은 에너지 소모가 많은 의식적인 뇌(OFC)를 사용하므로 사람들에게 새로운 접근을 추천할 때 신중해야 한다. 그러나 일단 학습되면 행동은 자동화되어 에너지 소모가 줄어든다.

업무 전환을 위해 리더는 이 상황에서 저 상황으로, 이 접근에서 저 접근으로 이동해야 한다. 우리가 옛날 방식을 버릴 때 친숙함을 포기하고 새롭지만 잠정적으로 효과적인 방법을 택해야 하므로 약간의 혼선이 있을 수 있다. 이런 변화가 실제로 일어나려면 좌측 전두엽이 활성화되어야 한다.[27] 판매, 기록, 회의 등에서 새로운 접근으로 전환할 때 인지 유연성을 높여야 한다. 이를 위해서는 제6장 '어떻게 하면 행동하려는 마음이 행동이 될까'에서 살펴보았던 좌측 전두엽을 자극해야 한다.

신뢰를 관리하기 위한 접근

신뢰 위반은 근로자의 열정을 갉아먹는 두려움과 불안의 씨앗이 되므로, 신뢰는 비즈니스에서 중요한 변수이다.

또한 신뢰는 브랜드 이미지와 소비자의 만족도에 영향을 주기 때문에 중요하다. 소비자는 만족한 브랜드에 계속 애착을 보인다.[28] 신뢰는 투자의 기본이기도 하다.[29] 사람들은 어떤 회사가 잘 돌아갈 것이라 믿고 그 회사의 주식을 산다. 회사는 이런 투자자들을 위해 투명하고 정확한 재정 상태와 발전 계획이 있어야 한다. 투자자와 회사가 서로 신뢰하면 서로에게 이득이 될 수 있다.

직장에 대한 신뢰는 직원에게 신체적 · 정서적으로 안전한 느낌을 준다.[30] 그 결과로 직원은 자신의 업무에 좀 더 집중할 수 있고 생산성이 증가할 것이다. 신뢰는 혁신적인 리더십의 핵심 요소이며, 직원의 직무 만족도와 자기 효능감(self-efficacy)에도 영향을 준다. 그밖에도 신뢰는 업무 스트레스와 스트레스증후군을 완화한다.[31]

그러므로 신뢰는 리더가 직원들에게 발휘해야 할 '소프트한 기술'이 아니다. 우리는 신뢰가 어떻게 편도체를 가라앉히는지 살펴보았다. 불신감이 생기면 편도체 발화가 증가하므로 신뢰 위반을 관리해야 하며, 관리 대상에는 편도체뿐만 아니라 편도체와 연결된 회로가 포함되어야 한다. 실제로 누군가 약속을 깨면, 신뢰 위반을 당한 사람의 뇌에서는DLPFC, ACC, 편도체의 발화율이 증가한다.[32]

ACC 개입

여기에서 우리는 SAFE-Frame 접근을 다시 살펴볼 필요가 있다. 예를 들어, 2007년 밸런타인데이에 제트블루항공사의 고객센터에는 눈폭풍 때문에 결항이 생겨 발이 묶인 수백 명의 고객으로부터 항의가 쇄도하였다. 회장은 이전에 존경받던 회사 이미지를 회복해야 하는 과제를 떠안았다. 항공사에 대한 신뢰는 땅에 떨어져 있었다. 이 회사의

CEO인 데이비드 닐만은 SAFE-Frame 접근을 사용하여 그가 할 수 있는 모든 방법을 동원하여 승객의 손실을 보상하였다.

제트블루항공사의 CEO는 소비자의 불만을 받아들이고 보상함으로써 문제를 해결하였다. 그는 언론을 통하여 대중에게 사과하였다. 항공사가 날씨에 '과잉반응' 했음을 시인함으로써, 회사의 재앙이 될 뻔한 사건을 다른 각도에서 바라보고 문제 해결에 초점을 맞출 수 있었다. 이렇게 하여 대중의 편도체는 잠잠해졌고 제트블루항공사는 세계 제일의 단거리 항공사라는 명성을 되찾았다. 신뢰가 깨졌을 때 편도체 발화가 증가하고 그 충격을 뇌 안의 곳곳에 전달하느라 뇌는 업무 수행과 생산성에 사용해야 할 자원을 소모한다. 그러므로 신뢰에 대한 투자는 비즈니스의 발전을 위해 매우 중요하다.

신뢰가 깨지면 (불신이 뇌의 자원을 갉아먹기 때문에) 리더가 회사를 떠나는 직원을 붙잡는 데 한계가 있다. 이렇게 되면 회사는 계속 신입사원을 채용하기 위해 비용을 낭비해야 한다. 그러므로 회사에 대한 불신은 재정적 손실로 이어질 수 있다.

보상센터의 기능이 약해지면 직무 동기도 떨어진다. 회사의 관리자는 직원의 동기 유발을 위한 다양한 방법을 강구해야 한다. 이렇게 할 때 직원들의 직무 동기가 살아날 것이다.

회사의 의심스러운 의도가 전체 직원의 뇌에 비칠 때 활성화되는 거울신경 때문에, 신뢰 위반은 회사에 잔물결 효과를 일으킨다. 이렇게 되면 불신은 기하급수적으로 확산되어 회사의 통합을 위협한다. 이런 경우에 앞에서 논의했던 거울신경 개입이 필요하다.

편도체 개입

코치는 회사가 신뢰를 위반했을 때 그 일이 무엇이든지 간에 리더가 전면에 나서서 정직하게 말하는 것이 대중의 편도체와 편도체 회로를 수리할 수 있는 최선의 길이라고 조언해야 한다. 회사 전체의 신뢰를 대변할 만한 누군가를 임명하는 것도 신뢰 회복에 도움이 될 수 있다. 지금까지 논의한 것 중에서 신뢰 회복에 가장 효과적인 방법은 편도체를 진정시키는 것이다. 즉, 주의를 한 데 모아 더 높은 목표에 집중하고 관점을 바꾸는 것(잘못을 인정하고 잘못된 것을 바로잡는 데 초점을 맞춘다.)이다. 사람들의 욕구에 적극 귀를 기울이면 활성화된 그들의 편도체와 두려움이 가라앉는다. BP사[2]의 기름 유출 사건이 있었다. 이 사건은 회사가 발표한 것과 달리 언론에 충격적인 야생동물의 모습이 보도되어 대중의 편도체가 활성화된 좋은 예이다. 처음부터 바르게 시작하고 대중의 신뢰를 얻기 위해 노력하는 것이 중요하다.

복측 줄무늬체, 복측 피개 영역, 중격핵 개입

보상은 사람들이 능동적이고 활기차게 살아가는 중요한 이유이다. 신뢰를 회복하기 위해 리더가 사용할 수 있는 가장 기본적인 방법은 문제를 해결하기 위해 가던 길을 멈추고, 필요한 시기에 문제를 '돌파'하는 강력한 리더십을 보여 주는 것이다. 예를 들어, 리더는 해고 대

---

2) 영국의 석유회사-옮긴이

신에 더 많은 직원을 지켜 주기 위해 (리더를 포함한) 특정 집단의 임금 삭감을 고려할 수 있다. 이런 경우에 생산성 향상을 위한 계획과 함께 희생을 보상할 분명한 계획을 세워야 한다. 이런 희생은 다른 직원들의 편도체를 진정시키고 생각하는 뇌를 촉진할 것이다. 또한 리더가 자신을 희생하면 직원들의 뇌에서 옥시토신(편도체를 억제한다.)이 분비되고 이것이 신뢰를 증진한다.[33] 리더가 따뜻하고 유능하다면, 직원들은 그에게 충성할 것이다.[34]

리더가 출산휴가를 떠난 직원에게도 공정하게 보상하고 개인적인 사정 때문에 업무에 차질을 빚은 직원과도 잘 지내면 리더는 행동으로 보상을 주는 것이다. 리더의 이런 모습은 시급한 문제가 발생할 때 강력한 효과가 있다. 따뜻하고 유능한 리더에게 이끌릴 때 직원들의 뇌에서 활성화되는 영역은 계산기(vmPFC), 단기기억(DLPFC), 인지 유연성 영역(안와전두엽)이다.[34] 이것은 신뢰의 효과가 편도체를 넘어 뇌에서 널리 퍼져 나가는 것을 의미한다.

vmPFC 개입

리더는 이직률을 낮추고 팀워크와 효율성과 생산성을 촉진하기 위한 비즈니스 전략의 하나로 신뢰를 구축해야 한다. vmPFC는 사회적 양심과 죄책감을 만들어 내는 영역이다. 중요한 vmPFC가 의사결정 과정에 참여하지 않으면 신뢰를 위반하고,[35] 타인을 배려하지 않으며, 결정에 오류가 발생할 것이다. 이런 일을 예방하기 위해 리더는 신뢰와 득실 평가에 초점을 맞추어야 한다. 코치는 리더가 자동으로 득실과 신뢰를 고려할 것이라고 추측하면 안 된다. 깊이 생각하도록 리더에게 촉구할 때 그의 vmPFC가 활성화되고 득실에 대한 정보가 행동 센터에 전달될 것이다. 사람들이 불만을 털어놓을 수 있는 안전한 장소를 마련하고 여기에 접수된 불만을 적극적으로 해결한다면, 문제보다 해결에 초점을 맞춤으로써 실질적으로 회사의 생산성이 향상될 것이다. 또한 득과 실을 분명하게 평가해야 vmPFC가 활성화된다.

모호성을 관리하기 위한 접근

비즈니스에서 모호함은 신뢰를 떨어뜨리고 의사결정을 방해하므로 결과에 악영향을 준다. 사람들은 리스크보다 모호함을 더 싫어한다.[36] 다시 말해서, 사람들은 예측 가능한 위험보다 불확실성을 더 힘들어한다.

소비자가 혼란스러워하면 구매의 전제조건인 안락함이 줄어 어떤 비즈니스는 이윤 창출에 차질을 빚을 수 있다.[28] 그러므로 소비자를 위해 제품의 모호성을 줄이면 제품의 구매 의도가 향상될 것이다.

현재 경제 제도의 변화는 예측하기 어렵다. 이것은 엄청난 불확실성으로 이어지고 불확실성을 모두 측정할 수 있는 것도 아니며, 그중 상당 부분은 모호하다. 그러나 수시로 변화하는 이런 즉흥성은 개인적 · 제도적 발전에 도움이 될 수도 있다.[37]

집단을 대표(전형적인 리더십)하는 정도에 따라 리더가 효과적인 리더로 보일 수도 있고 그렇지 않을 수도 있다. 연구에 의하면, 조직이 불확실하고 가변적이면(예 : 근로자의 역할이 분명하게 정해지지 않은 역할 모호성) 근로자는 좀 더 전형적인 리더에게 의존한다.[38] 리더가 집단을 대표하는 전형적인 리더일 수도 있고 아닐 수도 있지만, 리더는 모호함의 영향력을 이해하고 있어야 한다. 조직이 지나치게 모호하면 조직원은 쉽게 소진되고 스트레스가 증가한다.[39]

그러므로 모호성은 근로자, 리더, 소비자 모두에게 영향을 준다. 모호성은 우리가 중시하는 타인뿐만 아니라 우리 자신에게도 영향을 준다. 모호성에 대해 뇌 영상 연구에서 발견된 몇 가지 공통적인 사실은 다음과 같다.

- **위험보다 모호함이 불안을 더 많이 유발한다.** 모호한 가운데 뭔가를 선택해야 할 때 두려움센터(편도체)와 인지 유연성센터(안와전두엽)가 활성화된다.[40] 이것은 모호함 때문에 발생한 불안이 뇌를 유연하게 만들고 뇌가 리스크 모드(발생 가능한 두려움을 인지하면 뇌는 경계태세에 들어간다.)보다 내비게이션 모드로 이동하는 것을 의미한다. 실제로 모호함이 증가할수록 안와전두엽(OFC)과 편도체의 발화가 증가한다.[41]

- **위험성이 있거나 모호한 선택을 해야 할 때 뇌는 (뇌의 계산기를 사용하여) 리스크와 이득을 계산하고 (보상센터의 도움을 받아) 잠정적인 보상을 평가한다.** 위험(확률을 알 수 있다.)과 모호성(확률을 알 수 없다.)이 존재하는 조건에서 어떤 선택을 할 때 보상센터(줄무늬체)와 계산기(vmPFC)가 작동한다. 이것은 계산기가 선택

과학적인 리더십 _ 뇌 기반 CEO 코칭

의 리스크를 계산한 다음에 그 선택을 보상으로 접수할지 말지를 결정하는 것을 의미한다.[42] 그러나 한 연구에서 모호하지 않은 추론보다 모호한 추론을 할 때 내측 전전두엽(MPFC)의 배쪽(복측)과 등쪽이 더 많이 활성화된다는 결과가 나왔다.[43] 이것은 모호한 상황에서 리스크를 계산할 때 이 영역이 더 많은 '일'을 하는 것을 의미한다.

- **모호할수록 불안해지고 보상에 둔감해진다.** 한 연구에서 선택이 모호할수록 편도체와 인지 유연성 영역(OFC)의 발화가 증가하고 줄무늬체 발화는 줄어든다는 결과가 나왔다. 더욱이 줄무늬체는 보상이 기대될 때 활성화되는 영역이다. 뇌는 불확실성의 정도에도 반응한다.[44]

- **위험하거나 모호한 정보를 처리할 때 뇌는 '결정 보류' 상태를 유지하며 행동을 취하지 않는다.** (위험한 상황과는 다른) 모호한 뭔가가 예상될 때 뒤쪽 하전두이랑과 후방 두정엽(PPC, 뇌의 내비게이션)이 활성화된다.[36] 이 두 영역은 모호한 선택을 받아들이지 못하게 한다. 리스크를 선호하면 PPC가 활성화되고, 모호함을 선호하면 단기기억(DLPFC)이 활성화된다.[41] PPC는 경계 태세를 유지하는 특별한 임무를 맡고 있다.[45] 그러므로 모호할 때 PPC 활동이 증가한 것은 경계 수준이 높아진 것을 의미한다.

- **정보가 알려지지 않았을 때 뇌는 계속 정보를 업데이트하기 위해 많은 에너지를 소모한다. 모호할 때 뇌는 어떤 것이 옳고 어떤 것이 그른지를 판단하기 위해 정보를 계속 업데이트해야 한다.** 모

호한 정보를 업데이트하고 인지적 유연성을 유지하는 능력은 우측 vmPFC(계산기)와 DLPFC(단기기억)에서 나온다. 이 두 영역은 축적되는 부정적 결과에 기민하게 반응하여 불리한 선택을 막는다.[46] DLPFC가 활발하게 작동하면 충동적 행동이 줄어든다.[41]

소비자의 혼란, 조직의 변화, 역할의 모호성, 소진을 만났을 때 불확실성을 줄이고 지속적인 행동 가능성을 키우기 위해 뇌과학적 지식을 활용할 수 있다. 그렇다면 불확실한 상황에서 뇌과학적 지식을 어떻게 활용할 수 있을까? 다음은 당신이 사용할 수 있는 몇 가지 개입 방법이다.

- **편도체 활성화를 줄여라.** 변화는 불확실하고 불확실성은 비즈니스 세계에서 미로처럼 얽혀 있다. 앞에서 보았듯이 위험보다 불확실성이 편도체를 더 많이 자극한다. 그러므로 불확실성을 확률로 전환하여 편도체 발화를 억제해야 한다. 앞에서 살펴보았던 편도체 개입과 SAFE-Frame 개입을 사용하면 모호함을 리스크로 전환할 수 있다. 다음은 SAFE-Frame 개입을 사용한 두 가지 예이다.
- **모호함을 확률로 바꾸어라.** 예를 들어, 투자자를 코칭한다면 자료를 토대로 투자 성공률을 계산해 보라고 하라.
- **역할을 정의하라.** 예를 들어, 어떤 사람이 회사에서 동시에 여러 업무를 맡고 있다면 일정치 않더라도 좀 더 분명하게 그의

역할을 정의하라.

편도체를 진정시키기 위해 낙관주의를 도입하라. 자료를 토대로 모든 경우의 수에 대해 리스크를 평가하거나 평가할 수 없는 상황을 명확하게 규정해 놓아야 한다. 리스크를 평가하기 어려운 상황에서 평가가 어렵다고 말하는 것이 의사결정 과정에서 발생할 수 있는 더 큰 리스크를 예방하는 효과가 있다. 낙관(가설을 탐색하면 궁극적으로 해결책이 나올 것으로 기대하는 것)하면, 편도체는 두려움 대신 낙관에 반응하여 생각하는 뇌의 수고를 덜 수 있다.

- **vmPFC에 리스크와 보상에 관한 정보를 투입하라.** 사람들은 불안한 상황에서 이득보다 리스크를 더 많이 생각하기 때문에 불확실한 전략의 이득과 리스크를 조목조목 열거하는 것은 썩 좋은 방법이 아니다. 현 상황과 관계없는 다른 사람에게 당신이 세운 전략의 득과 실을 평가해 보라고 하고, 이를 당신의 평가와 비교해 보는 것도 좋은 방법이다. 당신의 계산기(vmPFC)에 이득과 리스크에 관한 정보를 더 많이 투입할수록 단기기억은 당신의 미숙한 행동을 잘 억제할 것이다.

필자가 코칭한 한 투자자는 종종 신약이 FDA 승인을 받느냐 못 받느냐는 문제를 가지고 나타났다. FDA 결정이 나오기 전에 제약회사의 주식을 산다면 오르기 전에 주식을 살 수 있다. 그러나 대체로 자료가 모호해서 종종 FDA 승인 여부를 예측할 수 없었다. 그는 신약의 주식을 모두 사들이고 싶은 충동을 느끼기도 하였다. 그가 실수를 했을 때는 리스크와 이득에 관한 유의사항을 숙지하지 않은 경우였다. 뇌는 이득과 리스크에 관한 정보를 (의식적으로 알기 전에) 선험적으로 알아차리기 때문에 문제는 더 복잡해진다.[47,48] 그러므로 결정할 때 중요한 것은 무의식을 탐침(probing) 할 수 있는 의식적 정보를 계산기에 투입하여 계산기가 직관을 활용하도록 돕는 것이다. 이렇게 하는 데에는 시간이 걸린다. 그러므로 이득과 위험을 조목조목 따져 보는 것은 위험을 의식적으로 지켜보면서 무의식적 뇌를 탐침 하기 위한 것이어야 한다.

- **뇌의 내비게이션과 플래너(planner)를 활용하라.** 후방 두정엽(PPC)은 감각센터와 운동센터를 통합하며, 심상을 가지고 작업하는 두정엽의 일부이다. 또한 PPC는 계획을 세우는 일에도 관여한다.[49] 다음은 뇌의 내비게이션과 플래너를 자극하는 방법이다.

  - 떠올리기 쉬운 구체적 심상을 만들기 위해 추상적인 단어를 피하고 모호함을 줄여라. 모호함을 줄이기 위해 추상적인 단어보다 그래프, 영상, 삽화를 사용하라.

  - 일정표를 사용하라. 일정표는 PPC를 가동하는 데 매우 중요하다. 일정표는 PPC가 심상을 유지하고 모호성을 극복하도록 돕는다.

- **언어 영역을 도와라.** 하전두이랑(inferior frontal gyrus, IFG)은 무엇(what)과 어디(where)를 파악하는 곳이다. 즉, 문제에 대한 정의는 이곳에서 이루어진다.[50] 또한 IFG는 언어에 숨겨진 정보를 찾는다.[36]

과학적인 리더십 _ 뇌 기반 CEO 코칭

리더는 아랫사람들이 말뜻을 몰라 우왕좌왕하지 않도록 분명한 단어를 사용해야 한다. 리더가 뭔가를 말할 때마다 직원의 뇌가 의미를 이해하기 위해 무작위로 뇌를 뒤지지 않도록 리더는 분명하게 말해야 한다. 예를 들어, 리더가 말을 할 때 '회사'로 시작하여 '의도적'이라는 말로 이동하고 그 다음에 '진솔한'이라는 말로 이동하면 분명한 언어를 사용한 것이다.

● **보상센터를 자극하라.** 리더가 애매한 것을 직원들에게 물어보면, 물어보는 그 자체가 보상을 주는 것이다. 따라서 직원들은 보상을 받는 기분으로 리더의 요구에 응할 것이다. 리더가 직원들의 개인적 역할을 분명하게 정의하고 팀에는 어느 정도 재량권을 부여하면 팀의 화합이 촉진될 것이다.[51] 결재를 주고받는 관계를 잘 이용하면 관리자와의 유대감이 강화되고 업무가 너무 모호할 때 물어볼 사람을 알려 줄 수 있다.[51] 또한 리더가 회사의 핵심적인 가치를 결정에 반영하면 모호함이 줄고 직원들에게는 목표 지향성과 보상받는 느낌이 증가한다.[52]

그러므로 보상센터를 자극하려면 생각하는 뇌가 불확실한 불안의 스트레스를 벗어나야 한다. 이렇게 하면 이전에 너무 모호하여 의욕이 생기지 않았던 일(예 : 판매)에 동기가 유발되어 업무를 완수할 수 있다. 여전히 현실은 불확실할지라도 생각이 분명하고 확실하다면 뇌는 마비 모드에서 행동 모드로 이동할 수 있다.

저항을 만났을 때 우회하여 뇌를 자극하는 방법

리더십 코칭에 필요한 전략을 계발할 때 다음을 참조하면 도움이 될 것이다.

- 정서를 통하지 않고 어떻게 편도체에 접근할 수 있을까? 편도체는 생각하는 뇌와 광범위하게 연결되어 있고 불안에서 다른 곳으로 주의를 돌리면 불안이 완화되기 때문에 코치가 진정시켰음에도 불구하고 리더가 계속 불안해한다면, 앞에 나왔던 ACC 개입이 필요하다. 예를 들어, 상황을 단순히 다른 각도에서 바라보기만 하여도 편도체에 다른 정보가 입력되기 때문에 편도체가 진정될 수 있다. 리더가 새로운 역할을 불안해한다면 혹은 '실패할 것'이라는 부정적 생각에 사로잡혀 있다면 코치는 그의 생각을 '한 번에 하나씩 하면 성공할 수 있다.'로 바꾸어 줄 수 있다. 이것은 ACC에 개입하여 상황을 다른 각도에서 바라보도록 돕는 것이다. ACC를 통하여 편도체에 접근할 수 있고, 편도체를 통하여 ACC에 접근할 수 있다.

- 뇌가 마비된 리더는 꼭 필요한 행동을 하지 못한다. 관찰과 심상 모두 행동센터를 자극하기 때문에 행동에 대한 교육이 무용지물일 때 관찰이나 심상으로 행동센터를 자극할 수 있다. 관찰이나 심상은 적어도 행동센터의 잠재의식을 일깨울 수 있기 때문에 행동에 시동을 걸 수 있다. 예를 들어, 직원의 해고를 앞두고 불안해하는 리더를 코칭한다면 리더에게 직원을 해고시키면 어떻게 될

지 상상해 보라고 하면 된다. 또한 코치는 리더가 예기 불안을 알아차리고 이를 조절할 수 있도록 도와야 한다.

- 리더와 직원 모두 너무 많은 것이 바뀌어 어찌할 바를 모르고 불안해하며 회의에 집중하지 못한다. 이런 경우에 문제는 맥락에 있을 수 있다. 또한 해마의 영향력 때문에 장기기억에 저장되어 있던 조건화된 불안과 생각이 의식을 침범한다. 그러므로 이런 경우에는 ACC나 편도체에 개입하지 말고 앞에서 논의했던 해마에 개입하거나 회의 장소를 비롯한 환경을 바꿔야 한다. 코치가 단기적 관점을 사용하면 간접적으로 리더의 해마가 억제되고 DLPFC가 활성화될 것이다.

- 회사는 혼란에 빠져 있고 리더가 아무리 여러 번 설명해도 상황이 악화된다. 리더의 불안에 반응하는 직원들의 뇌에서 거울신경을 ACC와 편도체가 차단하지 못할 때 이런 문제가 발생할 수 있다. 결과적으로 리더의 불안이 전 직원에게 전파된다. 이때 말은 거의 무의미하다. 이런 경우에 코치는 리더에게 직원들의 편도체와 ACC를 설명하기보다는 리더의 역거울 반응을 활용해야 한다.

- CEO가 공장에서 생산되는 신제품에 대한 아이디어를 전혀 가지고 있지 않다. 이런 회사의 미래는 암울하다. (이미 지쳐있는) 직원들에게 압력을 가하거나 '브레인스토밍'을 하거나 아이디어를 내라고 독촉하지 말고, 회사의 이노베이션 문화를 바꾸어야 한다. 논리적인 사고를 위해 전전두엽(PFC)을 자극하기보다는 '혁신의 뇌'를 통합하기 위해 섬엽의 지도를 사용하라. 섬엽의 지도를 탐

색하는 5단계를 네 군데 혁신의 뇌에 창의적으로 적용하라. 그리고 섬엽 지도를 혁신의 생물학적 토대로 사용하라.

결론

행동을 담당하는 뇌를 이해하면 다음과 같은 것이 가능해진다. (1) 변화에 저항하는 리더에게 정보(언어)를 중립적인 용어로 포장하여 전달할 수 있다. (2) 신경과학을 토대로 뇌에 구체적으로 개입할 수 있다. (3) 조직 행동에 뇌과학적 지식을 적용할 수 있다. (4) 일반적인 코칭이 효과를 보지 못할 때 대안으로 뇌과학적 코칭을 적용할 수 있다.

그러므로 뇌과학은 기본을 알면 매우 유용한 도구이며, 당신도 연습하면 뇌과학적 지식을 창의적으로 사용할 수 있을 것이다.

| 참고문헌 |

1. Catmur, C., et al., "Through the looking glass: counter-mirror activation following incompatible sensorimotor learning." *Eur J Neurosci*, 2008. 28(6): p. 1208–15.

2. Heyes, C., "Mesmerising mirror neurons." *Neuroimage*, 51(2): p. 789–91.

3. Catmur, C., V. Walsh, and C. Heyes, "Sensorimotor learning configures the human mirror system." *Curr Biol*, 2007. 17(17): p. 1527–31.

4. Hooker, C.I., et al., "Neural activity during social signal perception correlates with self-reported empathy." *Brain Res*, 1308: p. 100–13.

5. Shamay-Tsoory, S.G., J. Aharon-Peretz, and D. Perry, "Two systems for empathy: a double dissociation between emotional and cognitive empathy in inferior frontal gyrus versus ventromedial prefrontal lesions." *Brain*, 2009. 132(Pt 3): p. 617–27.

6. Galinsky, A.D., et al., "Why it pays to get inside the head of your opponent: the differential effects of perspective taking and empathy in negotiations." *Psychol Sci*, 2008. 19(4): p. 378–84.

7. Langerak, F., A. Griffin, and E.J. Hultink, "Balancing Development Costs and Sales to Optimize the Development Time of Product Line Additions." *Journal of Product Innovation Management*, 2010. 27(3): p. 336–348.

8. Richard Yu-Yuan, H., et al., "Knowledge as a facilitator for enhancing innovation performance through total quality management." *Total Quality Management & Business Excellence*, 2010. 21(4): p. 425–438.

9. Kasabov, E. and A.J. Warlow, "Towards a new model of 'customer compliance' service provision." *European Journal of Marketing*, 2010. 44(6): p. 700–729.

10. Spielberger, C.D., "Neural mechanisms mediating optimism bias." *Nature*, 2007. 450(7166): p. 102–5.

11. Frisch, B., "When teams can't decide. Are stalemates on your leadership team making you a dictator by default? Stop blaming your people—start fixing the process." *Harv Bus Rev*, 2008. 86(11): p. 121–6, 138.

12. Corona, M.A., "The Relationship Between Emotional Intelligence and Transformational Leadership: A Hispanic American Examination." *Business Journal of Hispanic Research*, 2010. 4(1): p. 22–34.

13. Muller, R. and R. Turner, "Leadership competency profiles of successful project managers." *International Journal of Project Management*, 2010. 28(5): p. 437–448.

14. Clarke, N., "The impact of a training programme designed to target the emotional intelligence abilities of project managers." *International Journal of Project Management*, 2010. 28(5): p. 461–468.

15. Cherniss, C., "Emotional Intelligence: Toward Clarification of a Concept." *Industrial & Organizational Psychology*, 2010. 3(2): p. 110–126.

16. Joseph, D.L. and D.A. Newman, "Emotional Intelligence: An Integrative Meta-Analysis and Cascading Model." *Journal of Applied Psychology*, 2010. 95(1): p. 54–78.

17. Godse, A.S. and N.S. Thingujam, "Perceived Emotional Intelligence and Conflict Resolution Styles among Information Technology Professionals: Testing the Mediating Role of Personality." *Singapore Management Review*, 2010. 32(1): p. 69–83.

18. Rumiati, R.I., L. Papeo, and C. Corradi-Dell'Acqua, "Higher-level motor processes." *Ann N Y Acad Sci*, 1191(1): p. 219–41.

19. Borghi, A.M. and F. Cimatti, "Embodied cognition and beyond: Acting and sensing the body." *Neuropsychologia*, 2009.

20. Benaroch, M., Q. Dai, and R.J. Kauffman, "Should We Go Our Own Way? Backsourcing Flexibility in IT Services Contracts." *Journal of Management Information Systems*, 2010. 26(4): p. 317–358.

21. Smith, S. and A.B. Young, "Adapting to Change: Becoming a Learning Organization as a Relief and Development Agency." *IEEE Transactions on Professional Communication,* 2009. 52(4): p. 329–345.

22. Servaes, H., A. Tamayo, and P. Tufano, "The Theory and Practice of Corporate Risk Management." *Journal of Applied Corporate Finance,* 2009. 21(4): p. 60–78.

23. Fisher-Yoshida, B. and K. Geller, "Developing transnational leaders: five paradoxes for success." *Industrial & Commercial Training,* 2008. 40(1): p. 42–50.

24. Hyafil, A., C. Summerfield, and E. Koechlin, "Two mechanisms for task switching in the prefrontal cortex." *J Neurosci,* 2009. 29(16): p. 5135–42.

25. Boulougouris, V. and T.W. Robbins, "Pre-surgical training ameliorates orbitofrontal-mediated impairments in spatial reversal learning." *Behav Brain Res,* 2009. 197(2): p. 469–75.

26. Leber, A.B., N.B. Turk-Browne, and M.M. Chun, "Neural predictors of moment-to-moment fluctuations in cognitive flexibility." *Proc Natl Acad Sci U S A,* 2008. 105(36): p. 13592–7.

27. Harmon-Jones, E., et al., "Left frontal cortical activation and spreading of alternatives: tests of the action-based model of dissonance." *J Pers Soc Psychol,* 2008. 94(1): p. 1–15.

28. Walsh, G. and V.-W. Mitchell, "The effect of consumer confusion proneness on word of mouth, trust, and customer satisfaction." *European Journal of Marketing,* 2010. 44(6): p. 838–859.

29. Cha, H.-J. and J. Kim, "Stock returns and investment trust flows in the Japanese financial market: A system approach." *Journal of Asian Economics,* 2010. 21(4): p. 327–332.

30. Luria, G., "The social aspects of safety management: Trust and safety climate." *Accident Analysis & Prevention,* 2010. 42(4): p. 1288–1295.

31. Liu, J., O.-L. Siu, and K.L. Shi, "Transformational Leadership and Employee Well-Being: The Mediating Role of Trust in the Leader and Self-Efficacy." *Applied Psychology: An International Review,* 2010. 59(3): p. 454–479.

32. Baumgartner, T., et al., "The neural circuitry of a broken promise." *Neuron,* 2009. 64(5): p. 756–70.

33. De Dreu, C.K., et al., "The neuropeptide oxytocin regulates parochial altruism in intergroup conflict among humans." *Science,* 328(5984): p. 1408–11.

34. Cikara, M., et al., "On the wrong side of the trolley track: neural correlates of relative social valuation." *Soc Cogn Affect Neurosci.* 2010. (e-pub ahead of print)

35. Krajbich, I., et al., "Economic games quantify diminished sense of guilt in patients with damage to the prefrontal cortex." *J Neurosci,* 2009. 29(7): p. 2188–92.

36. Bach, D.R., B. Seymour, and R.J. Dolan, "Neural activity associated with the passive prediction of ambiguity and risk for aversive events." *J Neurosci*, 2009. 29(6): p. 1648–56.

37. Lamberg, J.-A. and K. Pajunen, "Agency, Institutional Change, and Continuity: The Case of the Finnish Civil War." *Journal of Management Studies*, 2010. 47(5): p. 814–836.

38. Cicero, L., A. Pierro, and D. van Knippenberg, "Leadership and Uncertainty: How Role Ambiguity Affects the Relationship between Leader Group Prototypicality and Leadership Effectiveness." *British Journal of Management*, 2010. 21(2): p. 411–421.

39. Jamal, M., "Burnout among Canadian, Chinese, Malaysian and Pakistani Employees: An Empirical Examination." *International Management Review*, 2010. 6(1): p. 31–41.

40. Schultz, W., et al., "Explicit neural signals reflecting reward uncertainty." *Philos Trans R Soc Lond B Biol Sci*, 2008. 363(1511): p. 3801–11.

41. Huettel, S.A., et al., "Neural signatures of economic preferences for risk and ambiguity." *Neuron*, 2006. 49(5): p. 765–75.

42. Levy, I., et al., "Neural representation of subjective value under risk and ambiguity." *J Neurophysiol*. 103(2): p. 1036–47.

43. Jenkins, A.C. and J.P. Mitchell, "Mentalizing under Uncertainty: Dissociated Neural Responses to Ambiguous and Unambiguous Mental State Inferences." *Cereb Cortex*, 2009.

44. Hsu, M., et al., "Neural systems responding to degrees of uncertainty in human decision-making." *Science*, 2005. 310(5754): p. 1680–3.

45. Malhotra, P., E.J. Coulthard, and M. Husain, "Role of right posterior parietal cortex in maintaining attention to spatial locations over time." *Brain*, 2009. 132(Pt 3): p. 645–60.

46. Christakou, A., et al., "Right ventromedial and dorsolateral prefrontal cortices mediate adaptive decisions under ambiguity by integrating choice utility and outcome evaluation." *J Neurosci*, 2009. 29(35): p. 11020–8.

47. Bodis-Wollner, I., "Pre-emptive perception." *Perception*, 2008. 37(3): p. 462–78.

48. Gee, A.L., et al., "Neural enhancement and pre-emptive perception: the genesis of attention and the attentional maintenance of the cortical salience map." *Perception*, 2008. 37(3): p. 389–400.

49. Coulthard, E.J., P. Nachev, and M. Husain, "Control over conflict during movement preparation: role of posterior parietal cortex." *Neuron*, 2008. 58(1): p. 144–57.

50. Renier, L.A., et al., "Multisensory integration of sounds and vibrotactile stimuli in processing streams for 'what' and 'where.'" *J Neurosci*, 2009. 29(35): p. 10950–60.

51. Gratton, L. and T.J. Erickson, "8 ways to build collaborative teams." *Harv Bus Rev*, 2007. 85(11): p. 100–9, 153.

52. Rogers, P. and M. Blenko, "Who has the D? How clear decision roles enhance organizational performance." *Harv Bus Rev*, 2006. 84(1): p. 52–61, 131.

찾아보기

Srinivasan S. Pillay 박사는 전문 자격증이 있는 경영자 코치이며 뇌 영상 연구자, 그리고 하버드대학교 의대 정신의학과 임상 조교수이다. 그는 또한 뉴로비즈니스그룹 — 비즈니스 성과와 직무 만족도를 높이기 위해 코칭에 뇌과학을 도입한 경영자 코치훈련기관 — 의 설립자이며, CEO이다. Pillay 박사는 맥킨지, 세계은행, MITRE, 젠자임, 노바티스, 북아메리카의 아랍은행, 그리스와 보스턴의 CEO협회, 코카콜라, 펩시, 마이크로칩과 같은 기업의 경영자에게 신경과학적 코칭을 하여 좋은 호응을 얻었다. 그는 포럼 코퍼레이션, 뫼비우스리더십센터, 트라이에이드 컨설팅에서 코치들을 지도하였다. 그 밖에도 보스턴, 뉴욕, 로스앤젤레스, 런던, 스위스, 그리스, 싱가포르에서도 초청을 받아 코치들을 교육하였으며, 최근에는 주로 아프리카, 아시아, 중동에서 활동하였다. 또한 Pillay 박사는 「두려움 : 행복을 방해하는 뇌의 나쁜 습관」(웅진지식하우스, 2011)의 저자이며, 「허핑턴 포스트」와 「사이콜로지 투데이」에도 기고하고 있다.

그는 그리스의 「파이낸셜 타임스」, 브라질의 「에포카 매거진」, 「포브스」, 「피츠버그 포스트 가제트」, 「인베스터스 비즈니스 데일리」, 「애틀랜타 저널 컨스티튜션」, 「시라소타 헤럴드 트리뷴」과 같은 언론에 기고하거나 출연하여 비즈니스 경험을 들려주는 인기 강사이기도 하다. 비즈니스에 뇌과학을 도입한 것 이외에도 그는 소진, 스트레스, 불안 분야의 국제적인 권위자이다. 그는 지난 20년 동안 미국정신의학계를 선도하는 맥린병원에서 운영하는 외래 환자를 위한 불안 장애 프로그램의 책임자이기도 하다. 그는 매사추세츠 주 뉴턴에 거주하며 케임브리지에서 일하고 있다.

:: 역자 소개

이민희

중앙대학교 대학원에서 심리학 석 · 박사 학위를 받았으며, 상담심리전문가, 청소년상담사 1급, 중독상담심리전문가, 인간관계훈련지도자의 자격증이 있다. 현재는 백석예술대학교 외래교수, 메종프로그레스발달상담센터 수석 연구원과 한국EAP협회, 한국가족상담센터, 제니퍼소프트의 상담사이다.

　　논문으로 「학습장면에서 자기결정론의 동기화 경로모형 검증」(공저), 「청소년용 학습동기 척도의 개발 및 타당화」(공저), 「욕구만족척도의 개발 및 타당화」(공저), 「자기결정이론을 토대로 한 학업수행 경로 모형 검증」, 「라깡적 관점에서 여성에 대한 이론적 고찰」(공저) 등이 있고, 역서로 「성인발달과 노화」(공역), 「발달심리학 거장들의 핵심이론 연구」(공역), 「애착이론과 심리치료」, 「애착장애의 이해와 치료」, 「창의성과 영재성」(공역), 「뇌 기반 상담심리학의 이론과 실제」(출판 중) 등이 있다.